工程建设理论与实践丛书

XIANDAI SHIGONG QIYE
CAIWU GUANLI YU SHENJI SHIWU

现代施工企业
财务管理与审计实务

马晓辉 罗荣华 张 威 主编

华中科技大学出版社
http://www.hustp.com
中国·武汉

图书在版编目(CIP)数据

现代施工企业财务管理与审计实务/马晓辉,罗荣华,张威主编.—武汉:华中科技大学出版社,2022.10
ISBN 978-7-5680-8679-0

Ⅰ.①现… Ⅱ.①马… ②罗… ③张… Ⅲ.①施工企业-财务管理 ②施工企业-审计 Ⅳ.①F407.967.2 ②F239.62

中国版本图书馆CIP数据核字(2022)第185239号

现代施工企业财务管理与审计实务　　　马晓辉　罗荣华　张　威　主编
Xiandai Shigong Qiye Caiwu Guanli yu Shenji Shiwu

策划编辑：周永华	
责任编辑：卢　苇	
封面设计：王　娜	
责任监印：朱　玢	
出版发行：华中科技大学出版社(中国·武汉)	电话：(027)81321913
武汉市东湖新技术开发区华工科技园	邮编：430223
录　　排：华中科技大学惠友文印中心	
印　　刷：武汉科源印刷设计有限公司	
开　　本：710mm×1000mm　1/16	
印　　张：17.5	
字　　数：315千字	
版　　次：2022年10月第1版第1次印刷	
定　　价：88.00元	

本书若有印装质量问题,请向出版社营销中心调换
全国免费服务热线：400-6679-118　竭诚为您服务
版权所有　侵权必究

编 委 会

主　编　马晓辉（中铁十二局集团第二工程有限公司）
　　　　　罗荣华（中铁建资本控股集团有限公司）
　　　　　张　威（中铁十九局集团有限公司）

副主编　张　琳（中国公路工程咨询集团有限公司）

前　言

随着我国经济发展,各行业所面临的竞争日渐激烈,企业为了获得更好的发展,逐渐意识到财务管理和财务审计的重要性。基于此,本书以施工企业为例,讲解现代企业中财务管理与审计的相关内容。

施工企业财务管理是一种全过程与全员性的控制活动,贯穿工程施工活动的全过程,涉及每个部门和全体员工,包括从投入资金到项目施工,再到项目竣工、收回资金的全过程。工程投标、项目规划、材料采购、组织施工、竣工验收等各个环节环环相扣、紧密相连,每个阶段和每个环节的各项经济活动都离不开资金运动,离不开财务管理工作,需要财务部门协调与配合。

全书共分为九章,主要包括总论,筹资管理,资产管理,项目投资管理,利润及其分配管理,资产评估,财务预算、控制与分析,企业其他财务管理,以及企业财务审计九个方面的内容。

本书可作为施工企业财会人员的业务学习用书和财经院校有关专业施工企业财务管理课程的用书。

在编写过程中参阅了国内同行多部著作,还得到了有关单位和个人的大力支持,在此表示衷心感谢!限于编者的专业水平和实践经验,本书难免有疏漏或不妥之处,恳请广大读者指正。

目 录

第1章 总论	(1)
1.1 施工企业财务管理的对象	(1)
1.2 施工企业财务管理的目标	(7)
1.3 施工企业审计特点与内容	(13)
1.4 施工企业审计的基本任务	(15)
第2章 筹资管理	(18)
2.1 筹集资金的目的、渠道、方式、分类和原则	(18)
2.2 资本金的筹集	(22)
2.3 债务资金的筹集	(26)
2.4 筹资风险及其回避	(36)
2.5 资金结构及其调整	(39)
第3章 资产管理	(43)
3.1 流动资产管理	(43)
3.2 无形资产管理	(63)
3.3 固定资产管理	(69)
第4章 项目投资管理	(86)
4.1 项目投资管理简述	(86)
4.2 测算项目投资现金流量	(95)
4.3 特殊情况下的项目投资决策	(105)
4.4 项目投资决策评价指标与方法	(111)
第5章 利润及其分配管理	(117)
5.1 利润的作用和构成	(117)
5.2 利润的分配	(121)
5.3 股份制企业利润的分配	(127)
第6章 资产评估	(136)
6.1 资产评估的意义、标准和方法	(136)
6.2 流动资产评估	(145)

  6.3 固定资产评估 ·· (150)
  6.4 无形资产评估 ·· (156)
  6.5 企业资产综合评估 ·· (162)

第 7 章 财务预算、控制与分析 ·· (166)
  7.1 财务预算 ·· (166)
  7.2 财务控制 ·· (172)
  7.3 财务分析 ·· (176)

第 8 章 企业其他财务管理 ·· (200)
  8.1 企业合并的财务管理 ·· (200)
  8.2 企业分立的财务管理 ·· (208)
  8.3 企业债务重组的财务管理 ··· (210)
  8.4 企业解散、破产清算的财务管理 ····································· (214)

第 9 章 企业财务审计 ·· (220)
  9.1 固定资产审计 ·· (220)
  9.2 流动资金审计 ·· (226)
  9.3 工程成本审计 ·· (237)
  9.4 利润审计 ·· (246)
  9.5 纳税审计 ·· (251)
  9.6 其他费用审计 ·· (265)

参考文献 ·· (269)
后记 ·· (271)

第1章 总 论

1.1 施工企业财务管理的对象

1.1.1 施工企业的资金运动

施工企业的财务,就是施工企业再生产过程中的资金运动,它体现企业同各方面的财务关系。要认识施工企业财务管理的对象,就必须研究施工企业财务存在的客观基础,以及特有的经济内容和本质。

施工企业是从事建筑安装工程施工活动的营利性经济组织。

施工企业要从事施工活动,必须具有生产资料和劳动力。生产资料根据在施工过程中发挥的作用不同,分为劳动资料和劳动对象。施工企业的施工活动,就是劳动者借助劳动资料对劳动对象进行加工并完成建筑安装工程。施工企业必须购买生产资料,做好施工准备及工程结算工作,收回货币资金。以施工生产活动为中心的供应、施工和工程结算三个主要过程,构成施工企业基本的经济活动。

在社会主义市场经济条件下,价值规律发挥重要的作用,建筑安装工程是使用价值和价值的统一体。施工企业的再生产过程,既是使用价值的生产和交换过程,又是价值的形成和实现过程。在这个过程中,劳动者将施工中消耗掉的生产资料的价值转移到建筑工程,并且创造新的价值。施工企业为了保证顺利施工,除了要有一定数量的资本金,还要通过各种渠道筹集施工生产所需的资金。企业拥有足够施工生产所需的资金,是进行施工生产经营活动的必要条件。

施工企业的资金,在实际运用过程中,经常发生形态上的变化。它们分布于企业施工生产经营过程的各个阶段,大部分为物质形态,小部分为货币形态。随着企业再生产活动的进行,企业资金处于不断运动的状态。施工企业的这种资金运动,构成施工企业经济活动的一个独立方面,这就是施工企业的财务活动。因此,要了解施工企业的财务活动,必须对施工企业的资金运动进行全面的研究。

施工企业从各种渠道筹集资金,是企业资金运动的起点。施工企业在设立时,首先必须向投资者筹集法定的资本金,然后根据施工生产经营的需要,向银行借款或向社会发行企业债券来筹集资金。此外,还可向建设单位预收一定金额的工程款。施工企业从这些方面筹集来的资金,一开始大多是货币形态。施工企业筹集的货币资金,要用于购买各种生产资料,为施工生产建立必要的物质条件。一方面要用于购置施工机械、运输设备等施工生产所必需的劳动资料;另一方面要用于购买施工生产所需要的材料、结构件等劳动对象。这样,企业的资金就从货币形态转化为施工所需的机械设备、材料等各种物质形态。

在施工生产过程中,工人使用劳动资料和劳动对象从事建筑安装工程。工人除将已耗费的劳动对象和劳动资料的价值转移到工程上以外,还创造出新的价值。工人所创造的价值,一部分由企业通过工资形式支付给工人,另一部分则形成企业的积累。因此,在施工生产过程中,企业资金一方面发生形态的转化,即从施工用的机械设备、材料等物质形态经过未完工程转化为已完工程形态;另一方面引起价值量的增加。所以,施工企业的施工过程,既是企业资金形态转化的过程,又是资金耗费和资金积累的过程。

施工企业在工程完工以后,要将已完工程点交给发包建设单位,并按合同造价(或工程标价)进行工程价款的结算,取得工程结算收入。在这一过程中,企业资金从已完工程形态转化为货币形态。由于从发包建设单位取得的工程结算收入表现为工程的全部价值,它不仅补偿劳动资料、劳动对象的耗费和工资的支出,而且包括企业的积累。这样,企业就完成了从货币形态垫支开始又回到货币形态的循环过程,同时,通过循环过程增加了资金的数额。

施工企业对于取得的工程结算收入,要加以分配。其中大部分用以弥补生产耗费,一部分以税金形式上缴国家财政和以利息形式支付给债权人,其余的为企业净利润。企业净利润要按照规定在投资者和企业之间进行分配,其中一部分作为企业留用利润形成盈余公积金;大部分以利润或股利形式分配给投资者,作为其投资的回报。用以弥补生产耗费的资金,又从货币形态开始,继续投入施工生产周转,重新用于购买劳动对象、更新劳动资料、支付职工工资等,实现简单的再生产。企业留用利润中用于生产发展的部分,根据需要投入生产周转,实现自我发展。上缴国家财政的税金、支付给债权人的利息和分配给投资者的利润,就从企业资金运动过程中退出。因此,工程结算收入的分配,实质上是利用货币形式来分配企业结算的已完工程。

随着证券市场的开放,施工企业不仅存在上述物资(也叫实物商品)运动,有的还存在金融商品运动。狭义的金融商品是指各种能在金融市场买卖并有市场价格的有价证券,如股票、债券等。金融商品运动经历买与卖两个阶段。购买金融商品的过程,也是货币资金向金融商品资金转化的过程;而出售金融商品的过程,也是金融商品资金向货币资金转化的过程。所以,在金融商品的运动过程中,也产生了资金运动。它表现为货币资金向金融商品资金的转化,以及金融商品资金向货币资金的转化。并以货币资金的支出为起点,以货币资金的收回为终点,以收回的货币资金多于支出的货币资金形成资金的良性循环。

1.1.2 施工企业资金运动的规律

从上述施工企业的资金运动中可以看出,企业资金运动表现为资金形态的变化,各种形态的资金在不同周转阶段同时存在和相继转化。企业资金要不断地投入再生产过程,并不断地从再生产过程中收回。为了保证再生产的顺利进行,资金的收支必须在数量上和时间上保持平衡。要做好施工企业财务管理,就必须充分认识资金运动的规律。

1. 各种资金形态在空间上同时存在、在时间上相继转化的规律

马克思在分析资本循环时指出:"资本作为整体同时地、在空间上并列地处在它的各个不同阶段上。但是,每一个部分都不断地依次由一个阶级过渡到另一阶段,由一种职能形式过渡到另一种职能形式,从而依次在一切阶段和一切职能形式中执行职能。因此,这些形式都是流动的形式,它们的同时并列,是由于它们的相继进行而引起的。"施工企业的资金也是这样,不仅在空间上同时存在货币资金、生产储备资金、未完施工资金、结算资金等资金形态;而且在时间上各种资金形态相继循序转化,完成各自的循环。每一种资金形态在同一时间里不能"一身二任"。正在执行储备职能的资金,不能在同一时间去执行生产职能。只有把企业的资金按一定的比例分割为若干部分,使它们分别处于不同周转阶段,资金运动才能连续地、不间断地进行。如果企业全部资金都是货币资金和结算资金,施工生产过程就会中断。资金的任何一部分在循环的某一阶段停顿,都会使整个企业资金循环出现故障。保证各种资金形态的合理配置和资金周转的畅通无阻,是施工生产经营活动得以顺利进行的必要条件。

企业资金各种形态的同时存在和相继转化,是辩证统一的关系。一方面资金各种形态的相继转化,以资金在各个周转阶段同时存在为前提。没有资金在

各个周转阶段的合理配置,没有资金同时处于不同形态,就谈不上各个周转阶段资金形态的相继转化。另一方面各种资金形态在各个周转阶段同时存在是相继转化的结果,相继转化一旦停滞,同时存在就会遭到破坏。因此,在财务管理工作中,一方面要求保证各个周转阶段必需的资金;另一方面又要求为各个周转阶段资金形态的相继转化创造条件。只有使各个周转阶段的资金形态相继循序转化,完成各自的循环,企业的资金运动才能顺利进行,施工企业的再生产才能得以保证。

2.资金收支在数量上和时间上保持平衡的规律

施工企业取得工程结算等收入,意味着一次资金循环的终结;而企业发生施工生产等支出,则意味着另一次资金循环的开始。所以,资金的收支是企业资金周转的纽带。要保证资金周转的顺利进行,就要求资金收支在数量上和时间上保持平衡。如果企业收不抵支,必然会导致资金周转中断或停滞;如果全年、全月收支总额平衡,但支出大多发生在年初或月初,收入大多发生在年末或月末,也必然会妨碍资金的顺利周转。资金收支在每一时点保持平衡,是资金循环过程得以周而复始进行的必要条件。

资金是企业再生产过程中物资价值的货币表现形式,企业资金运动经常伴随着物资运动而发生。企业物资运动状况的好坏,决定着资金运动状况的好坏。只有供应、施工生产和工程结算活动正常进行,才能保证资金运动顺利进行。所以要保持资金收支的平衡,首先要保持企业供应、施工生产和工程结算活动的平衡。但是在施工生产过程中,资金运动和物资运动往往存在既相一致又相背离的辩证关系。资金运动与物资运动的背离表现在这两种运动的变动在时间和数量上有时是不一致的。如发包建设单位的建设资金没有到位,导致工程结算以后,施工企业不能及时收回工程价款,这就造成资金运动与物资运动在时间上的背离。又如,在施工生产过程中,出现了工程质量事故,进行了返工,多耗费了材料、人工,就会使工程价值量少于实物消耗量,使资金运动与物资运动在数量上背离。企业在财务管理工作中,应正视企业再生产过程中的价值和实物方面的背离,合理组织供应、施工生产和工程结算活动,使资金收支在数量上和时间上保持平衡。为此,在供应过程采购生产资料时,应从实际情况出发,使生产资料与工程任务相适应,使各种生产资料配套,防止盲目采购,造成资金支出超过施工生产需要和企业财力的情况。在施工生产过程中,要不断采用新施工工艺,做好施工组织工作,节约物资,提高工程质量,力求用较少的劳动消耗完成较多的工程量,使工程量的增加超过劳动消耗量,实现增产节支。在工程结算过程,要严格执行工程承包合同,及时收回工程价款。同时根据工程施工周期较长的特点,向发包建设单位预收工程款,防止拖欠款情况的发生。只有供应、施工生产和工程结算三个环节互相衔接、保持平衡,施工企业资金收支才能在数量上和时间上保持平衡,资金周转才能畅通无阻,企业才能取得良好的经济效益。

1.1.3 施工企业资金运动形成的财务关系

施工企业的资金运动,是在国家宏观调控下,企业与有关各方的经济往来中进行的。企业资金的筹集、使用、耗费、收入和分配,与各个方面有着广泛的联系。施工企业资金运动体现的经济关系,就是财务关系。施工企业的财务关系主要有以下几个方面。

1. 企业同投资者之间的财务关系

这主要是企业同投资者(即企业所有者)之间关于资本金的收缴和对投资利润的分配关系。施工企业的资本金和留存收益,属于投资者所有。凭借资本金所有权,投资者可以对企业重大财务活动(如筹资、投资、利润分配等)做出决策。企业自主经营、独立核算,在规定的经营范围内,有权使用资金,保证资金的完整、合理使用,以及不断增值。对积累资金,在缴纳所得税并按《中华人民共和国公司法》(以下简称《公司法》)规定为企业留存一部分扩大再生产所需的资金后,剩余的作为投资者得到的利润。企业同投资者之间的财务关系,是所有权和经营权在经济上的具体表现。

2. 企业同国家之间的财务关系

这主要是企业向国家财政缴纳所得税等税金的关系。依法经营、照章纳税,是每个企业的义务。国家作为社会管理组织者,要行使它的行政权:一方面要保护企业的合法权益,另一方面有权向企业征收税金。因此,企业与国家之间的财务关系,是国家对企业行使行政权力在经济上的具体表现。如果是国有施工企业,则国家兼有投资者(即所有者)的身份,既要向企业投入资本金,又要分享企业利润,行使国家的所有权,存在所有者同经营者的财务关系。

3. 企业同银行等金融机构之间的财务关系

这主要是企业同银行等金融机构之间的存款、借款、还款和结算关系。企业

为了满足施工生产经营活动的需要,在国家信贷政策的许可范围内,可向银行等金融机构借贷基本建设投资、更新改造和流动资金方面的资金,按照规定还本付息,并接受银行等金融机构的监督。企业资金在周转中暂时闲置的货币资金,要存入银行,在使用时随时提取并定期取得存款利息。企业对外的一切货币资金收支,除小额使用现金以外,都应通过银行办理转账结算。企业同银行等金融机构之间的财务关系,在性质上属于资金分配关系和资金融通关系,也体现着国家宏观调控和企业自主经营的关系。

4. 企业同其他企业单位之间的财务关系

这主要是企业同发包建设单位之间关于取得预收工程款和结算工程款时发生的结算关系,以及企业同供应单位之间关于取得材料、劳务时发生的结算关系。企业为了进行施工生产经营活动,必须同其他企业单位相互提供工程、产品和劳务。这样,就要按照等价交换原则,以货币资金相互支付价款,如果一方因资金短缺而拖欠价款,就发生了债权、债务关系。为了发展横向经济联系,企业还可能向其他企业单位投资或与其他企业单位联合经营。这种在企业之间发生的资金结算关系、资金融通关系和对外投资关系,主要体现企业同其他企业单位之间的社会主义分工协作关系。

5. 企业内部各单位之间的财务关系

这主要包括企业同所属各施工生产经营单位之间的结算关系,以及企业供应部门、施工单位、辅助生产单位、附属工业企业相互之间的结算关系。企业在实行分级管理、分级核算的管理体制时,企业供应部门、施工单位、辅助生产单位、附属工业企业相互之间提供产品和劳务,也要进行计价结算。这种在企业内部形成的资金结算关系,体现着企业各部门和各级单位在公司统一领导下的分工协作关系。

6. 企业同职工之间的财务关系

这主要指企业在支付职工工资、津贴、奖金时所发生的结算关系,也是企业根据职工提供的劳动数量和质量来分配消费品的一种形式。它体现着社会主义制度下的按劳分配关系。

施工企业的资金运动,从表面上看是钱与物、钱与钱的增减变动。其实,钱与物、钱与钱的增减变动只是资金运动的现象,而它所体现的是人与人之间的关系,这种关系的实质是经济利益关系。

施工企业要有效地进行施工生产经营,就必须根据企业资金运动的规律,合理组织企业的财务活动,正确处理企业同各方面的财务关系,做好财务管理工作。

1.2 施工企业财务管理的目标

1.2.1 财务管理总体目标

财务管理总体目标是企业全部财务活动需要实现的最终目标。它是施工企业开展一切财务活动的出发点和归宿。根据现代企业财务管理的理论和实践,企业财务管理总体目标有以下几种提法。

1. 净利润最大化

净利润也叫税后利润。它是企业在一定期间内全部收入和全部成本、费用、税金的差额,而且是按照收入与成本、费用、税金配比原则计算的,在一定程度上体现了企业经济效益。净利润是资本报酬的来源,也是企业积累的源泉。净利润越多,表明企业积累和资本增值越多,也意味着剩余产品和社会财富越多。

在社会主义市场条件下,企业施工的建筑安装工程是按照商品的社会必要劳动时间(即价值)进行交换的。由于价值规律的作用,施工相同的建筑安装工程,有的施工企业因它的劳动耗费低于社会必要劳动耗费而获得平均利润或超额利润,有的施工企业因它的劳动耗费高于社会必要劳动耗费而得不到平均利润甚至亏损。激烈的市场竞争,使得不到平均利润甚至亏损的施工企业逐渐被市场淘汰。所以,在市场经济中,企业获得净利润的多少,表明企业竞争能力的大小,决定企业的生存和发展。正因为净利润对企业如此重要,人们常将净利润最大化作为企业财务管理总体目标。

但是,用净利润最大化来表达企业财务管理总体目标,存在以下问题。

(1)净利润最大化只是净利润绝对额的最大化,没有说明所得净利润额与资本额之间的投入产出关系,不能科学地说明企业经济效益水平的高低,不利于不同资本规模企业之间的比较。

(2)净利润最大化的净利润是一定期间内实现的净利润,它没有说明企业净利润发生的具体时间,没有考虑资金的时间价值。

(3)净利润最大化也没有考虑企业施工经营的风险。一般情况下,净利润越高的工程项目,风险越大,追求净利润最大化,可能会增加企业风险,致使企业不顾风险而片面追求净利润额,最终导致企业经济效益滑坡。

2. 资本利润率最大化

资本利润率又称净资产收益率。它是企业净利润与资本(即净资产或所有者权益)的比率,用于反映企业运用资本获得利润的能力,说明企业所得利润与资本额之间的投入产出关系;也可用于在不同资本规模企业之间进行比较,评价它们的盈利水平和发展前景。因此,与净利润最大化相比较,资本利润率最大化更适宜作为企业财务管理的总体目标。

但是,资本利润率最大化指标仍存在以下弊端。

(1)资本利润率最大化没有考虑风险因素。对企业来说,要提高资本利润率,最简便的方法是利用负债经营提高资产负债率,降低资本在总资产中的比重。而这样做的结果是财务风险加大,特别是在建筑市场不景气、企业经济效益不佳的情况下,很可能导致企业利润滑坡。

(2)资本利润率最大化也没有考虑资金的时间价值和投入资本获得利润的期间,它只说明企业当年的盈利水平,不能说明企业潜在的获利能力。

3. 企业价值最大化

企业价值又称企业市场价值,它是指企业在持续经营期间所能获得净利润的现值。企业价值最大化是指企业通过合理经营,采用最优的财务手段,对经营期内净利润,在考虑风险和资金时间价值后加以计量,不断提高经济效益,使企业价值达到最大。

以企业价值最大化作为财务管理总体目标有如下优点。

(1)考虑了获得净利润的时间因素,并用资金时间价值的原理进行了科学的计量。

(2)能避免企业在追求利润上的短期行为。因为不仅当年的利润会影响企业的价值,而且预期未来年度利润对企业价值的影响更大。

(3)科学地考虑了利润与风险之间的关系,能有效地避免企业财务管理人员不顾风险的大小,片面追求当年利润的错误行为。

(4)有利于社会财富的增加。

在股份制企业,企业价值可以用股票市场价值来计量,企业价值最大化也可表述为股东财富最大化。不过用企业股票市场价值来计量企业价值,只有在理性的股票市场中才能接近实际,在投机炒作之风盛行、股票市场价值背离企业价值的股票市场中不宜采用。

必须指出,由于建筑市场变化莫测,企业未来年度的净利润又难以预估,按上述方法计量企业价值在应用时还有一定的难度。所以人们往往仍将资本利润率最大化作为财务管理总体目标。

1.2.2 财务管理具体目标

财务管理具体目标是指企业各项财务活动在贯彻财务管理总体目标要求下的目标,它取决于企业财务活动的内容。以下从筹资、投资和分配三个方面加以说明。

1. 筹资管理目标

企业筹资管理目标是在满足企业施工生产经营所需资金的前提下,不断降低资金成本和筹资风险。企业筹资的资金成本是指取得和使用资金所发生的资金筹集费用和资金占用费。其中,资金筹资费用主要指股票、债券印刷费、委托金融机构代理发行股票、债券手续费和注册费等。资金占用费主要包括资金时间价值和投资者要考虑的投资风险价值。一般说来,长期占用和投资风险较大的资金,其占用费较高,如长期借款利率高于短期借款利率。又因借款和债券资金的利息计入当年财务费用,在企业盈利的情况下,可以少交一部分所得税,所以资本金或股本的成本,要高于银行借款和债券资金成本。除了考虑资金成本,企业在筹资时,还要考虑筹资风险,即筹资使企业盈利水平下降和债券不能及时偿还的风险。因此,企业在筹资活动中,必须权衡资金成本和筹资风险,以较低的资金成本和较小的筹资风险来获得施工生产经营所需的资金。

2. 投资管理目标

投资就是企业资金的投放和使用,包括对企业自身和对外两个方面。企业不论对企业自身还是对外投资,都是为了获取利润。企业进行投资,并不只会得到收益,也会产生风险。将资金投入施工项目既可能成功,获得利润;也可能失败,收不回投入的资金,导致亏损。投资收益与投资风险共存。

要在投资活动中贯彻财务管理总体目标的要求,必须在工程施工和固定资产投资项目中,以较少的资金投入获得较多的利润或收益。这就要求在工程施工过程中,一方面尽可能预收一部分工程款,另一方面要降低工程成本。由于有的发包建设单位长期拖欠工程款,施工企业在参加工程投标以前,要对发包建设单位做好信用调查,了解工程项目是否有投资缺口,防止在工程交工以后发包建设单位长期拖欠工程款,发生坏账风险。对企业自身投资项目,也要在开工以前做好可行性研究,在选择高收益项目的同时,必须保证低风险。归纳以上两点,企业价值最大化在投资活动中的具体体现就是:以较低的投资风险与资金投放和使用,获得较多的利润或收益(见本书第 5 章)。

至于在进行金融商品(如证券)投资的场合,企业收入有两种形式:一是投资所获得的报酬,如利息、股利;二是证券售价大于买入价的差额。所以投资收益既包括投资所获得的利息、股利,也包括证券出售收入与购入成本的差额。企业在证券投资活动中,也要以较低的投资风险与资金支出获得较多的收益。

3. 分配管理目标

企业分配管理目标是在分配利润时,正确处理企业相互利益主体之间的经济利益,合理确定利润留存比例及分配方式,提高企业的潜在收益。企业在施工生产经营过程中获得的利润,要进行分配。利润的分配,既涉及企业现金流出量,影响企业流动资金周转和偿债能力;又涉及企业的净资产,影响企业价值。一般说来,把大部分利润以付现方式分配给投资者,会提高企业的即期市场评价,但会减少企业现金存量,影响流动资金周转,提高即期付现风险,导致企业必须扩大筹资规模,增加企业负债,影响企业未来的收益和未来的市场价值。因此,分配利润时企业要贯彻财务管理总体目标的要求,必须根据实际现金存量及今后现金净流量,正确处理企业与各利益主体之间的经济利益,确定留存比例和选择分配方式,要既能提高企业的即期市场评价,又能不影响流动资金周转和偿债能力,提高企业未来的盈利能力。

1.2.3　不同利益主体在财务管理目标上的矛盾与协调

在企业价值最大化这个财务管理总体目标上,财务活动所涉及的不同利益主体是否会达成一致?如果不一致,如何进行协调?这些都是论述财务管理目标时必须解决的问题。

1. 投资者与经营者的矛盾与协调

企业价值最大化直接反映了企业投资者的利益,因为企业是投资者的企业,企业价值最终归投资者所有,它与企业经营者没有直接的利益关系。因为企业经营者取得的利益,正是投资者所要放弃的利益;所以企业经营者的报酬越高,企业投资者得到的利润越少。但要企业价值最大化,只有投资者投入资本和正确的重大投资、经营决策是不够的,还必须有一支稳定的经营队伍,进行富有成效的施工生产经营,为企业价值最大化而奋斗。为了解决投资者与经营者在实现财务管理目标上的矛盾,就应建立经营者的报酬与企业经济利益相联系的激励机制,使经营者在取得企业价值最大化的同时,也能体现自身的价值,获得更多的报酬。激励主要可通过以下几种方式。

(1)在非股份制企业,一般可采取年终奖励的方式,即在年终全面完成各项经营、财务指标时,按经营者的业绩大小,从税后利润中拿出一定比例的利润作为奖金,发给经营者,使经营者的报酬与其绩效挂钩,能自觉地采取保证企业价值最大化的措施。

(2)在股份制企业,可采取股票选择权和绩效股等方式。股票选择权方式,就是允许经营者以固定的价格购买一定数量企业的股票。国外一些经营效益较好的股份制企业的经营者,大多持有本企业的股票,企业高级管理人员持股多一些,一般员工少一些,但所持股票价值都高于他们的工资收入。经营者为了获得股票涨价的收益,就必须采取能够提高企业经营业绩和股价的实际行动。绩效股方式,是指企业运用每股利润、资本利润率等指标,来评估经营者的业绩,视其经营业绩的大小给予经营者数量不等的股票作为报酬。如果企业的经营业绩未能达到预期的目标或者经营者离开企业,经营者将丧失部分甚至全部其原先持有的绩效股。这种方式使经营者不仅为了多得绩效股而不断采取提高企业经营业绩的行动,还可把经营者与企业发展的长远利益结合起来,稳定经营者队伍。

2. 投资者与债权人的矛盾与协调

企业在实现企业价值最大化这个财务管理总体目标时,还可能导致投资者与债权人之间发生矛盾。如投资者要使企业价值最大化,在承包工程和投资时,往往优选高效益、高风险的项目。因为高风险项目一旦完成,债权人只能获得合同规定利率的利息,而投资者可获得全部超额利润;如果业绩不佳或投资失败,债权人与投资者共同负担由此而造成的损失。这对债权人来说,风险与收益是不平衡的。又如投资者未征得现有债权人的同意,要求经营者发行新的债券或向银行举借新债,企业新债的增加,必然增加偿债风险,使旧债的价值下降,此时若企业经营不善或财务困难导致破产,旧债权人必须与新债权人共同分配企业破产后的资产,在资产价值不足以清偿全部债务时,旧债权人必将蒙受损失。

债权人与投资者之间发生上述矛盾,通常可采用以下方法解决。

(1)实行担保借债。企业在举债时,要将产权属己的财产抵押并对抵押财产进行投保,或由符合法定条件且具有偿还能力的第三方提供担保。

(2)在举债合同中规定举债单位的最高负债率。因为负债率越高,偿债风险越大,越容易使债权人蒙受损失。

(3)在举债合同中明确债款的用途及其投资利益,对债款的用途及其投资利益加以限制。

1.2.4　财务管理目标与社会责任

企业财务管理目标除了要协调投资者与经营者、债权人之间的矛盾,还要从社会是否受益角度出发,考虑社会责任的履行问题。在一般情况下,企业财务管理目标的实现与社会责任的履行是基本一致的,原因如下。

(1)为了使企业价值最大化,企业必须保证工程、产品质量,这就在满足建设单位和用户需要的同时,实现了企业工程、产品的价值。

(2)为了使企业价值最大化,企业必须扩大施工、生产规模,这就自然会增加职工人数,解决社会就业问题。

(3)为了实现企业价值最大化,企业必须尽可能实现利润最大化,这就必然为社会提供更多的税收。

因此,企业在实现企业价值最大化的过程中,也实现了企业的社会责任。但是企业财务管理目标的实现,并不总与社会责任的履行保持一致。有时企业承担了社会责任,如保证工程及产品的优良品率、防止环境污染,就要增加企业支出。所以,企业财务管理目标与社会责任之间,总是存在一定矛盾的。况且,每个企业究竟应承担多少社会责任,并没有明确的标准和界限,就很难公平合理地在企业间界定社会责任。因而企业财务管理目标完全以社会责任为前提也是困难的。在这种情况下,怎样才能使企业财务管理目标与社会责任一致呢?综观各国经验,对于企业必须履行的社会责任,应通过制定一定的法律和法规,如《中华人民共和国环境保护法》《中华人民共和国消费者权益保护法》《建设工程质量管理条例》等,来强制企业履行。

根据国务院国有资产监督管理委员会发布的《关于中央企业履行社会责任的指导意见》,企业履行社会责任要重点把握好以下几个方面:一是坚持依法经营、诚实守信;二是不断提高持续盈利能力;三是切实提高产品质量和服务水平;

四是加强资源节约和环境保护;五是推进自主创新和技术进步;六是保障生产安全;七是维护职工合法权益;八是参与社会公益事业。

1.3 施工企业审计特点与内容

1.3.1 施工企业审计的特点

施工企业是实行独立核算、自负盈亏、依法经营、照章纳税的建筑产品生产企业。施工企业的主要任务是负责建筑安装工程的施工建设,根据承包的施工任务,编制施工计划、施工组织设计和施工图预算,严格按照设计要求组织施工,按计划、保质、保量完成施工任务。

为了完成施工企业的任务,充分发挥施工企业的作用,必须加强施工企业的审计工作。施工企业审计,是以施工企业的经济活动为对象的一种专业审计,是审计理论及其技术方法在施工经营管理中的具体运用。

建筑产品及其生产具有多样性、固定性、生产的流动性、销售的特殊性、生产周期长,以及生产组织形式多的特点,这就决定了施工企业进行施工经营不仅有着复杂的社会协作关系,而且企业内部施工管理层次多,影响施工经营活动的制约因素多。因此,施工企业审计的特点是范围广、内容复杂、难度大,既要对企业经济活动进行全面审计,又要根据审计的目的,结合企业层次多的具体情况,确定某一施工单位或部门的审计范围,进行某一施工单位或部门的审计。

首先,在进行全面审计时,应以被审计企业的全部施工经营活动为审计对象,对其材料采购、施工生产、施工技术管理、财务收支、工程价款结算、利润的形成和分配、税利的上缴等,从其合规性、合法性、合理性、有效性、真实性等方面进行审查和评价,并得出结论,提出处理意见。这种对整个企业进行审计的特点是全面、完整、效果好,审计结论比较准确。

其次,可以根据实际情况,对某一施工单位或部门进行局部审计。如以工区(工程处)、施工队或材料供应、劳动工资管理、合同预算等部门的经济活动为审计对象进行审查和评价,并得出结论,提出处理意见。这种审计的特点是审计范围小、工作量小,能够较好地解决实际问题。

再次,可以对企业的某类经济活动进行专题审计。如对工程价款结算、缴纳税款等单项业务进行审计。这种审计的特点是按照特定的目的和规定的范围进行审计。

1.3.2 施工企业审计的内容

施工企业的生产经营活动,主要包括供应、施工和工程结算三个过程。供应过程是施工的准备阶段,其主要任务是采购各种材料物资,形成生产储备,以保证施工不间断地进行。施工过程是人们利用劳动资料对劳动对象进行加工,形成建筑安装产品的过程,是施工企业施工生产经营活动的中心环节。工程结算过程是在工程项目竣工后,将建筑安装产品向建设单位结算并收取工程价款的过程,是施工企业施工生产经营活动的最后阶段。与施工企业经济活动的内容相对应,施工企业审计的内容,可以概括为财务审计和综合经济效益审计。

财务审计,就是对企业的财务活动进行审查。通过审计,检查企业的财务收支是否合规、合法,财务成果是否真实。综合经济效益审计的目的是挖掘企业内部潜力,促进企业提高经济效益。综合经济效益审计,是对企业实现经济效益的程度和途径进行审查、评价,一方面要审查企业经营决策的质量和各项管理工作水平,促使经营决策和管理水平提高;另一方面要挖掘企业潜力、开发新途径,以提高经济效益。为此,既要进行经营管理审计,又要进行经济效益审计。下面分别对财务审计、经营管理审计、经济效益审计的内容进行概括说明。

1. 财务审计的内容

财务审计是对企业的各项财务收支活动进行的审计监督。换言之,财务审计是对被审计企业的会计凭证、账簿、会计报表、财务资料和其他有关经济资料,及其经济活动所进行的审计监督。审计的目的如下:审查财务收支的合规性、合法性和合理性;审查财务会计记录和报表内容的真实性、准确性和完整性;审查财务会计管理制度的有效性和健全程度;审查有关财经法纪和财务会计规章制度的执行情况。

财务审计的主要内容包括财务收支审计、产品成本审计、财务成果审计、财经法纪审计、纳税审计和财务会计报表审计。

2. 经营管理审计

经营管理审计,是对企业的施工生产经营活动、业务程序和经济指标进行的效益审计。审计的目的是审查企业经营管理活动的合规性、合法性和有效性,提高企业经济效益。经营管理审计是内部审计的进一步发展,相比内部审计和传统的财务审计,其范围更为广泛。

经营管理审计的主要内容包括企业经营决策审计、工程承包审计、施工管理审计、材料管理审计、机械设备管理审计、劳动工资管理审计和企业经营责任审计。

3. 经济效益审计

经济效益审计,是指对施工企业的施工生产经营效果所进行的审计。主要是审查和评价被审计企业的经济活动是否达到了预期的目标,是否以一定的消耗取得了较多的效果,以及对整个国民经济活动是否有不利的影响。审计的目的是评价企业经营状况是否符合提高经济效益的原则,找出挖掘潜力的途径,促使企业加强经营管理,提高经济效益。

经济效益审计的主要内容包括对经营方针和经营决策的可行性审计,对生产成果、经营成果、财务成果、资金利用效率等方面的审计。经济效益审计通常是对一个企业进行全面审计,也可以对某一个专门的项目进行审计。经济效益审计要查明影响经济效益的积极因素和消极因素,寻求提高经济效益的途径。

1.4 施工企业审计的基本任务

审计任务的确定,取决于审计职能的特点和国家在一定时期内对经济管理、监督的要求。当前,施工企业审计的基本任务主要有以下几个方面。

1.4.1 监督被审计企业经营决策、方案和计划的制订和执行,促使企业坚持社会主义方向

社会主义施工企业,是从事建筑安装工程施工的物质生产单位。为了顺利地完成施工任务,必须有先进的、可行的、科学的经营决策、方案和计划。为此,要通过审计检查被审计企业的经营决策、方案和计划的制订,是否符合国家的方针、政策、法令和法规,是否符合国民经济发展的要求,是否先进可靠、切实可行;检查被审计企业的经营思想、经营作风是否端正,有无不正之风、损害国家利益的不法行为。对于违法乱纪的,要立即查清、严肃处理;对于偏离预定决策、方案和目标的,则应查清原因、提出建议,促使其完成既定目标。

1.4.2 监督被审计企业遵守财经法纪，维护财经纪律，保护社会主义财产的安全和完整

国家根据宏观经济发展的要求和当前经济体制改革的需要，制订各项方针、政策和财经制度，集中体现了人民群众的根本利益，是企业进行经济活动的准则，必须认真贯彻执行。对被审计企业的经济活动，要检查是否符合有关法律、法规的规定。对于被审计企业，要检查其是否遵守财经法纪，有无非法经营、牟取暴利行为，有无偷税、漏税、抗税、截留利税的行为。如有，必须揭发，严肃处理，以保护社会主义财产，巩固社会主义法制。

1.4.3 监督被审计企业充分利用资产，挖掘潜力，提高经济效益

建筑产品体型大，需要耗用大量的人力、物力、财力。因此，充分利用现有的资产，提高其利用程度，是提高经济效益的重要途径。要深入检查被审计企业对资产的经营管理是否有效，是否充分利用资产，有无损失浪费。要针对薄弱环节，提出切实可行的建议，督促加强管理，堵塞漏洞，挖掘潜力，提高经济效益。

1.4.4 审查被审计企业反映经济活动的各项经济资料是否真实、正确，保证经济信息准确、可靠

反映被审计企业经济活动的各项经济资料，必须真实、正确、可靠。对于弄虚作假、隐瞒欺骗的行为，必须揭发并要求纠正。要检查被审计企业反映经济活动的会计、统计、业务、计划、合同等有关资料是否符合有关法规、制度的规定，是否真实、正确，保证经济信息准确、可靠，以利于企业经营决策和国民经济宏观调控。

1.4.5 审查被审计企业的经营管理制度是否科学、完善，内部控制制度是否健全，企业的运行机制是否正常有效

企业的规章制度，是企业进行经济活动所必须遵循的规范和准则，是经济管理制度的重要组成部分。因此，审计人员首先要注意审查各项规章制度是否合

理、符合原则,如不合理,应建议修改。同时,还要检查规章制度的贯彻执行情况。如果有章不循、执行不力,也会影响企业经营机制的有效运行。对于企业的经营管理制度和内部控制制度,都应该通过审计进行查证、评审,借以加强制度建设,提高企业管理水平。

第 2 章 筹 资 管 理

筹集资金是指企业根据其施工生产经营、投资及调整资金结构的需要,通过筹资渠道和资金市场,运用筹资方式,获得所需资金的一种行为。它是施工企业财务管理的重要内容,也是组建施工企业并保证企业持续发展的前提。

2.1 筹集资金的目的、渠道、方式、分类和原则

2.1.1 筹集资金的目的

1. 筹集资本金,设立企业

按照《中华人民共和国企业法人登记管理条例》的规定,企业申请开业,必须要有法定的资本金。法定资本金,是指国家规定开办企业必须筹集的最低资本金数额,即企业设立时必须要有最低限额的本钱。要想设立企业,必须采用吸收投资、发行股票等方式筹集一定数量的资金,以便形成企业的资本金。

2. 满足施工生产经营和投资的需要

任何一个现代化施工企业,不可能单靠投资者投入的资本金来从事施工生产经营,还必须从银行、社会等不同渠道来筹集资金。因为施工生产经营不但需要的资金多,而且资金占用时间长。随着施工规模的不断扩大,需要不断对机械设备、构件加工厂等进行投资,对资金的需求量增加。同时为了降低施工成本,谋求相关企业(如建筑材料生产企业)等配合施工生产,施工企业也需要筹集资金对其他企业投资控股,以参与其他企业的生产经营决策。

3. 满足资金结构调整的需要

资金结构又称资本结构。资金结构的调整是企业为了降低资金成本、回避

筹资风险而对资本金与债务资金之间比例关系的调整。资金结构调整属于企业重大的财务决策事项,同时也是企业筹资管理的内容。资金结构调整的方式很多,如为增加企业资本金比例而增资、为提高资本利润率和降低资金成本而增加债务资金、为优化债务期限结构而进行长短期债务搭配等。这些行为都属于为优化资金结构而进行的筹资活动,属于企业筹集资金活动的另一目的。

2.1.2　筹集资金的渠道和方式

筹集资金的渠道是指企业资金的来源。筹集资金的方式是指企业取得资金的具体形式。资金从哪里来和如何取得资金,既有区别又有联系。一定的筹资方式,可能只适用于某一特定的筹资渠道,但同一渠道的资金,往往可采用不同方式取得,而同一筹资方式又往往适用于不同的资金渠道。

目前我国施工企业筹集资金的渠道主要如下:①财政;②银行;③非银行金融机构;④其他企业单位;⑤居民个人;⑥企业留存收益;⑦外商。各种筹资渠道的资金供应量存在较大的差异。有些渠道的资金供应量大,如银行信贷资金;而有些渠道的资金供应量相对较小。资金供应量的大小,在一定程度上取决于财务环境的变化,特别是货币政策、财政政策等。

目前我国施工企业筹集资金的方式,主要如下:①吸收直接投资;②发行股票;③向银行借款;④发行企业债券;⑤融资租赁;⑥商业信用。

如果说,筹集资金的渠道属于客观存在,那么筹集资金的方式则属于企业的主观能动行为。企业筹资管理的重要内容是如何针对客观存在的筹资渠道,选择合理的筹资方式来筹集资金。认识筹集资金的种类及筹集资金的原则,有利于企业选择合理的筹资方式并有效地进行组合筹资,从而降低资金成本,最大限度地回避筹资风险。

2.1.3　筹集资金的分类

1. 按所筹集资金的性质分类

筹集资金按性质分为自有资金和债务资金。

(1)自有资金。

自有资金又称主权资本。它是企业依法筹集的资本金和积累的资金,能长期拥有、自主支配,包括资本金、资本公积金、盈余公积金和未分配利润。自有资金具有以下特点。

①自有资金的所有权属于所有者,所有者据此参与企业的投资经营重大决策,取得收益,并对企业的经营承担有限责任。

②自有资金属于企业长期占用的资金,形成法人财产权,在企业存续期内,投资者除依法转让外,不得抽回资金,企业依法拥有完整、独立的财产支配权。

③自有资金没有还本付息压力,没有筹资风险。

④自有资金主要通过财政、其他企业单位、居民个人、外商等渠道,采用吸收直接投资、发行股票、留存收益等方式筹集。

(2)债务资金。

债务资金又称负债资金或借入资金。它是企业依法筹集并依约使用、按期偿还的资金。与自有资金比较,债务资金具有如下特征。

①债务资金体现企业与债权人的债权债务关系,属于企业债务。

②企业对债务资金在约定期限内享有使用权,并承担按期还本付息的责任,偿债压力和筹资风险较大。

③债权人有权按期索取利息和到期要求还本,但无权参与企业经营决策,对企业的经营不承担责任。

④企业的债务资金主要通过银行、非银行金融机构、其他企业单位、居民个人等渠道,采用向银行借款、发行企业债券、融资租赁、商业信用等方式筹集。

必须指出,在特定的条件下,有些债务资金可转换,如企业债券能转换为自有资金,在企业出现财务困难不能偿还债务时,经过债务重组,也可以将债务转为股权,成为企业自有资金。但自有资金不能转换为债务资金。

2. 按筹资活动是否通过金融机构分类

筹资活动按是否通过金融机构分为直接筹资和间接筹资。

(1)直接筹资。

直接筹资是指企业不经过银行等金融机构,而直接以资金供应者身份投入、借入或发行股票、债券等方式进行的筹资。在直接筹资过程中,供求双方借助融资手段直接实现资金的转移,不必通过银行等金融中介机构。直接筹资的筹资渠道和筹资方式多,但须依赖金融市场机制。筹资成本根据资金供求情况而定,当金融市场突变时,筹资容易失败,筹资风险较大。

(2)间接筹资。

间接筹资是指企业借助于银行等金融机构进行的筹资。其主要形式为向银行借款、向非银行金融机构借款、融资租赁等。它具有筹资手续简便、筹资效率高等优点。但筹资范围相对较窄,筹资渠道和筹资方式相对单一。

相对应的,筹集资金按筹资活动不同分为直接筹资资金和间接筹资资金。

2.1.4　筹集资金的原则

施工企业在筹集资金过程中,必须遵循下列原则,对影响筹资活动的各项因素,如资金成本、筹资风险、资金结构、投资项目的经济效益、筹资难易程度等,进行综合分析。

1. 根据资金需要,合理确定筹资规模

企业在筹资过程中,不论通过哪种渠道、采用什么方式筹集资金,都应事先确定资金的需要量。筹集资金固然要"广开财路",但必须有合理的界限。资金不足,固然会影响企业施工经营;但资金过多,也会影响资金使用的效益。因此,企业在筹资之前,必须做好各个施工、投资项目资金需要量的估算,编制分月现金预算,预测各月资金流量,合理安排资金的投放和回收。

2. 研究资金投向,讲求资金使用效益

资金的投向,既决定资金需要量的多少,又决定资金的使用效益。企业扩大施工项目和对所属构件加工厂进行新建、扩建,对机械设备进行更新改造,都必须进行可行性研究,认真分析项目的投资效益。筹资是为了投资,一般情况下,先确定适合投资的施工项目,有了明确的资金用途,再选择筹资渠道和方式,要防止把资金筹集同资金投放割裂的做法。

3. 选择资金渠道,力求降低资金成本

企业不论从什么渠道、用哪种方式筹集资金,都要付出一定的代价。筹资的代价即资金成本,包括资金占用费和资金筹集费。

不同渠道的资金成本各不相同,而且取得的难易程度也不一样。因此,要选择最经济、最方便的资金来源。因为各种渠道资金往往各有优缺点:有的资金可以长期使用,有的资金必须按期偿还;有的资金供应比较稳定,有的资金取得比较方便,有的资金成本较低;有的对于筹集巨额资金比较有利,有的对于筹集少量资金比较有利等。所以,必须综合研究各种筹资渠道和筹资方式,合理考虑各种资金来源的构成,力求降低综合资金成本。

4. 适度负债经营，防范筹资风险

企业依靠债务资金开展施工经营活动的行为叫作负债经营。负债经营是现代企业发展壮大的一种经营手段。企业向银行等金融机构借款和向社会发行企业债券筹集资金，不但可以解决自有资金不足的难题，而且借款利息和债券利息可以计入财务费用，列支在税前利润，少缴纳一部分所得税，企业由此获得部分节税收益，从而降低资金成本，提高资金利润率。当然，如果负债过多，不但会削弱企业自负盈亏的能力，而且会增加筹资风险，甚至使企业丧失偿债能力、面临破产。因此，企业在筹资时，必须使自有资金和债务资金保持合理的比例关系，既要利用负债经营的积极作用，又要防止负债过多而增加筹资风险。

2.2 资本金的筹集

2.2.1 资本金制度

企业的设立，必须有法定的资本金。我国于1993年7月开始对企业实行资本金制度。资本金制度是国家对企业有关资本金的筹集、管理和核算以及对所有者责、权、利等所制定的法律规范，是国家对企业资金管理的一项基本制度，也是企业生产经营、进行财务活动的前提。

资本金是指企业在工商行政管理部门登记注册的资本，是一种带有垫支性、盈利性的资本。为了使企业生产经营活动合理、合法地开展，使社会经济正常运行，国家要求企业在设立时，必须具有法定数量的能用来抵偿风险的资本。这部分资本由国家注册会计师验证，工商行政管理部门注册，形成企业的注册资本。

企业资本金是商品经济发展的必然产物，是企业从事生产经营活动的基本条件。在企业的再生产和商品流转过程中，它一方面保证了商品使用价值的生产和实现，另一方面实现了企业商品价值的增值。企业的资本金，有来自国家和法人的投资，也有来自个人和外商的投资。企业作为投资对象的法人实体，在财产保值、增值的同时，应满足投资者的合法权益。在资本金制度建立的同时，企业不再把资金划分为固定资金、流动资金及专用基金，而将全部资金明确区分为资本金和负债两部分，这是企业灵活调度资金、合理安排资金结构、正确运用负债经营策略的前提。在资本金制度下，企业经营期间，投资者不得以任何方式抽

回其资本金,而出资者未按合同、协议履行出资义务则需要承担违约责任,这为企业合理筹集资金、运用和保全资本金提供了有利条件。因此,企业可以依法合理筹集资本金,支配使用资本金,使资本金长期参与生产经营周转,并发挥其效益。

2.2.2　资本金的分类

资本金按照投资主体可以分为国家资本金、法人资本金、个人资本金和外商资本金。国家资本金是指有权代表国家投资的政府部门或机构,将国有资产投入企业形成的资本金;法人资本金是指其他法人单位将其依法可以支配的资产投入企业形成的资本金;个人资本金是指社会个人或者本企业内部职工将个人合法财产投入企业形成的资本金;外商资本金是指其他国家和境外地区的投资者将其合法财产投入企业形成的资本金。

2.2.3　资本金的筹集方式

企业筹集资本金的方式多种多样,可以采取吸收现金、实物、无形资产和发行股票等方式筹集,但企业无论采用什么方式筹集资本金,都必须符合国家法律、法规的规定。

1. 吸收直接投资

吸收直接投资是指企业以协议等形式吸收国家、其他企业、个人和外商等直接投入的资金,而形成企业资本金的一种筹资方式。企业通过吸收直接投资而取得的实物资产或无形资产,必须符合企业生产经营、科研开发的需要,在技术上能够消化应用,在吸收数量上应符合法定比例。国家规定,吸收投资者的无形资产(不包括土地使用权)的出资数额不得超过企业注册资金的20%。企业通过吸收直接投资而取得的非现金资产,必须进行公正合理的估价。

吸收直接投资是我国企业最早采用的一种筹资方式,它具有如下优点。

(1)吸收直接投资所筹集的资金属于企业的自有资金,与借入资本相比较,它能提高企业的资信和借款能力。

(2)吸收直接投资不仅可以筹集现金,而且能够直接获得所需的先进技术和设备,使企业筹资成本降低。

(3)吸收直接投资的财务风险较低,但主要缺点是:通常资金成本较高,由于

没有证券作为媒介,产权关系有时不够明晰,也不便于产权的交易。

2. 发行股票筹资

发行股票筹集资本金是股份公司筹资的重要方式。发行股票筹集到的资金一般称为股本,它是构成公司资本的主体,而且是保证公司可以获得向外借款资格的基础。

(1)股票筹资的特点。

股票是股份公司为筹集资本金而发行的有价证券,是持股人拥有公司股份的凭证,它代表公司资本的所有权。主权资本通常是一个新公司的首要资金来源,而且是保证公司今后可以获得一切债务的基础。

股票持有人即公司的股东。公司股东作为出资人按投入公司的资本额,享有参与公司重大决策和选择管理者的权利,并以其所持股份为限,对公司承担责任。同其他筹资方式相比,通过发行股票所筹集到的资金,企业可以永久占用。只要企业存在,股东不能将股票退还公司,只能转让或出售。

股票持有者投资风险最大,这一点可以从偿债顺序中反映出来,一旦公司破产,其财产变价收入只有在满足各种债权人要求之后,如果还有剩余,才能在股东之间按出资比例分配。

股利的支付具有灵活性。公司股利的发放与否,可以由股东代表大会投票决定。若资金暂时短缺,或者即使资金并不短缺,但遇到很好的投资机会时,公司也可以不向股东支付股利。

股利的支付在公司缴纳所得税之后。按照国际惯例,股利是股份公司在获得盈利的情况下,从依法缴纳所得税后的纯利中支付的,属于公司的非负税支出。股票筹集的资金成本高。股票持有者在所有投资者中风险最大,根据收益与风险的关系原则,股票持有者所要求的投资报酬率也最高。从公司角度看,获得同样多的资金,采用股票筹资方式所付出的代价最高。

(2)股票的种类。

股票按票面有无记名分为记名股票和无记名股票。记名股票是在股票票面上记载股东姓名或名称的股票。股东姓名或名称要记入公司的股东名册。转让股票时,须办理过户手续,由当事人签字盖章方能生效。无记名股票是在股票票面上不记载股东姓名或名称的股票,股东的姓名或名称也不记入公司的股东名册。谁持有股票谁就拥有股票所代表的财产权。转让、继承无记名股票无须办理过户手续。

股票按股面是否标明金额分为有面值股票和无面值股票。有面值股票是公司发行的票面标有金额的股票。持有这种股票的股东,对公司经营享有权利并承担义务,股票价值由所持有的全部股票票面金额之和占公司发行在外股票总面额的比例大小决定。无面值股票不标明票面金额,只在票面上载明所占公司股本总额的比例或股份数。无面值股票价值实际上是随公司财产的增减而改变的。

股票按股东权利和义务分为普通股和优先股。普通股是公司发行的代表着股东享有平等的权利和义务、不加特别限制、股利不固定的股票。普通股是最普通、最基本的一种股票,是公司基金的基本来源。优先股是相对普通股而言给予股东某些优先权的股票,通常是在公司增募资本时发行的。为了吸收投资,公司给予股东某些优先的权力。其优先权体现为:优先股的股东享有固定的股息,并可从利润中优先获取股息;当企业倒闭破产清算时,清理公司剩余财产后,优先股享有优先于普通股的股本索偿权。

(3)普通股和优先股筹资的利弊。

①普通股筹资的利弊。

普通股股东作为公司财产的所有者,也是承担最大风险的投资者,拥有某些得到法律保护的权利。这些权利通常包括:对公司的一些重大问题的投票表决权;出售或转让股份的权利;检查公司账簿的权利;公司解散时,对剩余资产进行分配的权利;优先认购股票的权利。

普通股股东具有以上权利,所以,对企业而言,通过发行普通股的方式筹集资金有利也有弊。其有利之处在于:企业没有定期支付股利的义务,也没有过期必须还本的压力,减少了企业出现财务危机的可能性;发行普通股,既增加了企业主权资本,又为企业进一步举债筹资奠定了基础。普通股筹资的不利之处在于:普通股股东投资风险大,需要高额投资收益,因此股票筹资代价高;股利在所得税后支付,使股票筹资的资金成本大大高于债权筹资;新增股票的发行可能稀释原有股东的控制权,因此,小型企业和新办企业对增发股票应持谨慎态度;发行手续比较复杂,发行费用较高。

②优先股筹资的利弊。

优先股是企业筹集资本金的一个重要来源,其清偿权排列在债券之后、普通股之前。优先股股东对企业税后利润持有分配特定金额的优先权,对企业资产的要求权优先于普通股股东。优先股息与普通股息一样,均可延期交付或不付。

优先股筹集资本金对企业来说有以下好处:可暂时不支付股息;优先股没有

到期日,优先股的回收是企业决定的,企业可在有利的条件下安排资金、收回优先股,从而提高企业财务灵活性;优先股的股息固定,能避免资产抵押和担保。优先股筹集资本金给企业带来的不利因素表现在以下方面:债券的利息可抵消所得税,而优先股股息却无法抵消所得税,因而它的成本高于债券资金成本;优先股的股息支付义务比普通股严格,企业无法多留利润来进一步扩大再生产。

2.3 债务资金的筹集

施工企业除了筹集资本金,还要根据施工生产经营和投资等需要,进行债务资金的筹集。债务资金的筹集也叫负债筹资。它是现代企业发展壮大自己的一种重要手段。负债筹资主要包括发行企业债券、向银行借款、融资租赁、以商业信用形式暂时占用其他企业单位的资金、债务资金的优化组合等。

2.3.1 发行企业债券

企业债券又称公司债券。它是企业为筹集资金而发行的有价证券,是持券人拥有企业债权的债权证书。它代表持券人同企业之间的债权债务关系,持券人可按期或到期取得规定利率的利息,到期收回本金。但它与股票持有人的股票不同,持券人无权参与企业施工生产经营管理决策,不能参与企业分红,持券人对企业的经营亏损也不承担责任。

1. 企业债券的类型

(1)企业债券按其有无财产担保,分为抵押债券和信用债券。

抵押债券是指发行企业有特定的财产作为担保品的债券。它按担保品不同,又可分为不动产抵押债券、动产抵押债券和信托抵押债券。其中信托抵押债券是以企业持有的有价证券为担保而发行的债券。设定为担保品的财产,企业没有处置权,如债券到期不能偿还,持券人可行使其抵押权,拍卖担保品作为补偿。

信用债券是指发行企业没有设定担保品,仅凭其信用而发行的债券,通常由信用较好、盈利水平较高的企业发行。

(2)企业债券按其记名与否,分为记名债券和无记名债券。

记名债券是券面上记有持券人的姓名或名称的债券。企业发行此类债券时，只对记名人付息、还本。记名债券的转让，由债券持有人以背书等方式进行，并由发行企业将受让人的姓名或名称记载于企业债券存根簿。

无记名债券是指券面上不记有持券人姓名或名称的债券。付息还本以债券为凭，一般采用剪票付息方式，流动比较方便。

（3）企业债券按其偿还方式的不同，分为定期偿还债券和随时偿还债券。

定期偿还债券包括期满偿还债券和分期偿还债券两种：前者指到期全额偿还本息的债券；后者指按规定时间分批偿还部分本息的债券。

随时偿还债券包括抽签偿还债券和买入偿还债券两种：前者指按抽签确定的债券号码偿还本息的债券；后者指由发行企业根据资金余缺情况通知持券人还本付息的债券。

（4）企业债券按筹资期长短，分为短期债券和长期债券。

短期债券是指筹资期为一年或一年以内的债券。它主要用于满足临时性的资金周转需要。

长期债券是指筹资期在一年以上的债券。它主要用于满足企业长期、稳定的资产占用需要。

（5）企业债券按其能否转换为公司股票，分为可转换债券和不可转换债券。

可转换债券是指根据发行契约允许持券人按预定的条件、时间和转换率将持有的债券转换为公司普通股的债券。按照《公司法》的规定，上市公司经股东大会决议和国务院证券监督管理机构的核准，可以发行可转换为股票的公司债券。发行可转换债券的企业，除具备发行企业债券的条件外，还应符合发行股票的条件。

不可转换债券指不能转换为公司股票的债券。

2. 企业债券筹资的条件和程序

为了加强对企业债券的管理，引导资金的合理流向，有效地利用社会闲散资金，保护各方合法权益，《中华人民共和国证券法》对股份有限公司、有限责任公司发行企业债券作了规范化的规定，明确国务院证券监督管理部门是企业债券的主管部门。

企业发行债券，必须符合以下条件：①具备健全且运行良好的组织机构；②最近三年平均可分配利润足以支付企业债券一年的利息；③国务院规定的其他条件。发行企业债券筹集的资金，必须用于审批机关批准的用途，不得用于弥补亏损和非生产性支出。

对有下列情况之一的企业,不得再发行企业债券:①对已发行的企业债券或其债务有违约或者延迟支付的事实,且仍处于继续状态的;②违反《中华人民共和国证卷法》规定,改变发行企业债券所募资金的用途。

股份有限公司、有限责任公司发行企业债券,应由董事会制订方案,由股东会议作出决议。

3. 企业债券发行价格的确定

企业债券的发行价格,主要取决于以下四个因素。

①债券面值。它是确定债券价格的基本因素。债券面值越大,发行价格越高。

②票面利率,又称息票率。票面利率越高,投资价值越大,债券发行价格也越高;反之,债券发行价格越低。

③市场利率,又称贴现率。在债券面值与票面利率一定的情况下,市场利率越高,债券发行价格越低;反之,债券发行价格越高。

④债券期限。一般期限越长,其投资风险越大,要求的投资收益率越高,债券发行价格可能越低;反之,债券发行价格可能越高。

从理论上讲,债券发行价格由债券到期还本面值按市场利率折现的现值与债券各期利息的现值两个部分组成。

对到期一次还本付息的债券发行价格,可按下列公式计算:

$$债券发行价格 = \frac{债券面值 \times (1 + 票面利率 \times 债券期限)}{(1 + 市场利率)^{债券期限}}$$

对分次付息到期还本的债券发行价格,可按下列公式计算:

$$债券发行价格 = \sum_{t=1}^{n} \frac{债券面值 \times 票面利率}{(1 + 市场利率)^t} + \frac{债券面值}{(1 + 市场利率)^n}$$

式中,t 为付息期数;n 为债券期限。

上述公式表明:在债券面值与市场利率一定的情况下,债券发行价格取决于票面利率,即票面利率越高,债券发行价格越高;反之,债券发行价格越低。

必须指出,上述债券发行价格的计算公式,没有考虑投资风险因素和通货膨胀影响等。如债券期限较长,要承担较大投资风险;如存在通货膨胀情况,会使今后还本付息贬值,这些都应通过贴现率的调整加以考虑。

2.3.2 向银行借款

施工企业在施工生产经营过程中,如要扩大施工生产经营规模,进行基本建设、更新改造工程和补充流动资金,在自有资金不足的情况下,可向银行或其他金融机构借款。银行借款按其用途分为基本建设投资借款、技措借款和流动资金借款。银行借款按照期限长短,分为长期借款和短期借款。凡借入的期限在一年以内的各种借款,叫作短期借款,属于流动负债。凡借入的期限在一年以上的各种借款,叫作长期借款,属于长期负债。

1. 基本建设投资借款

基本建设投资借款是施工企业借入用于新建、扩建建设项目(如建筑构件加工厂等)的投资借款。企业要向银行或其他金融机构申请基本建设投资借款,必须有经批准的项目可行性研究报告和初步设计,同时还须符合以下条件:

①产品有销路,工艺已过关;

②建设条件已经具备,包括建设用地、拆迁、设备、材料等已安排到位;

③投产后的生产条件已经落实,包括生产所需资源、原材料、燃料动力、水源、运输等已安排到位,"三废"治理已有可靠方案;

④具有偿还借款本息并按期归还的能力;

⑤借款项目必须经过有资格的咨询公司评估,经济效益好;

⑥借款项目总投资中,各项建设资金来源必须落实,要有不少于总投资30%的自筹资金或其他资金;

⑦借款企业有较高的管理水平和资信度。

施工企业向经办银行提出借款申请书并经审查同意后,即可与贷款银行签订借款合同。借款合同要规定借款项目的名称及用途、借款金额、借款利率、借款期限及分年用款计划、还款期限与分年还款计划、还款资金来源与还款方式、保证条件及违约责任,以及双方商定的其他条款。通过签订借款合同,明确双方的经济责任。

借款合同签订后,借款企业在核定的贷款指标范围内,按银行对贷款的管理方法,根据用款计划支用借入资金。贷款银行如对基本建设投资借款采用分次转存支付的办法,则借款企业在按照合同分次取得借款时,先存入企业存款户,再从存款户中支付使用。贷款银行如对基本建设投资借款采用指标管理的办法,借款企业应按规定用途,支一笔借一笔。在这种情况下,借款企业支用基本建设投资借款时,应根据银行核定的年度借款指标,按照订货合同、工程进度、工程建设支出的需要,向经办银行支用借款。为了便于经办银行对支用借款进行监督,借款企业应将设备订货合同副本、工程进度计划等送交经办银行。

基本建设投资借款数额较大,借款项目建设工期较长,借款期限都在一年以上,因此属于长期借款。

2. 技措借款

技措借款也叫更新改造借款,是施工企业在施工生产经营过程中为了固定资产的更新改造而向银行和其他金融机构借入的款项。施工企业的技措借款,主要用于以下技措工程:①原有固定资产的更新,包括陈旧的施工机械、运输设备、生产设备、计量测试设备等机械设备的更新和房屋建筑的改造;②在原有固定资产的基础上进行的技术改造工程;③节约能源和降低原材料消耗的措施;④治理"三废"污染和综合利用原材料的措施;⑤劳动保护和安全生产措施;⑥试制新产品和推广科研成果的措施。

技措工程目的在于提高企业施工生产能力,降低工程和产品成本,改善劳动条件和保护环境等。

用于规模较大、工期较长的技措工程,要在一年以上还本付息的技措借款,属于长期借款。用于能在短期内完工的小型技措工程,并在一年以内归还本息的技措借款,属于短期借款。

3. 流动资金借款

施工企业的流动资金借款,可分为如下两个部分:一部分用于补充正常施工生产经营所需的流动资金;一部分用于补充季节性超定额储备所需的流动资金。前一部分流动资金借款,是企业正常施工生产经营所需的铺底资金,只要企业继续经营,就得占用这笔资金,在企业没有其他资金来源时,就须继续借用,因此,属于长期借款。后一部分流动资金借款,是用于补充季度工作量扩大超定额储备和季节性材料超定额储备所需的流动资金,是临时性的,一般在六个月内就能归还,因此,属于短期借款。因为施工生产作业大多在露天进行,会受气候的影响,在有些季节,施工生产比较集中,所需材料储备就要增加。某些建筑材料,在生产、供应和运输等方面也受季节性因素影响,需要提前采购储备,如河卵石只能在雨季或汛期前采购,北方水运原木要在封冻期前储备,等等。这样,施工企业在某一时期实际需要的流动资金就会超出定额流动资金。如果企业没有多余流动资金,就得向银行或其他金融机构举借季节性储备贷款。无论哪种借款,都应坚持有借有还的原则。借款到期,借款企业应按照合同规定按期偿还借款本息或续签合同。如不能偿还,经办银行可按合同规定,从借款企业的存款中扣回借款本息及罚息。借款企业如因资金调度困难需要延期归还借款,应向经办银行提出延期还款计划,经审查同意后,按照计划偿还借款。逾期期间一般按逾期借款计收利息。

2.3.3 融资租赁

施工企业需要大型机械设备,在没有资金来源时,可采用融资租赁办法。融资租赁,就是由出租方按承租方要求融通资金购买机械设备,在较长的契约或合同期内提供给承租方使用的租赁业务。它是以融通资金为主要目的的租赁,是融资与融物相结合的、带有商品销售性质的借贷活动,是现代企业筹集资金的一种新形式。

1. 融资租赁业务的特征

融资租赁业务与传统的经营租赁业务比较,具有如下特征。

(1)兼有融资、融物两种职能。它既为企业融资,又为企业购买所需机械设备,并将所购机械设备租给企业使用。

(2)涉及三方当事人的关系,至少订立两个合同:一个是出租方与承租方订立的租赁合同;另一个是出租方与供货方订立的购货合同。这两个合同是相互联系、同时订立的。两个合同的条款都须明确规定相互间的关系、权利和义务,如在租赁合同中,要规定承租方负责验收机械设备,出租方不负责所购机械设备质量、数量不符的责任,但出租方授权承租方负责向供货方交涉索赔。购货合同规定所购机械设备出租给承租方使用,授权承租方验收机械设备和索赔。租赁合同一旦订立,任何一方不得撤销。为了保护各方利益,承租方不能因为市场利率降低而在租期未到时提前终止合同,也不能因为有了新型高效率机械设备而撤销合同、退还机械设备;同样,出租方也不能因为市场利率提高或设备涨价而要求提高租赁费。

(3)承租方对机械设备和供货商有选择的权利。在融资租赁中,机械设备由出租方根据承租方的机械设备清单和选定的厂商购买,承租方参加谈判,在承租方指定的地点由供货方直接运交承租方,并由承租方对机械设备的质量、规格、技术性能、数量等进行验收;出租方凭承租方的验收合格通知书向供货方支付货款。

(4)租赁期满,承租的机械设备按合同规定由承租方留购、续租或退回出租方。在国外,承租方如果要将租赁的设备留归自己所有,必须以议定价格或名义价格购买。名义价格,就是一元或若干元的价格。实质上是为了完成法律手续,将出租方对机械设备的所有权转让给承租方。我国财务制度曾规定,只要租赁期满,就可将融资租赁机械设备按合同规定转归承租方所有,不必办理所有权转让手续。

2. 融资租赁机械设备租赁款的计算

融资租赁机械设备的租赁款,除租赁机械设备的购置成本、利息和有关费用外,还包括一定的利润。计算融资机械设备的租赁款,首先要确定租赁利率。租赁利率也叫内含利率,即包括手续费和一定利润在内的利率。租赁利率的确定,要考虑多方面因素,其中主要是租赁合同签订时出租方在金融市场上所能筹措到的资金成本,即金融市场利率加有关筹措费用(如担保费、法律费用)等。利率有固定利率和浮动利率两种,以固定利率计算的租赁款在整个租赁期间不变;以浮动利率计算的租赁款,每期的租赁款按每期期初利率的变化而变化。一般来讲,融资租赁大多采用固定利率。因为就承租方来说,固定租赁费有利于较正确地预计施工生产成本,而且无利率变动的风险,特别是在通货膨胀期间。租赁利率中除了考虑资金的筹措成本,还要考虑出租方的手续费和一定的利润。出租方为谋求较大的利润,往往采用较高的租赁利率,但租赁利率的高低,要受市场(或者说价值规律)的支配。因为承租方为求得有利的租赁条件,减少租赁款的支付,必然要进行选择。在存在竞争的租赁市场中,承租方在融资租赁时对租赁条件的选择,必然使租赁利率被限制在一定范围之内。

融资租赁机械设备的租赁款,一般可根据机械设备成本(包括买价、运输费、途中保险费及安装调试费等)和租赁利率、租赁期限、租赁款支付次数,按照下列公式进行计算:

$$每次支付租赁款 = 租赁机械设备成本 \times \frac{i(1+i)^n}{(1+i)^n - 1}$$

式中,i 为租赁利率;n 为租赁款支付次数,即租赁年限乘每年支付次数;$\frac{i(1+i)^n}{(1+i)^n - 1}$ 为资金回收系数,可通过资金回收系数表查得。

3. 融资租赁机械设备的优点

根据上文所述,可知施工企业采用融资租赁方式租入机械设备,有如下优点。

(1)在企业资金短缺的情况下,可以引进先进机械设备,加快技术改造的步伐。施工企业在资金短缺的情况下,要购买先进的机械设备,可以通过融资租赁渠道做到,企业可以先不付或先付很少的钱,就得到所需的机械设备。机械设备投产后,企业可以用施工生产工程、产品获得的盈利在几年内分期偿付租赁款。这样,企业可以早引进、早投产、早得益。它是"借鸡生蛋、以蛋偿还鸡款,最终又可得鸡"的好办法。因为当今世界技术发展日新月异,有先进技术、先进机械设备的企业才能承担大型建筑安装工程,才能创造优质、低成本的工程。如果单纯依靠企业自身积累资金购买机械设备,就可能会错失良机、失去市场。如要购买80万元的先进施工机械,企业每年只有20万元生产发展资金的情况下,要积累4年才能购得,到第5年投产后才能产生利润。企业通过融资租赁当年就可获得先进施工机械,在投产后获得利润。

(2) 金融与贸易相结合,可以加速技术设备的引进。企业购买国内外机械设备,一般至少需要两个环节,第一个环节是筹措资金,向银行申请贷款,经审查批准需要相当长时间;第二个环节是向生产厂商采购国内机械设备或委托外贸公司采购国外机械设备。环节多,手续、费用也多。利用融资租赁方式,融资与引进机械设备的工作都由机械设备租赁公司承担,企业就能迅速获得所需机械设备。企业早投产,就能早获益,环节减少,又可节约费用开支。承租企业与生产厂商直接见面,直接参加洽谈,择优选购,企业可以获得较满意的机械设备。

(3) 促使企业重视经济效益。企业采用融资租赁方式租入机械设备,要按期支付租赁款并承担无法支付租赁款的风险,这就促使企业在租赁机械设备以前,要从经济上、财务上很好地分析计算投产后的经济效益和还款能力。引进机械设备后,为了支付租赁款,企业势必要提高机械设备的完好率和利用率,加强管理。

2.3.4 以商业信用形式暂时占用其他企业单位的资金

商业信用是企业在商品购销活动过程中因预收货款或延期付款而形成的借贷关系。它是商品交易中因货与钱在时间上的分离而形成的企业间的直接信用行为。因此,企业信用在西方国家又称为自然筹资方式。商业信用是企业间相互提供的,因此在大多数情况下,商业信用占用资金属于免费资金。

1. 预收工程款

预收工程款是因建筑安装工程建设周期长、造价高,施工企业难以垫支施工期间所需流动资金情况下,向发包建设单位预收的工程款。

施工企业在与发包建设单位签订工程合同时,可约定预收一定金额的预收工程款。按照相关的规定,除了不包料的承包工程,其他工程都可按工程合同金额的10%～30%向发包单位预收工程款;对于重大工程项目,可按年度工程计划逐年预收,预收工程款应按合同规定在结算工程款中扣除。

预收工程款是企业之间的直接信用行为。它不但可以缓解施工企业经营收支不平衡的矛盾,而且可以防止发包建设单位在投资留有缺口或因通货膨胀导致投资不足时拖欠工程款,给施工企业流动资金周转带来困难。

2. 应付账款

应付账款是赊购商品或延期支付劳务款时的应付欠款,是一种典型的商业信用占用资金形式。施工企业向销货企业购买设备、材料,如施工企业收到货物后在一定时期内付款,在这段时期内,等于施工企业向销货企业借款。这种方式可以弥补企业暂时的资金短缺。销货企业也易于推销商品。应付账款不同于应付票据,它采用"欠账"方式,买方不提供正式借据,完全依靠企业之间的信用来维系。一旦买方资金紧张,就会长期拖欠,甚至形成连环拖欠(即通常所说的"三角债")。所以这种方式一般只在卖方掌握买方财务信誉的情况下采用。

3. 应付票据

应付票据是买方根据购销合同,向卖方开出或承兑的商业票据。应付票据的付款期限最长不超过9个月,如分期付款,应一次签发若干张不同期限的票据。应付票据分为带息和不带息两种,带息票据要加计利息,不属于免费资金;而不带息票据则不计利息,与应付账款一样,属于免费资金。我国目前大多数票据属于不带息票据。

应付票据基本属性和应付账款相似,不同的是其期限比应付账款长些。从西方国家的企业结算业务看,一般企业在无力按期支付应付账款时,才由买方开出带息票据。因此,它是在应付账款逾期未付时,以票据方式重新建立信用的一种做法,与我国商业票据的做法不完全相同。

2.3.5 债务资金的优化组合

施工企业在筹集债务资金时,要注意债务资金的优化组合,优选债务种类、优化债务期限及利率结构。

在各种债务资金中,预收工程款、应付账款、应付票据等商业信用占用资金的成本最低,一般不存在资金成本,但用款数额较少、期限较短。银行借款手续比较简单,利率低于债券资金。债券资金用款期限较长,受债权人干涉较小,但发行债券手续较复杂,资金成本较高。

由于银行借款、债券资金和商业信用占用资金各有利弊,企业必须根据资金市场情况,依据自身条件,优选债务种类。债务种类的优选涉及债务功能结构的优化问题。债权人为事先避免举债单位不能及时偿还的风险,常对举债单位债务资金的使用加以约束。这种约束一般分为直接约束和间接约束两种形式。直接约束是指债权人对债务资金的用途有明确的限制,如基本建设投资借款、季节性储备借款等都有很强的专用性。间接约束是指举债单位必须对债务提供担保。约束的存在制约了企业资金的灵活调度及担保物资的高效使用。与受约束债务相对应的是无用途限制债务及无担保债务。通常,受约束债务资金的成本较低,而不受约束债务资金的成本较高。优化债务功能约束结构即举债单位要在债务资金成本与债务约束之间寻求最佳组合,以求少约束、多功能而又低成本地利用债务资金。

一般来说,债务资金偿还期限越长越好,因为债务偿还期限越长,举债单位使用债权人资金的时间越长,越有利于合理使用资金并加以偿还。但债务资金使用期越长,资金成本就越高。债务资金使用期短的资金成本虽低,但不能按时还本付息的风险较大。因此,企业对不同期限的债务资金应合理搭配,以保持每年还款额的相对均衡,避免还款期限过于集中。合理的债务还款期限,应以中长期债务为主,短期债务为辅,债务偿还期限要适当铺开,并从整体上形成较长的使用期限,以防由于债务资金偿还期限结构的不合理造成无力偿还的局面。

企业债务资金利率结构的优化,是指债务资金的利息支付结构和利息习性结构的合理搭配。利息的支付结构由单利法和复利法组成,在其他条件相同的情况下,企业应尽可能选择到期按单利法付款的方式。利率分为固定利率和浮动利率。在通货膨胀持续、预期利率会上升的情况下,企业应选择固定利率以减少筹资成本。

债务资金和资本金不同,它们体现不同的经济关系。资本金是所有者的投资,体现所有权关系。它可长期使用,同企业利润分配有密切的联系,企业利润多就多分红利,没有利润就不分,企业亏损则要以原投资金垫补。投资者既享有权利,又承担有限责任。债务资金是债权人的资金,体现债权关系,它是企业的债务,要按期偿还,一般要按固定利率付息,利息多少同企业利润分配没有联系,债务资金的利息计入财务费用,不从利润中扣除。企业在筹集资金时,应权衡这两类资金的经济性质和相应的经济利益问题,有选择地加以利用。

2.4 筹资风险及其回避

筹资风险是针对债务资金偿付而言的,所以从风险产生的原因上,可将它分为现金性筹资风险和收支性筹资风险两类。

2.4.1 现金性筹资风险

现金性筹资风险又称资金性筹资风险。它是指企业在特定时点,现金流出量超出现金流入量而产生的到期不能偿付债务本息的风险。这种风险具有以下特征。

(1)它是一种个别风险,表现为某项债务不能及时偿还,或者是某一时点的债务不能及时偿还。它对企业未来各期的筹资影响不大。

(2)它是一种支付风险,与企业收支是否盈余没有直接关系。

(3)它是理财不当引起的,表现为现金收支预算与实际不符而出现支付危机;或者是债务资金期限结构安排不当而引起的。如在资金利润率较低时安排了资金成本较高的债务,以及在债务的期限安排上不合理而引起某一时点出现偿债高峰等。这种风险一般只要通过合理安排现金流量即能回避,对企业盈利和所有者的收益影响不大。

2.4.2 收支性筹资风险

收支性筹资风险是指企业在收不抵支情况下出现的不能偿还到期债务本息的风险。按照"资产＝负债＋所有者收益"公式,如果企业收不抵支、发生亏损,企业净资产将减少,从而导致作为偿债保障的资产总量减少。在负债不变的情况下,企业亏损越多,以企业资产偿还债务的能力也就越低,最终的收支性筹资风险表现为企业破产、解散清算时的剩余财产不足以支付债务。因而这种风险具有以下特征。

(1)它是一种整体风险,它对全部债务的偿还都有不利的影响。

(2)它不仅仅是一种支付风险,而且意味着企业施工经营的失败。它不仅源于理财不当,而且主要源于施工经营不当。

(3)它是一种终极风险,一旦出现收不抵支情况,不仅债权人的权益难以保障,而且所有者承担的风险更大。

(4) 一旦出现这种风险,如果企业不加强管理,企业未来的再筹资将面临更大的风险。

2.4.3 财务杠杆损益

财务杠杆损益是负债筹资给企业带来的额外经济效益或损失。它包括以下两种基本形态:一是在现有资金结构不变的情况下,息税前利润的变动而对所有者权益的影响;二是在息税前利润不变的情况下,改变不同的负债与资本的比例而对所有者权益的影响。

1. 资金结构不变情况下息税前利润变动的财务杠杆损益

在企业资金结构不变的情况下,企业从息税前利润中支付的债务资金利息是固定的。当息税前利润增加时,每一元息税前利润所负担的债务资金利息就会相应降低,扣减所得税后可分配给所有者的净利润就会增加,从而给企业所有者带来额外的经济效益;反之,当息税前利润减少时,每一元息税前利润所负担的债务资金利息就会相应增加,从而给企业所有者带来额外的损失。

资本利润率增减大于息税前利润增减率的现象,叫作财务杠杆。财务杠杆对资本利润率的作用,是固定债务利息支出存在的结果。因此,企业只要在筹资方式中有固定利息支出,就存在财务杠杆的作用。但不同企业的财务杠杆的作用程度是不完全相同的。为此企业需要对财务杠杆进行计量。计量财务杠杆的常用指标是财务杠杆系数。财务杠杆系数就是资本利润率增减与息税前利润增减率的比值,用公式表示为:

$$财务杠杆系数 = \frac{资本利润率增减}{息税前利润增减率}$$

由于存在财务杠杆作用,当企业的息税前利润增长较快时,适当地利用负债经营,企业净利润可更快增长,提高资本利润率,增加所有者权益。相反,当企业的息税前利润负增长时,负债经营可使资本利润率更快降低,为企业带来筹资风险。

2. 息税前利润不变情况下负债比重变动的财务杠杆损益

在息税前利润不变的情况下,如总资产息税前利润率大于债务资金利息率,则提高负债比重,可将高于债务资金利息率的部分税前利润作为资本的收益,使资本利润率提高;反之,如总资产息税前利润率小于债务资金利息率,则提高负

债比重,会因支付高于总资产息税前利润率的债务资金利息而使税前利润减少,导致资金利润率降低。

负债比重变动引起资本利润率变动的现象,也是财务杠杆作用的一种表现形态。因此,利用财务杠杆作用,在总资产息税前利润率大于债务资金利息率时,提高企业负债的比重,可以促使资本利润率增长,实现财务杠杆效益。相反,在总资产息税前利润率小于债务资金利息率时,进行负债经营,就会使资本利润率降低,给企业带来更大的筹资风险。

2.4.4 筹资风险的回避

施工企业筹资风险的回避,应根据不同风险类型采用不同的方法。

1. 现金性筹资风险的回避

为了回避企业因负债筹资而产生的到期不能支付债务的风险,并提高资本利润率,企业在筹资时,对施工经营所需的资金债款期限的安排,应与施工周期相匹配。如不收预收款并在竣工后一次结算的施工项目,施工周期为两年,在负债筹资时,对第一年所需的资金用两年期的长期债务来提供,第二年所需的资金用一年期短期债务来提供。当然,如果企业信用度好,也可用短期资金在期限上的合理搭配,即"一面举债、一面还款"来满足长期在建工程占用资金的需要,以降低债务资金成本。

同时,企业要按季分月编制现金收支预算,根据月度现金收支预算,做好日常现金收支的调度和平衡。企业既要做到增收节支,保证现金收支在数额上的平衡;又要采取措施,保证现金收支数额在时间上相互协调,确保及时偿还债务资金。

2. 收支性筹资风险的回避

(1)根据企业总资产息税前利润率是否高于债务资金利息率,调整负债比重,从总体上减少收支性风险。

收支性筹资风险,很大程度上是负债比重安排不当形成的。当企业的盈利水平不高,总资产息税前利润率低于债务资金利息率时,如果采用负债筹资,就会降低资本利润率,可能出现收不抵支、不能偿还债务本息的现象。在这种情况下,一方面要从静态上优化资金结构,增加企业自有资金的比重,降低总体上的债务风险;另一方面要从动态上根据资金需要与负债的可能性,调节企业债务结构,加强财务杠杆对企业筹资的自我约束。同时,要预测今后几年利率变动趋势:在利率趋于上升时期,筹集固定利率债款;在利息趋于下降时期,采用浮动利率举债,以减轻付息压力。

(2)加强施工经营管理,提高企业经济效益。

增加企业的盈利能力,是降低收支性筹资风险的根本方法。因为企业只要提高盈利水平,就不会存在收支性筹资风险。这就要求企业在承包工程项目之前,必须进行可行性研究,对项目施工经济效益加以分析,同时要加强施工过程的成本管理,并做好工程价款的结算工作。

(3)在企业财务发生困难时,及时实施债务重组。

当企业施工经营不善、出现财务困难时,应主动与债权人协商,进行债务重组,争取使债权人做出让步,同意现在或将来以低于重组债务账面价值的金额偿还债务,如银行免除企业积欠的利息、只收回本金,用部分设备抵偿债务,将债务转成债权人股权等,使企业度过财务困境。

2.5 资金结构及其调整

资金结构也叫资本结构,是指企业各种资金的构成及其比例关系,它有广义与狭义之分。广义的资金结构是指全部资金的来源构成。狭义的资金结构是指自有资金(即资本)与长期债务资金的构成及其比例关系。考虑到多数施工企业的长期债务不多,在研究资金结构时,不能撇开短期债务资金,所以应采用广义的概念。

2.5.1 资金结构中的几个比例关系

1. 全部资金中自有资金所占的比例

要研究企业资金结构,首先要研究自有资金在全部资金中所占的比例。企业自有资金不但是设立企业的前提,也是负债经营的前提。因为自有资金是否充足,与债权人的债权安全密切相关。对债权人来说,如果自有资金在企业资金中所占比例过小,债权人的债权就不安全。所以西方国家的银行都把借款人的资本充足率作为贷款首要的衡量标准。英国与美国的银行规定,不论借款人背景如何,其本身所有的资金一般应占全部资金的30%～40%,只有这样,才能给予贷款。若达不到这个标准,银行一般不予贷款。这是因为根据银行的研究论证,当资本充足率低于这个标准时,借款人若经营不佳,放弃从业走破产道路的可能性就会增加,当其本身所出资本很少,大部分为银行借款时,这些有限责任公司的破产只会给借款人带来比例很小的损失,而银行将遭受重大的损失。我国施工企业向银行借款时,银行大多要求投资项目先有30%的资金,这说明施工企业的自有资金在全部资金中的比例应在30%以上。至于自有资金应占多大的比例,与建筑市场的景气度和能否预收建设工程款等有关。在建筑市场繁荣时期,施工规模较大,工程盈利水平较高,根据财务杠杆原理,企业可以借用较多资金,同时一般还能预收较多的工程款,自有资金所占比例可以相对较小。在建筑市场萧条时期,施工规模较小,工程盈利水平较低,根据财务杠杆原理,企业不宜向银行举债,为了获得工程任务,企业有时还要承诺垫支施工,自有资金所占比例必然较大。

2. 债务资金中长期债务资金所占的比例

施工企业债务资金中长期债务资金所占的比例,取决于企业长期资产特别是固定资产投资支出的多少。如所需的固定资产投资支出较多,长期债务资金在债务资金中所占的比例必然相应较大。如固定资产投资支出不多,长期债务资金在债务资金中所占的比例相对小些,有时甚至没有。

3. 短期债务资金中有息短期债务资金所占的比例

施工企业的短期债务资金中,除银行短期借款和带息应付票据外,其他短期债务资金都是无息的。有息短期债务资金,不仅取决于施工生产所需资金,而且取决于施工项目的预期收益。如果施工项目的预期收益高于债务资金成本,多借用资金,可在财务杠杆作用下提高企业的资本利润率,其借用资金的比例可以高些。如施工项目的预期收益不高,低于债务资金成本,则借用资金就会导致收支性筹资风险,使企业陷入财务困境。而且在这种情况下,企业也不一定能够向银行借到资金。

无息短期债务资金虽是免费使用的,但由于各项应付款经常到期,企业也要随时安排好资金的调度,防范现金性筹资风险。

2.5.2　最佳资金结构决策

最佳资金结构是指企业在一定时间内,使综合资金成本率最低、企业资本利润率最高、企业价值最大时的资金结构。其判断标准如下：

①综合资金成本率最低；

②有利于提高企业资本利润率，促使企业价值最大化；

③资金结构具有弹性，能够及时加以调整，减少筹资风险。

从对资金成本和筹资风险的分析可知，债务资金具有节税、降低资金成本率和提高资本利润率等财务杠杆的作用，因此，负债筹资是企业采用的主要筹资方式。但是，随着债务资金比例的上升，筹资风险也不断加大。这就要求企业在筹资过程中，找出最佳的负债点（即最佳资金结构），既能充分发挥负债筹资的优点，又能回避筹资风险。这个最佳负债点的选择，在财务管理中称为最佳资金结构决策。

最佳资金结构决策，一般可采用比较综合资金成本率法和税后资本利润率平衡点分析法。

1. 比较综合资金成本率法

比较综合资金成本率法以资金结构的综合资金成本率为标准，选择其中综合资金成本率最低的资金结构。它的决策过程包括三个步骤：

①确定各个方案的资金结构；

②计算各个方案的综合资金成本率；

③选择综合资金成本率最低方案的资金结构为最佳资金结构。

2. 税后资本利润率平衡点分析法

税后资本利润率平衡点又称无差异点。它是指各种资金结构在税后资本利润率相等时的息税前利润点。根据税后资本利润率平衡点，可分析判断在筹资时应选择哪种方式筹集资金并优化资金结构。

税后资本利润率平衡点分析法以税后资本利润率最大为分析起点，将资金结构的优选与企业财务目标结合，是企业在增资时常用的一种决策方法。

2.5.3 资金结构的调整

施工企业资金结构，在综合资金成本率过高、筹资风险较大、筹资期限弹性不足、展期性较差时，应及时进行调整。资金结构的调整，一般在增加投资、减少投资、企业盈利较多或债务重组时进行。

(1)在债务资金比例过高或自有资金比例过低时，企业可通过下列方式调整资金结构。

①将长期债务(如企业债券)收兑或提前偿还。

②股份有限公司将可转换债券转换为普通股。

③企业在遇到财务困难时,通过债务重组,将债务转为资本金。

④股份有限公司发行新股或向普通股股东配股,有限责任公司增加资本金。

(2)在自有资金比例过高或债务资金比例过低时,企业可通过下列方式调整资金结构。

①股份有限公司收购本公司的股票,有限责任公司按比例发还股东投入部分资金。

②用企业留存收益偿还债务。

③在企业盈利水平较高时,增加负债筹资规模。

第3章 资产管理

3.1 流动资产管理

3.1.1 流动资产基本概述

1. 流动资产的概念

流动资产是指能够在一年或超过一年的一个施工经营周期内变现的资产。它具有如下特点。

(1)它的周转速度快、变现能力强。施工企业投资于流动资产上的资金,周转一次大多能在一年或一个施工经营周期内收回。其中有的资金(如货币资金)具有百分之百的变现能力,其他流动资产(如短期投资、应收票据等)的变现能力也比较强。如果出现资金周转不灵、现金短缺的情况,企业可以迅速将这些资产变现,用以偿还债务或购买材料投入再生产。

(2)它属于劳动对象和劳动产品,不属于劳动资料。它大多只能在一个施工生产经营过程中使用,在其参加施工生产经营过程后,大多立即消失或改变其原有物质形态,有的构成工程、产品的实体,有的在施工生产过程中被消耗,因而它的价值也就转移到工程、产品中。它不像固定资产能在施工生产经营中长期发挥效能,可以多次用于施工生产经营过程,保持物质形态,且不把其本身的物质加到工程、产品中,而是随着使用时间和工作强度逐渐地将价值转移到工程、产品中。

2. 流动资产的分类

流动资产按其流动性的强弱,可分为速动资产和非速动资产。

速动资产是指周转速度较快、变现能力较强的流动资产,包括库存现金、银行存款、其他货币资金、短期投资、应收票据、应收账款、其他应收款及预付账款

等。但这些资产的变现能力及对整个流动资产变现速度的影响不尽相同。变现能力最强的是库存现金、银行存款和其他货币资金,因为它们本身就是货币资金。其次为短期投资,短期有价证券不受具体使用价值的限制以及金融市场交易的灵活性,这决定了短期有价证券投资相对于其他实物形态资产较易向货币资金转化。各种结算资产大多属于已经完成结算及销售过程、进入款项待收阶段的工程、产品价款,其变现能力大于尚未进入结算、销售过程的存货资产。在结算资产中,应收票据不仅可以转让、贴现和抵押,而且由于其法律契约的性质,其变现能力必然强于应收账款等其他结算资产。从理论上来说,存货中库存材料因已完成购买过程,较之预付账款的流动性和变现能力要强一些。但考虑到企业决定以预付账款方式进行采购时,通常以该材料在市场上紧缺和施工生产需要为前提,否则,企业绝不会冒预付货款的风险;同时即使放弃采购,企业一般也能加以收回,所以预付账款的流动性和变现能力强于库存材料等存货,被列为速动资产。

非速动资产是流动性较弱、变现能力较差,除速动资产以外的存货、待摊费用和待处理流动资产损失等。其中存货包括库存材料、低值易耗品、周转材料、委托加工物资、未完工程、在制品、库存产成品等。存货中的库存材料、低值易耗品、周转材料等属于生产储备,大多为施工生产专用材料,在市场上不易变现,且变现风险较大。未完工程和在制品为正在施工中的工程和正在生产中的产品,无法流通变现。库存产成品虽可进入市场,但能否销售变现,很大程度上取决于市场的需求。待摊费用是为今后施工生产过程预付的费用,只有将它摊入工程、产品成本并在工程价款结算和产品销售以后,才能变现,因此它的流动性和变现能力比其他流动资产差。待处理流动资产损失是因盘亏、损毁、报废等已经损失了的流动资产,只是未查明损失的原因而在等待处理,大多属于无法挽回的损失,是无法变现的。

3. 营运资金的概念

营运资金是指流动资产占用资金减去流动负债后的余额。在企业流动资产中,来源于流动负债的部分,由于面临债权人的短期索求权,企业无法在较长时期内自由运用,只有扣除短期负债后的剩余流动资产占用资金中的营运资金,才能为企业提供较为宽裕的自由使用时间。根据"资产(流动资产+非流动资产)=负债(流动负债+长期负债)+所有者权益"这一等式,可知"营运资金=流动资产-流动负债=长期负债+所有者权益-非流动资产"。因此,营运资金实际上等于企业以长期负债和所有者权益为资金来源的那部分流动资产。

营运资金作为流动资产的有机组成部分,是企业短期偿债能力的重要表现。营运资金越多,企业短期偿债能力越强;反之,则越弱。因此,增加营运资金的规模,是降低企业短期偿债风险的重要措施。但是营运资金规模加大,往往要求企业必须有更多的长期资金作为流动资产,这虽有助于企业降低短期偿债风险,但会增加企业的资金成本,影响企业盈利能力,最终企业资金成本的提高和盈利能力的降低,使未来的偿债风险相对加大。相反,营运资金减少后加大短期偿债风险,却会因资金成本的降低和盈利能力的提高而相应降低。因此,合理的营运资金规模,必须建立在企业对风险、收益、成本三方面利弊得失权衡的基础上,只有这三者相协调的营运资金规模,才是最经济的。

从理论上来说,在流动负债既定的前提下,扩大营运资金规模所取得的边际投资收益(流动资产投资的边际收入－边际投资成本)恰好等于边际资金成本(营运资金对应的长期资金相对增加的成本),此时的营运资金规模是最佳和最经济的。实际营运资金若低于这一最佳规模,表明流动资产投资不足,既不能实现最大投资收益,又会影响企业的短期偿债能力。若实际营运资金超过这一最佳规模,表明企业流动资金投资过度。虽可降低企业短期偿债风险,但会提高企业的资金成本,降低企业的盈利能力。在实际工作中,施工企业对营运资金或流动资产究竟应当与流动负债保持怎样的比例关系,并无统一的标准。西方国家企业所提倡的流动资产与流动负债应保持2∶1和营运资金与流动负债应保持1∶1的关系,仅是一个经验性的参考标准,各企业必须根据具体情况和建筑市场景气度等的变化,不断对营运资金规模加以调整。

3.1.2 现金的管理

现金,是泛指随时可以投入流动的交换媒介,包括库存现金、银行存款和其他货币资金。它们都可以立即用来购买材料、劳务,支付税款或偿还债务。

1. 现金管理的目标

施工企业要进行施工生产经营活动,必须持有一定数量的现金。施工企业持有现金,主要有以下几个方面的动机。

(1)支付的动机。

支付的动机是指持有现金以便满足日常开支的需要,如购买材料、支付工资、缴纳税款、支付股利等。

企业每天的现金收入和现金支出很少等额,持有一定数量的现金可使企业现金支出大于现金收入时,不致影响企业日常开支。企业正常施工生产经营活动产生的现金收支及差额与工程结算收入和施工规模成正比例关系。其他现金收支,如买卖有价证券、购建固定资产、借入或偿还银行贷款等,比较难以预测,但随着施工规模的扩大,一般都有增加的倾向。

(2)预防的动机。

预防的动机是指持有现金以应对发生意外时对现金的需求。

企业预计的现金需要量,一般是指正常施工生产经营情况下的需要量,但有许多意外情况会影响企业的现金收支,如经结算的工程价款不能按时收取,发生水灾、火灾等自然灾害等,都会打破企业的现金收支预算,使现金收支出现不平衡。企业持有一定数量的现金,可更好地应对意外情况的发生。预防动机所需的现金持有量主要取决于以下三个因素:①现金收支预算的正确性;②企业临时借款的能力;③企业愿意承担的支付风险。

(3)投资的动机。

投资的动机是指企业持有现金,用于不寻常的购买机会或在证券价格向上波动时购买有价证券。如遇到低价购买建筑材料的机会,便可用持有的现金购入;当预期利率将要下降、有价证券价格将要上升时,便可用现金投资有价证券,从有价证券价格的升值中获得收益。一般来讲,施工企业专为投资动机而持有的现金不多,遇到不寻常的购买机会,常临时设法向银行贷款。所以持有相当数额的现金,可以为突然大量采购廉价建筑材料提供方便。

企业缺乏一定数量的现金,将不能应付施工生产经营活动中的开支,使企业蒙受损失。企业由此而造成的损失,称为短缺现金成本。不考虑企业其他资产的变现能力,仅就不能以充足的现金支付采购款及各项费用而言,短缺现金成本内容主要包括:不能及时购买材料致使影响工程施工而造成的损失,不能及时支付各项应付款而造成的信用损失等。其中信用损失难以准确计量,但其影响往往很大,甚至会导致供应单位拒绝或拖延供货,债权人要求立即清偿等。但是企业如果持有过量的现金,又会因这些资金不能投入周转无法取得盈利而遭受另一些损失。因为企业的库存现金没有利息收入,银行存款的活期利率也低于企业的资金利润率,所以持有过量的现金,必将降低企业的收益。这样,企业便面临现金不足和现金过量两个方面的矛盾。企业的现金管理目标就是要在资产的流动性和盈利能力之间做出抉择,既要保证企业施工生产经营活动所需的现金,以降低支付风险和短缺现金成本;又不使企业持有过多的闲置现金,以增加收益。

2.最佳现金持有量的确定

为了实现现金管理的目标,必须研究实现目标的途径和方法。这就要求企业各个职能部门密切配合、协调行动,通过编制现金预算的方法,来规划和控制企业未来的现金收支活动,并对各个时期现金收支的余额采取相应的对策。但在编制现金预算时,要先确定期内、期末现金必要余额,即企业最佳现金持有量,特别是在目前企业普遍持有有价证券这一准货币的情况下,企业如何处理现金和有价证券这两者的比例和转换关系,才能既满足生产经营需要,防止现金短缺,又能对多余的现金加以补充与利用,取得最佳的现金管理效益。

最佳现金持有量的确定,通常可采用存货经济批量模式,即根据存货经济批量计算的基本原理,通过分析最佳现金持有量的因素来计算。

在预算期现金需要量既定的条件下,影响最佳现金持有量的因素主要有持有现金机会成本和有价证券与现金之间的转换成本。

(1)机会成本。

持有现金的机会成本是指因持有一定数量现金而丧失的再投资收益。现金作为企业的一项占用资金,是有代价的。这种代价就是它的机会成本。因为一般情况下,企业持有现金,只能获得银行活期存款较低利率的利息,将它投资于随时可转换为现金的有价证券,它就能获得较多收益,收益率就较高。企业因持有现金而丧失证券投资收益减去银行活期存款利息后的净收益,即持有现金的机会成本。假定某企业年平均持有现金 5000 元,将它投资于有价证券的年收益率为 6%,存在银行的活期存款年利率为 1%,则该企业年持有现金的机会成本为 250 元[5000 元×(6%−1%)]。现金持有量越多,机会成本越大;反之,就越小。企业为了施工生产经营活动的正常进行,需要持有一定数量的现金,付出相应的机会成本代价是必要的。但持有现金量过多,机会成本大幅度上升就不合算了。

持有现金除了要付出机会成本代价,还会增加管理费用,如管理人员工资、安全措施费等。持有现金大多存在银行,这些费用不多,而且属于固定费用,与现金持有量决策无关,所以一般不考虑这些费用。

(2)转换成本。

企业无论将现金转换为有价证券,还是将有价证券转换为现金,都需要付出一定的交易费用,即转换成本。如委托买卖佣金、委托手续费、印花税、证券过户费等。严格地讲,转换成本并不都属于固定费用,有的也具有变动费用性质。在证券总额既定的条件下,无论变现次数是多少,所需支付的委托佣金总额是相同的。因此,那些根据委托成交金额计算的转换成本与证券变现次数关系不大,属于决策无关成本。这样,与证券变现次数密切相关的转换成本便只包括固定交易费用。转换成本与证券变现次数呈线性关系,在现金需要量既定的前提下,现金持有量越少,证券变现次数就越多,相应的转换成本就越大;反之,现金持有量越多,证券变现次数就越少,转换成本也就越小。因此,现金持有量必然通过证券变现次数而对转换成本产生影响。

对现金持有量产生影响的除了持有现金机会成本和转换成本,实际上还有现金短缺成本,即在现金持有量不足却又无法及时通过有价证券变现加以补充而给企业造成的成本。但是现金短缺成本具有很大的不确定性,也难以计算,在采用存货经济批量模式计算最佳现金持有量时,对现金短缺成本一般不考虑。

通过以上对机会成本和转换成本性质及其与现金持有量的关系的分析,可知在现金需要量既定的前提下,现金持有量越多,持有现金的机会成本越大,但由于证券变现次数减少,转换成本就越小;而减少现金持有量,尽管可以降低持有现金的机会成本,但转换成本却会随着证券变现次数的增加而增加。持有现金的机会成本与转换成本随现金持有量变动所呈现出的相反趋向,要求企业必须对现金与有价证券的比例做出合理安排,从而使机会成本与转换成本保持最低的组合水平。这种能使持有现金机会成本与转换成本保持最低组合水平的现金持有量,就是最佳现金持有量。

必须指出,采用存货经济批量模式确定最佳现金持有量,是以下假设为前提的:一是企业所需的现金均可通过有价证券变现获得;二是预算期内现金需要量可以预测;三是现金的支出比较稳定,波动较小,而且当现金余额降为0时,均可通过有价证券变现补足;四是有价证券的收益率以及每次变现的固定交易费用可以获悉。而且,因为在确定最佳现金持有量时,并没有考虑现金短缺成本,所以在算出最佳现金持有量后,还要充分考虑现金短缺成本。

3. 库存现金的日常管理

我国对现金管理有明确的要求,企业必须认真遵守有关规定。
(1)遵守规定的库存现金使用范围。
施工企业的经济往来应通过银行进行结算。库存现金只能用于支付个人款项及不够支票结算起点的下列开支。

①职工工资、津贴。

②个人劳动报酬。

③根据国家规定须发给个人的科学技术、文化艺术、体育等各种奖金。

④各种劳保、福利费用以及国家规定的对个人的其他的支出。

⑤向个人收购农副产品和其他物资的价款。

⑥出差人员必须随身携带的差旅费。

⑦结算起点(目前规定为1000元)以下的零星支出。

⑧因采购地点不确定、交通不便以及其他特殊情况,办理转账结算不够方便,必须使用库存现金的,要向开户银行提出书面申请,由本企业财务部门负责人签字盖章,开户银行审查批准后,才能支付库存现金。

(2)遵守库存现金限额。

为了控制库存现金使用,有计划地组织货币流通,企业的库存现金数额由开户银行根据企业规模的大小、每日库存现金收付金额的多少,以及企业距离银行的远近协商确定,一般以3~5天零星开支的需要量为限额。远离开户银行的施工企业,库存现金的限额为15天零星开支的需要量。企业必须遵守核定的限额,超过库存限额的现金,出纳员应及时送存银行。需要增加或者减少库存现金限额时,企业应向开户银行提出申请,由开户银行核定。

(3)严格库存现金存取手续,不得坐支现金。

施工企业收入的现金,应于当日送存开户银行。当日送存确有困难的,由开户银行确定送存时间。企业支付的现金,应从企业库存现金限额中支付或者从开户银行提取,不得从企业的现金收入中直接支付,即不得坐支现金。因特殊情况须坐支现金的,应当事先报经开户银行审查核准,由开户银行核定坐支范围和限额。企业应定期向开户银行报送坐支金额和使用情况。

(4)实行内部牵制制度。

在库存现金管理中,要实行"管钱的不管账、管账的不管钱"制度,使出纳人员和会计人员相互牵制、互相监督。对于库存现金收付,应坚持复核制度,以减少差错。出纳人员调换时,必须办理交接手续,做到责任清楚。会计主管人员要经常检查库存现金与账面是否一致,以保证钱柜安全。

3.1.3 应收账款的管理

应收账款是企业提供商业信用,采取延期付款、赊销等结算、销售方式而应向发包建设单位等客户收取的款项。它可扩大工程承包、产品销售,增加企业利润。但应收账款的增加,也会带来资金成本、收账费用和坏账损失的增加。应收账款管理的目标,就是在充分发挥应收账款功能的基础上,降低应收账款的成本,使提供商业信用、扩大工程承包和产品销售所增加的收益,大于其所占用的资金成本和所发生的管理成本及坏账损失。

应收账款的功能,主要是在建筑市场疲软的情况下,促使工程承包和产品销售的实现和扩大。

应收账款的成本,是指应收账款的机会成本、管理成本和坏账损失。应收账款的机会成本,是指企业如将应收账款占用的资金用于其他投资所能获得的收益,如投资于有价证券便会有利息、股利等收入。这种因应收账款占用而放弃的利息、股利等收入,就是应收账款的机会成本。应收账款的管理成本,主要包括调查客户信用情况的费用、收集各项信息的费用和收账费用等。应收账款的坏账损失,就是因故不能收回应收账款所发生的损失。

1. 应收账款政策的制定

企业要管理好应收账款,必须先制定应收账款政策。应收账款政策又称信用政策。它包括信用标准、信用条件和收账政策三个部分。

信用标准是企业同意向发包建设单位等客户提供商业信用而提出的基本要求。通常以预期的坏账损失率做出判别标准。企业如将信用标准定得过高,将使许多客户达不到所设定的标准而被"拒之门外",这虽有利于降低违约风险及收账费用,但会影响企业市场竞争能力的提高和经营收入的增加。相反,如采用较低的信用标准,虽有利于企业扩大工程承包和产品销售,提高市场竞争能力和占有率,但要冒较大的坏账损失风险并发生较多的收账费用。

企业在确定信用标准时,一要考虑企业承担违约风险的能力。当企业具有较强的违约风险承担能力时,可以较低的信用标准提高市场竞争能力,争取客户,扩大工程承包和产品销售;反之,只能选择较高的信用标准以尽可能降低违约风险。二要考虑同行业竞争对手所定的信用标准,使企业在市场竞争中处于优势地位。

信用条件是指企业要求客户支付延期付款、赊销款项的条件,一般包括信用期限、折扣期限和现金折扣。对施工企业来说,主要是信用期限,即企业为发包建设单位等客户规定的最长付款时间。对客户提供比较优惠的信用条件能增加工程承包和产品销售量,但也会增加应收账款的机会成本等。

收账政策是指当客户违反信用条件、拖欠账款时所采取的收账策略。当企业向客户提供商业信用时,必须考虑以下三个问题。

一是客户是否会拖欠账款,程度如何?二是怎样最大限度地防止客户拖欠账款?三是一旦账款遭到拖欠,企业应采取怎样的对策?

上述第一、第二个问题主要依靠信用调查和严格的信用审批进行控制;第三个问题必须通过制定完善的收账政策,采取有效的收账措施来解决。

2. 应收账款的日常管理

(1)做好客户的信用调查。

对客户的信用进行评价,是应收账款日常管理的重要内容。

只有如实评价客户的信用状况,才能正确地执行企业的信用政策,而要评价客户的信用状况,必须对客户的信用进行调查,搜集有关的信用资料。

信用调查是以被调查客户以及其他单位保存的有关资料为基础,通过加工整理评价被调查客户信用状况的一种方法。信用调查的主要资料来自以下几个方面。

客户财务报告。通过对客户财务报告的分析,可基本掌握客户的财务状况和还款能力。

信用评估机构对客户评定的信用等级。目前,许多信用评估机构都对企业信用状况进行评估,并将企业的信用状况分为 AAA、AA、A、BBB、BB、B、CCC、CC、C 三等九级。AAA 为最优等级,C 为最差等级。信用评估机构的信用调查细致,评估方法科学,可信度较高。当然,我们在采用信用评估机构评定的信用等级时,也要先对信用评估机构的资质进行调查。

银行信用部的材料。许多银行都设有信用部,为其信贷部门和其客户提供服务。不过银行对客户的调查资料,一般不向其他单位提供,如需要,可通过开户银行征询有关信用资料。

此外,还可通过财税部门、工商管理部门、行业协会、国有资产管理部门、证券交易所等收集、征询客户的有关信用资料。

(2)对客户的信用状况进行评估。

搜集客户的信用资料以后,要对这些资料进行分析,并对客户信用状况进行评估。在评估客户信用状况时,可采用信用评分法,即先对一系列反映客户信用状况的财务比率和信用情况进行评价,确定得分,然后进行加权平均,求得客户的信用评分,并以此进行信用评估。评价财务比率和信用情况时,除新建尚未投产企业外,可考虑以下几个方面:速动比率、资产负债率、主营业务利润率、信用

评估等级(即信用评估机构评定的信用等级)、付款历史(即逾期还款和违约历史)、企业发展前景等。

在采用信用评分法进行信用状况评估时,分数如为80分或在80分以上,一般可认为客户信用状况良好;分数如为60~79分,可认为客户信用状况一般;分数如在60分以下,可认为客户信用状况较差。

(3)应收账款的催收。

应收账款的催收,是应收账款日常管理的一项重要工作。它包括应收账款账龄分析、确定收账程序和收账方法。

客户的应收账款,有的尚未超过信用期,有的则已逾期拖欠。

一般来说,逾期拖欠时间越长,账款催收难度越大,越有可能成为坏账。因此,账龄分析应密切注意账款回收情况,这是提高应收账款收现效率的重要环节。

应收账款账龄分析也叫应收账款账龄结构分析。它是指企业在某一时点,将各笔应收账款按照合同签订日期进行归类,并算出各账龄应收账款余额占总计余额比重。在分析账龄时,可将它分为:信用期内,超过信用期1个月、6个月、1年、2年、3年等。对不同拖欠时间的账款、不同信用状况的客户,企业应查明拖欠原因,制定不同的收账程序和收账方法。

对于客户拖欠工程款,要分析是工程项目竣工前拖欠,还是工程项目竣工后拖欠。对于前者,要分析其是否投资缺口造成的拖欠。对于后者,要分析其是项目投产后有经济效益、有还款能力的拖欠,还是项目投产后经济效益不好、没有还款能力的拖欠。对故意拖欠账款的客户,在催收后仍不还的,可由企业的律师采取法律行动。

对因经营管理不善、财务出现困难但经过一定时期努力即可偿还的,企业应帮助客户渡过难关,同意延期偿还;或同意客户进行债务重组,将应收账款债权转为长期投资。如客户不是遇到暂时性困难,而是已经债台高筑、资不抵债、达到破产界限,应及时向法院起诉,以期在破产清算时获得债权的部分清偿。

不论企业采用怎样的应收账款政策和管理方法,只要有商业信用行为的存在,坏账损失的发生是难以避免的,企业都应根据有关规定和实际情况,提取坏账准备,并对发生的坏账损失,冲销提取的坏账准备。

3.1.4 材料的管理

施工企业的材料是指主要材料、结构件、机械配件、周转材料等劳务对象和经营管理部门使用的低值易耗品。材料和固定资产不同,它们大多只能在一次施工生产过程中使用,并在施工生产过程中变更或失去其原有物质形态,或将其本身的物质加到工程或产品的物质中,因而大多将其价值转入工程和产品的成本中。施工企业要从事施工生产经营,必须储备一定数量的材料,占用一定数量的资金。如何节约使用材料储备资金,及时保证施工生产经营所需材料的供应,是财务管理中一项重要的工作。

1. 根据材料供应计划,控制材料采购用款

在财务管理中,施工企业经常会出现材料资金供应与需求之间的矛盾。正确编制材料供应计划,搞好供需之间的平衡、控制好材料采购用款,是解决这个矛盾的一个办法。

材料供应计划的编制,应充分挖掘内部潜力,搞好需用、库存采购之间的平衡。材料资金管理人员要与采购、保管人员一起,深入施工生产单位和库房料场进行调查研究,了解各种材料的使用和储存情况,做到合理采购、节约使用,保证施工生产的需要。

在编制材料供应计划时,首先,要确定材料的需用量。在计算材料需用量时,应在保证工程质量的前提下,尽量采用当地材料和代用材料,少用稀缺和高价材料,力求降低材料成本。对于工程用料的计算,如只有工作量和建筑面积而没有实物工程量,在编制年度计划时,可采用万元工作量消耗定额或每平方米建筑面积消耗定额计算;在编制月度计划时,可根据实物工程量和施工定额或预算定额计算。其次,要计算材料储备量。在计算年末材料储备量时,对于那些根据工程结构不同而储备的材料,应考虑:跨年度施工的工程,在下年度第一季度来不及采购的材料;下年度新开工的工程,在下年度第一季度来不及采购的材料;预计在下年度第一季度初必须委托预制加工,而在下年度第一季度初来不及供应的材料。

根据材料需用量和期初、期末储备量,就可按照下列公式做好需用、库存、采购之间的平衡:

采购数量=需用量-期初库存量+期末库存量

将材料采购数量乘以材料单价,就可确定年度材料采购资金的预算指标。

为了落实超储积压材料的处理工作,并调动供应部门处理超储积压材料的积极性,财务部门要从采购资金预算指标中,扣除处理超储积压材料指标,确定材料采购用款限额,公式如下:

采购用款限额＝采购资金预算指标－处理超储积压材料指标

为了充分调动采购人员管理好资金的积极性,可按照材料类别把采购材料和采购用款限额落实到各采购小组,各采购小组再按业务分工落实到每个采购员,各个采购员要在签订订货合同、对外采购材料时,将采购用款严格控制在采购用款限额之内,如有超支,要办理追加手续,经过批准才能支付。

在执行材料供应计划和采购用款限额过程中,供应部门要不断改进采购工作,采取各项有效措施,减少材料资金占用量。如就近组织货源,加强订货合同管理,合理安排供应次数,确定采购经济批量,以及按照施工生产进度,组织各种材料到货次序,使材料到货时间和施工生产进度尽可能衔接起来。

2. 采用 ABC 分析法,对材料资金进行控制

在施工企业中,材料的品种规格繁多,如果对占用资金的材料,不区分重点项目和一般项目,都采用同样的管理方法,不仅工作量很大、难以持久,而且工作难以深入,不易取得较大的成果。ABC 分析法,就是针对这种情况而采用的。它通过科学的分析方法,把占用资金的材料中的重点项目和一般项目加以划分,然后采用不同的管理方法,对重点项目制订具体的措施,有效地提高资金利用效果。对一般项目,则进行常规控制,促使其在指标、定额、预算的范围内,节约资金。

采用 ABC 分析法,一般是按各项材料耗用金额占材料消耗总额的比重,将各项材料划分为 A、B、C 三类。其中 A 类最重要,B 类次之,C 类再次之(需要指出的是,ABC 分析法,并非机械地把材料划分为三类,国外企业根据行业生产特点和管理工作的需要,也有划分为 A、B、C、D 四类,或 A、B、C、D、E 五类的情况)。

3. 掌握材料库存动态,防止发生超储积压

掌握材料库存动态,是加强材料资金管理的重要环节。想做好这项工作,就要分清正常库存和超储积压的界限。

材料库存动态可以通过最高储备量、最低储备量和采购点储备量三个指标来反映。最高储备量是指供应间隔期储存的材料数量,加上加工整理材料和保险储备材料的数量。它是库存材料即将超储的信号,在正常的情况下,应该停止进料。最低储备量是指供应间隔期储存的材料已经用完,库中仅存加工整理材料和保险储备材料时的材料数量。它是库存材料即将不足的信号,应采取措施

立即进料,以保证施工生产。采购点储备量也叫订货点储备量,它是采购材料的信号,应及时组织进料,使库存材料保持必要的储备量。

同时,要正确地确定采购周期。采购周期,就是指从办理订货手续到材料入库的全部时间。它是从发出订单、办理订货手续、运输到入库前验收等时间的总和。正确地确定采购周期,是企业仓库保持合理储备量的重要环节。如果采购周期过长,材料储备量就会过多;如果采购周期过短,材料储备量就会过少,影响施工生产的正常进行。

4. 确定"经济批量",使材料储备保持合理水平

要管理好储备资金,必须使材料储备保持合理的水平,使它能够既满足施工生产的需要,又不致造成过高的储备。这种合理水平的衡量标准,一般是企业管理人员根据经验来确定的,即按照企业施工生产经营的具体情况,观察施工生产不间断进行所需拥有的材料储备量,并根据企业本身的财力和以往的供应条件等来确定。但是,由于材料品种规格繁多,企业管理人员单凭经验很难确定合理的水平,这就需要对过去的实际资料,特别是主要材料的订货批量、采购周期、库存数量等,进行统计分析,采用能够反映正常水平的平均数据,作为衡量各项材料储备的标准,然后,根据这些标准来制订采购用款限额,对储备资金的使用进行控制。

企业管理人员根据这种经验数据,经过研究分析,剔除其中不正常的因素以后,可以反映过去的平均水平。用经验数据作为依据制订的衡量标准,对于监督各项材料储备保持合理水平以适应施工生产需要,是有一定作用的。

但是,采用这种方式建立的库存标准,只能反映过去的实际平均水平,不能说明它是否经济合理。因为过去的实际平均水平不能说明储备量是偏高还是偏低;同时,即使制订的标准低于过去的实际平均水平,可以减少资金占用额,但可能增加采购费用,反而造成损失。

因此,需要在分析过去的经验的基础上,进一步寻求这样的库存标准:它既能减少占用资金和保管费用,又能节约采购费用。也就是通常所说的"经济批量"。

与材料储备有关的费用有如下3种。

(1)采购费用。

①订货费。包括采购人员的差旅费,每批订货的催交、查询的邮电费,订货单据费等。

②运杂费。包括运输费、装卸费、材料检验费等。

(2) 保管费用。

①储存材料占用流动资金所能获得的利息。

②储存材料的仓库、场地及起重运输等设备的折旧费、修理费、动力费、租赁费等。

③仓库工作人员的工资、职工福利费、办公费、劳动保护费、保险费和材料加工整理费。

④材料的自然损耗造成的损失费用。

(3) 缺货损失费用。

①缺少材料、工具等储备而发生的停工损失费用。

②缺少材料储备而引起不能按期竣工所造成的罚金。

③因存货不足,突击采购材料而多付的运杂费和采购人员差旅费等。

以上 3 种费用都与采购批量的大小直接有关。批量越大,储备量就越高,保管费用会越多,但订货次数会相应减少,采购费用会降低,缺货损失费用会减少。批量越小,储备量就越低,保管费用会越少,但订货次数会相应增加,采购费用会越高,缺货损失费用会增加。由此可知,采购费用随订货次数的增加呈正比例上升,保管费用则随采购批量的增加呈正比例增长。从降低采购费用出发,要求减少订货次数,加大采购批量;从降低保管费用出发,则要求增加订货次数,缩小采购批量。两者的要求是相互矛盾的。确定经济批量,就是保持适度的库存标准,使这三种费用都较低并产生最佳的经济效益。

3.1.5 在建工程的管理

1. 在建工程的内涵

施工企业的在建工程,又称未完工程、未完施工,是指已经施工但还没有完成工程承包合同中规定已完工程的内容,因而尚未向发包单位结算工程价款的建筑安装工程。在建工程的内涵与采用的工程价款结算方式密切相关。

建筑安装工程价款结算的方式,主要有以下几种。

(1) 按月结算。即在月终按已完分部分项工程结算工程价款。在采用按月结算工程价款时,在建工程是指月末尚未完工的分部分项工程。

(2) 分段结算。即按工程形象进度划分的不同阶段(部位)分段结算工程价款。在采用分段结算工程价款时,在建工程是指尚未完成各个工程部位施工内容的工程。

(3)竣工后一次结算。即在单项工程或建设项目全部建筑安装工程竣工以后结算工程价款。在采用竣工后一次结算工程价款时,在建工程是指尚未竣工的单项工程和建设项目。

施工企业的在建工程,按施工成本计算。工程施工成本是指建筑安装工程在施工过程中耗费的各项生产费用。按其是否直接耗用于工程的施工过程,分为直接费用和间接费用。

直接费用包括以下费用。

①材料费。这是指在施工过程中所耗用的、构成工程实体或有助于工程形成的各种主要材料、外购结构件成本,以及周转材料的摊销和租赁费。

②人工费。这是指直接从事工程施工的工人(包括施工现场制作构件的工人,施工现场水平、垂直运输等辅助工人,但不包括机械施工人员)的工资和职工福利费。

③机械使用费。这是指建筑安装工程施工过程中使用施工机械所发生的费用(包括机上操作人员工资,燃料、动力费,机械折旧、修理费,替换工具及部件费,润滑及擦拭材料费,安装、拆卸及辅助设施费,养路费,牌照税,使用其他单位施工机械的租赁费,以及保管机械而发生的保管费等)和按照规定支付的施工机械进出场费等。

④其他直接费。这是指为完成工程项目施工、发生于施工前和施工过程中不能直接计入工程实体的费用,包括环境保护费,安全施工费,临时设施费,冬雨季施工增加费,夜间施工增加费,材料二次搬运费,土方运输费,生产工具仪器使用费,检验试验费,施工排水降水费,施工过程耗用水、电、风、气费等。

间接费用是指企业所属各施工单位如分公司、项目经理部为组织和管理施工生产活动所发生的各项费用,包括施工单位管理人员工资、职工福利费、折旧费、修理费、工具用具使用费、办公费、差旅交通费、劳动保护费等。

工程直接费用加上分配的间接费用,构成工程施工成本。工程施工成本不是工程完全成本,它不包括企业的管理费用、财务费用等期间费用。因为按照现行财务、会计制度的规定,期间费用直接计入当期损益,不计入工程成本,所以在建工程只按工程施工成本计算。

2. 工程成本预测

降低工程成本,可增加工程结算利润,提高企业盈利水平。要降低工程成本,必须预测工程成本,编制工程成本预算,对工程成本进行控制。

工程成本预测是根据过去年度特别是报告年度工程成本资料,分析预算年度各个工程项目、工程任务和施工技术、施工管理情况,测算预算年度各项工程成本降低情况,以便为企业经营决策提供信息。

建筑安装工程因位置固定性和施工个体性,施工过程很少会重复出现,即使采用标准设计建造相同的房屋和建筑物,也常因施工地点和社会条件的不同,难以在成本上进行比较。所以工程成本,一方面没有每平方米建筑面积或每立方米建筑体积的行业平均成本;另一方面也不能将它的本期成本与上期实际成本比较。工程的成本降低额,只能以各工程当年预算成本为计算的基础。我们在预测工程成本时,也只能预测工程成本降低额。

(1)工程预算成本。

工程预算成本是根据全国或地区统一制订的预算定额,并按统一规定的编制工程预算方法计算的工程成本。因为建筑安装工程虽然多种多样,但有一定的共性,即它们都由一定的技术结构组成。以一般房屋建筑为例,它们的外形、结构虽不相同,但都由基础、地面、墙、楼板、屋盖等几部分构成,在不同的房屋建筑安装工程中,相同的分部分项工程有着相同的计量单位,而且完成每一计量单位(如每立方米砖基础等)所需要的人工、材料的消耗量,基本上是相同的。国家或地区可以根据建筑行业生产水平,统一规定各分部分项工程的人工、材料、施工机械的消耗定额,并根据各个地区情况规定的工资标准、材料预算价格、机械台班费标准、其他直接费定额、间接费用和期间费用定额等,按照统一规定的编制工程预算的方法,来计算工程预算成本。预算定额是建筑行业的平均定额,所以据此计算的工程预算成本,也是建筑行业的平均成本,是计算工程造价的依据。

工程预算成本的计算程序如下。

①根据分部分项工程材料消耗定额和地区材料预算价格,算得分部分项工程的材料费;根据分部分项工程的劳动定额和工资标准,算得分部分项工程的人工费;根据分部分项工程的机械台班定额和机械台班费标准,算得分部分项工程的机械使用费。

②根据分部分项工程的材料费、人工费、机械使用费的合计数和其他直接费定额,算得分部分项工程的其他直接费。

③将分部分项工程的材料费、人工费、机械使用费和其他直接费加总,算得分部分项工程的直接费用,从而制订各个分部分项工程的地区统一单位估价表

(直接费用部分)。

④根据工程量和地区统一单位估价表中的相应单价计算出各项工程的直接费用。

⑤根据间接费用和期间费用定额,计算工程间接费用和期间费用(包括管理费用和财务费用)。

⑥以工程的直接费用加间接费用和期间费用求得工程预算成本。

工程预算成本加上按利润率和税费率计算的利润,再加上税金及附加,就是工程造价。

工程预算成本属于完全成本,不仅包括间接费用,而且包括管理费用、财务费用等期间费用。在将工程施工成本与工程预算成本进行对比分析时,必须在工程预算成本中剔除期间费用,使两者计算口径一致。

(2)工程成本降低额的预测。

工程成本降低额的预测,通常可采用如下两种方法。

第一种方法是根据计划年度施工产值、固定费用总额和变动费用在工程造价中的比重以及税费率、利润率加以测算。由于构成工程成本的费用可以分为变动费用和固定费用,固定费用(如间接费用、机械使用费中的机械折旧修理费、多数其他直接费以及管理费用等)总额一般并不随着工程量的增减而增减。变动费用(如材料费、按工程量计算工资的人工费、机械使用费中的动力燃料费、其他直接费中的施工用水电风气费等)总额则随着工程量的增减而增减。根据变动费用与工程造价有一定比例关系和固定费用不随工程造价增减变动的特性,只要知道固定费用总额和变动费用在工程造价中的比重,就可测算一定工程任务下的工程成本,并进而预测工程成本降低额,以及一定工程成本降低额下需要完成的工程任务。

工程成本降低额计算公式如下:

工程成本降低额＝施工产值－税费－预期利润－工程完全成本

$$= 施工产值－(施工产值×税费率)－[施工产值×(1－税费率)×\frac{预期利润率}{1+预期利润率}]－(施工产值×变动费用在工程造价中的比重＋固定费用)$$

$$= 施工产值×[1－税费率－(1－税费率)×\frac{预期利润率}{1+预期利润率}－变动费用在工程造价中的比重]－固定费用$$

根据上列公式,可以推导出施工产值计算公式:

$$施工产值=\frac{固定费用+工程成本降低额}{1-税费率-(1-税费率)\times\frac{预期利润率}{1+预期利润率}-变动费用在工程造价中的比重}$$

必须指出，上述两个公式中的固定费用包括管理费用、财务费用。

因为只有按工程完全成本计算，才能根据施工产值求得工程成本降低额。所以在计算施工单位工程成本降低额时，固定费用中的管理费用和财务费用，应是各施工单位应分配的管理费用和财务费用。各施工单位应分配的管理费用和财务费用，一般以各施工单位的施工产值作为分配的标准。

预期利润率在1987年以后的一段时期叫作计划利润率，国家规定为工程预算成本的7%。在工程承包形式改为招投标以后，施工企业在投标竞价时，只能根据预期利润率投标。

税费率是指增值税税率以及按增值税计算的城市维护建设税税率和教育费附加税率。

第二种方法是在报告年度成本降低率的基础上，测算为预算年度制订的各项技术组织措施，使材料消耗定额降低、劳动生产率提高、工程量增长等而形成的工程成本降低额。

①由于材料消耗定额降低形成的成本降低额。

材料消耗定额降低的幅度同材料成本的降低幅度成正比。如果材料消耗定额平均降低10%，材料成本也降低10%。但是，材料成本降低10%，工程成本是否也就降低10%呢？不是。因为材料成本只占工程成本的一部分，占比重多大，也就只能影响多大。材料消耗定额降低而形成的工程成本降低额，应按下列公式计算：

材料消耗定额降低对成本的影响＝材料消耗定额降低率×材料费占工程成本的比重

②由于劳动生产率提高超过平均工资增长形成的成本降低额。

劳动生产率的提高，表明用同等数量的劳动，可以完成更多的工程。在一般情况下，劳动生产率的提高速度应该大于平均工资的提高速度，这样才能增加企业积累。劳动生产率的增长速度超过平均工资的增长速度，就会减少单位工程分摊的工资数额，从而降低工程成本。劳动生产率提高越快，人工费降低越多。因而劳动生产率的提高幅度同人工费的降低幅度成反比例关系。劳动生产率提高超过平均工资增长而形成的工程成本降低额，可按下列公式计算：

劳动生产率和平均工资变动对成本的影响

$= (1 - \dfrac{1 + 平均工资增长率}{1 + 劳动生产率增长率}) \times 人工费占工程成本的比重$

③由于工程量增长超过固定费用增长形成的成本降低额。

工程成本中固定费用一般不受工程量变动的影响,因此,当工程任务增加时,就会减少单位工程分摊的固定费用,从而降低工程成本。由于工程量增长超过固定费用增长而形成的工程成本降低额,可按下列公式计算:

工程量和固定费用变动对成本的影响

$= (1 - \dfrac{1 + 固定费用增长率}{1 + 施工产值增长率}) \times 固定费用占工程成本的比重$

综合上述结果,就可求得预算年度相对于报告年度增加的工程成本降低率,加上报告年度的工程成本降低率,就是预算年度的工程成本降低率;再乘以预算年度工程预算成本,就可算得预算年度的工程成本降低额。

必须指出,上文计算的工程成本降低额,均指工程完全成本降低额,而不是工程施工成本降低额。因为固定费用包括管理费用和财务费用。

3. 工程成本预算

施工企业的工程成本预算,分为直接费用和间接费用预算。

(1)年度、季度工程直接费用预算。

各个施工单位年度、季度工程直接费用预算,通常以预算期工程预算成本减去降低工程成本的技术组织措施的经济效益(即节约额),算得工程的材料费、人工费、机械使用费、其他直接费。

技术组织措施经济效益的计算,对不需要一次性措施费用的措施来说,只要计算它在预算期内的节约额即可。

在编制年度、季度成本预算时,由于还没有分部分项工程实物量,只能根据年度计划施工面积或施工产值,运用概算指标求出各种主要材料、各工程工日和机械台班的计划用量,然后按材料费、人工费、机械使用费等成本项目计算预算期的节约额。

对于需要一次性措施费用的措施,在计算其经济效益时,除计算节约额外,还要计算净节约额,也就是节约额减去一次性措施费用后的余额,公式如下:

预算期净节约额 = 预算期节约额 − 一次性措施费用

降低工程成本的技术组织措施的经济效益,一般已在技术组织措施预算中计算,所以在编制工程成本预算时,只要汇总技术组织措施预算中的材料费、人工费、机械使用费和其他直接费的节约额,就能进行工程直接费用预算。但是,作为这种方法计算基础的预算成本,是根据统一预算定额来确定的。对于那些条件较好、管理水平较高的企业来说,预算成本可能低于统一预算定额,这时,企业的工程成本就会低于根据统一预算定额计算的预算成本。因此,在实际编制年度、季度工程成本预算时,还必须根据企业具体情况,计算企业施工定额与预算定额的差异;或对预算成本低于统一预算定额的分部分项工程,均按定额差异乘工程数量来计算节约额,并从预算成本中减去技术组织措施经济效益后,再求得材料费、人工费、机械使用费和其他直接费的预算。

在编制年度工程成本预算时,有的工程可能还没有编制预算,因此还需用下列方法根据预算年度施工产值和有关资料进行各项直接费用预算。其方法如下。

①先根据预算年度施工产值进行直接费用预算,公式如下:

$$\text{直接费用预算} = \frac{\text{预算年度施工产值} \times (1 - \text{税费率}) \times \frac{1}{1 + \text{预期利润率}}}{1 + \text{间接费用定额}}$$

对于建筑安装企业,它的间接费用定额不以直接费用为计算的基础,那么就要根据报告年度工程预算成本中直接费用所占的比例来计算。

②再根据各种结构工程直接费用预算成本中各项直接费用的比例来进行各项直接费用预算。如果预算年度结构工程的构成和报告年度相近,就可按报告年度直接费用预算中各项直接费用的比例来计算。

(2)间接费用预算。

间接费用的预算,要根据各施工单位组织机构、工程规模及其集中分散情况、各项费用定额和开支标准等,按照间接费用的各费用项目来确定,以作为今后考核间接费用预算执行的依据。

在进行间接费用预算时,应先按施工单位分别计算,然后加以汇总。

①管理人员工资。该项目根据定员人数、工资标准计算。

②职工福利费。该项目根据管理人员工资和福利费提存率14%计算。

③办公费。该项目根据报告年度每人每月平均支出数和预算年度办公费节约指标计算。

④折旧费。该项目根据施工单位施工管理和试验部门使用的固定资产原值和折旧率计算。

⑤修理费。该项目根据施工单位施工管理和试验部门使用的固定资产修理费开支预算计算。

⑥工具用具使用费。该项目根据管理人员人数、工具用具配备定额和摊销标准计算。

⑦保险费。该项目指施工管理用财产、车辆保险费,以及海上、高空、井下作业等特殊工种安全保险费。

⑧差旅交通费。该项目根据因公出差人数、市内领取交通津贴人数以及自备交通工具耗用燃料等支出计算。

⑨劳动保护费。该项目根据施工单位职工人数和规定的发放标准等计算。

⑩其他费用。该项目参照报告年度支出数计算。

3.2 无形资产管理

3.2.1 无形资产的特征和分类

无形资产是指不具备实物形态,而以其某种特殊权利、技术知识、素质、信誉等价值形态存在于企业并对企业长期发挥作用的非货币性资产。无形资产又称无形的固定资产。它与有形的固定资产有着如下共同的属性。

(1)它们都是具有一年以上使用期的长期使用的非货币性资产,它们的价值转移都不是一次性的,而是逐步通过工程、产品价值的补偿加以收回。

(2)它们都为企业的施工生产经营服务,在有效的经济寿命期内由企业所控制和利用,为企业带来经济效益。它们都具有价值和使用价值,都可用于投资和转让。

(3)它们大多要随着技术进步和产品更新换代而发生无形损耗。同类新技术发展速度越快,该技术的无形损耗越大,它的价值降低越快。

但是,无形资产又与有形固定资产有如下不同之处。

(1)无形资产没有独立实体,但又依赖实体而存在。无形资产不具有物质的实体,看不见、摸不着,是无形资产与有形固定资产的最大区别。但无形资产又依赖一定实体而存在。例如某些制造新产品的专利和非专利技术要通过配方、工艺和生产线来体现或实现;土地使用权要依赖土地而存在;商誉内含于企业整体资产的组合优化之中;等等。因此,无形资产的使用价值是间接的,要依赖于一定实体才能实现。没有依赖的实体,无形资产便无从谈起。

(2)无形资产的价格具有高度的不确定性。企业的无形资产,有些是经政府有关部门批准授予或决定的,例如专利权、土地使用权、商标权等;有些是企业施工生产经营的结果,如商誉、非专利技术等。这些无形资产由所有权人独占使用,并借助于法律或人为防止非所有权人取得和使用,显然具有垄断性质。这种垄断性使有些无形资产的价格是由所有权人在没有竞争对手的情况下决定的,往往大大背离其实际价值。同时,无形资产的有效期受技术进步和技术市场、土地市场的不确定性的影响,其有效期内的经济效益更难准确确定,这就使得无形资产的价格具有高度的不确定性。

无形资产可以按照不同的标准分类,具体如下。

1. 按时效性分类

(1)有限期无形资产。

它是指在企业内部的存在有一定时间限制的无形资产。其存在的有效期是法律、合同或无形资产本身的性质所确定的。有限期无形资产包括专利权、租赁权、土地使用权等。

(2)无限期无形资产。

它是指在企业内部的存在没有一定的时间限制的无形资产。如商誉,只要企业经营得法,有较高的经济效益,并获得消费者的信任,商誉就可以在企业长期存在,法律对它的有效期并无规定。无限期无形资产包括商誉、非专利技术等。

2. 按可否辨认分类

(1)可辨认的无形资产。

它是指具有专门的名称,可以辨认的无形资产,包括专利权、非专利技术、商标权、土地使用权等。

(2)不可辨认的无形资产。

它是指不能辨认的、存在于整个企业之中的无形资产,如商誉。

3.2.2 专利权和非专利技术

1. 专利权

专利权是国家专利权机关根据发明人的申请,经审查认为其发明创造符合法律规定,授予发明人于一定期限内制造或专卖其发明创造成果的一种特殊权利。这种发明创造成果一般是指某一工种、工程或产品的造型、配方、结构、施工制造工艺或程序。任何单位或个人,未经专利权人许可,均不得开发或出售其专利。专利权可以转让所有权或使用权。专利权作为技术成果,既有价值,又有使用价值,并根据价值和使用价值确定价格。

专利权的使用价值在以下三个方面起作用:一是有助于降低工程、产品成本;二是有助于确立独占性优势,从而相比竞争对手可获得较高工程标价或产品售价,或占有较大的市场份额;三是如果转让出去,可获得转让费收入。

专利权如果是通过购买取得的,它的成本就是购买时支付的价款。如果是自行开发并依法申请取得的,它的成本为在开发阶段各项支出和开发完成后注册登记发生的支出。开发阶段之前的研究阶段发生的调查研究费用,应在发生当期计入管理费用,不得作为专利权的成本。

《中华人民共和国专利法》(以下简称《专利法》)规定发明专利权的期限为20年,实用新型专利权的期限为10年,外观设计专利权的期限为15年。这里的法定期限就是最长有效期限。如果专利权是在它注册获准以后过了一段时间才购入的,对购买者来说,只能以剩余的法定期限作为最长的有效期限。但从谨慎原则出发,摊销专利权成本的期限应比法定期限短。特别是对易于被同类创造发明取代的技术,在估计其实际有效期限时,应从现实出发,考虑到其被新技术取代的风险。

有时候,企业取得专利权不是为了利用它,而是为了对它实施控制,以阻止竞争性同类技术的应用。这样购入一种专利权,实际上是企业为已经拥有的专利权在其剩余的有效期限内提供进一步的保障,新购入专利权的成本,应在原有专利权的剩余有效期限中进行摊销。如果新购入的专利权和原有的专利权的关系非常密切,密切得足以延长原有专利权的有效期限,则在取得新专利权时,可将原有专利权的未摊销余额和新专利权的取得成本合并,在新专利权的有效期限中进行摊销。

2. 非专利技术

非专利技术也叫专有技术,是指不为外界所知的技术,如独特的设计、造型、结构、配方、施工制造工艺诀窍、技术秘密等。这种技术一般具有"新颖的、有价值的、实用的和保密的"特性,即非专利技术的四要素。非专利技术没有在专利权机关登记注册,依靠保密手段进行垄断。因此,一般它不受法律保护。它没有有效期,只要不泄露,即可有效地使用并可有偿转让。

非专利技术转让时,接受方必须了解工程、产品的施工生产效果和性能,这就要求许可方做出相应的保证。由于接受方是在不完全了解所有技术秘密的情况下引进技术的,许可方有义务让接受方在工程、产品施工生产出来之前放心,对此做出保证并承担责任。许可方一般希望所转让的技术在最小的限度内产生影响,以减少技术转让后自身竞争能力降低的风险;而接受方则希望获得最大的权利,以加速增强技术及工程、产品的竞争能力。因此,在转让非专利技术讨论授权条款时,必须明确技术使用的范围、技术由谁使用及在何处使用等问题。

按照国际惯例,在非专利技术许可协议有效期内,许可方有义务不断地免费向接受方提供改进技术,接受方在使用技术过程中发现了问题或有了改进,也应反馈给许可方。非专利技术是动态技术,双方都有权且都有可能在签约后,在使用非专利技术时获得改进技术。由于许可方处于技术转让的主导地位,并拥有对转让技术使用的监督权,承担技术传授的职责,所以,许可方有可能造成专有技术交换条款上的片面回授和事实上的片面回授。为此,许可协议中必须明确,双方相互交换改进技术,实行对等原则。

非专利技术的成本,应按购入时发生的各项支出入账。自行开发非专利技术在开发阶段发生的各项支出,是否能参照专利权的办法计入非专利技术的成本尚无明文规定,因此目前只能将它计入管理费用。非专利技术由于没有法律规定的有效期限,一般可按协议规定的年限或根据能为企业带来经济利益的年限摊销。

3.2.3 租赁权和土地使用权

1. 租赁权

租赁权是承租方在给予出租方一定报酬的条件下,出租方授予承租方在约定的期限内,占有和使用租赁财产的权利。融资租赁的固定资产,从法律角度来说,承租方在未完成法律手续,获得固定资产的所有权之前,只有使用权,没有所有权。因此,租赁权理应列为企业的无形资产。但我国现行财务会计制度规定,租赁期满,融资租赁的固定资产所有权归承租方,所以将它列为企业固定资产,不将它列为企业的无形资产。

2. 土地使用权

土地使用权也可以说是一种租赁权。因为我国城市土地归国家所有,企业单位对土地只有使用权,没有所有权。从土地有偿使用以后,企业单位要取得土地使用权,必须支付土地使用费或出让金,并向土地管理部门申请获得使用土地的权利。

土地使用费由土地出让金和土地开发费构成。土地出让金是我国土地所有权在经济上的实现形式,体现的是土地使用权的转让关系。土地开发费是土地开发企业对土地开发投资在经济上的补偿形式,体现的是土地开发投资的所有权的转让关系。

土地出让金和土地开发费均不体现土地所有权的转让关系,所以土地使用费也不体现土地所有权的转让关系。企业单位取得的土地使用权,也是一种租赁权,应将它列为无形资产,而不能将它列为固定资产。

土地使用费的标准,可根据土地的位置、周围的开发程度、公共设施的完善情况等因素确定,也可参照当地相同条件土地的批租地价和开发费用加以估算。

与专利权、非专利技术等无形资产不同,土地使用权不但不会发生价值递减情况,而且还会随着地区经济的发展、基础设施等的日益完善而不断呈上升趋势。因此,如果土地使用权没有规定使用年限,就可不必摊销其价值;如果土地使用权有规定使用年限,则应在剩余年限中进行摊销。

3.2.4 商标权

商标是指用文字或图案标注在商品或商品包装上的标记。它向公众表明商品是由哪家企业提供的,并向公众保证商标指向的商品始终保持同等的质量。

商标使用人可将自己使用的商标,按法定程序向商标主管部门提出申请,经核定、刊登公告、发给注册证,商标即成为注册商标,商标使用人即享有商标专用权并成为注册人。任何人未经注册人许可,不得使用商标。此外,注册人还享有转让权、续展权和使用许可权。

(1)转让权。注册人可以根据自己的意志,有偿或无偿转让注册权,受让人可以继承和使用其注册商标。

(2)续展权。注册有效期满,可申请续展。注册商标的续展次数没有限制,每次续展有效期均为10年。

(3)使用许可证。注册人可以通过商标许可协议,许可他人使用其注册商标。许可方有义务监督接受方使用注册商标的商品质量,接受方有义务保证商品质量达到注册商标的要求。

商标权与专利权同属知识产权,在登记注册、独占、许可和转让等方面十分相似。但两者又有明显的差异,具体如下。

(1)专利技术一经公开,在另一国就申请不到专利权。而商标,只要某国还没有人登记注册,任何时候、任何人在该国都可以获准注册登记,并获得商标权。

(2)专利权是有年限的,一旦过了法律授予的有效期,专利权即自行失效。而商标权基于"注册原则",其权利可以无限期地续展下去。

(3)专利权是对专利持有者公开其技术的一种报酬,授予其一定时期的独占权。而商标权是对商标使用者保证使用注册商标商品质量的一种报酬。

(4)专利技术应用的领域和范围,法律不予约束。但同一商标如要用于不同类别的商品,必须分类注册;已注册商标如要在同一类别其他商品上使用,也必须另行提出注册申请。

商标权之所以有价值,是因为商标表示了商品和企业的信誉,好的商标可以使一个企业经久不衰,所以商标权是一种无形资产。商标权如果是购买取得的,其成本就是所支付的价款;如果是自创的,其成本应包括注册和保护商标权所发生的登记注册费、律师费、诉讼费等。商标权无法定的有效期限,一般可将它在10年内进行摊销。

3.2.5 商誉

商誉是指企业能获得高于正常投资收益率能力所形成的价值。它是由于企业施工生产经营出色、工程质量优异、技术先进、生产效率高,或历史悠久、信誉卓著,或所处地理位置优越等综合因素,施工生产经营特别兴旺,与同行业其他企业比较,可获得超额利润而形成的价值。

企业的利润是由多方面的因素形成的,有主观因素也有客观因素,有施工生产经营方面的因素,也有非施工生产经营方面的因素。因此,要正确确定企业商誉的价值,是比较困难的,往往带有主观成分,具有高度不确定性。由于这种不确定性,对商誉价值的处理在财务上都持谨慎的态度,只有在企业实行联营、股份经营、中外合资经营、合作经营,确实表明商誉存在时,商誉价值才可经法定评估机构评估确认。

施工企业的商誉,一般有如下特点。一是商誉与企业整体有关,因而它不能单独存在,也不能与企业的可辨认的各种资产分开转让。二是对有助于形成商誉的各个因素,不能用任何方法或公式进行单独的评估。商誉的价值,只有在把企业作为一个整体来看待时才能根据总额来确认。三是在企业实行联营、股份经营、中外合资经营、合作经营时可确认的商誉的预期超额利润,可能和建立商誉过程中发生的成本没有关系。商誉的存在,未必一定有为建立它而发生的成本。

施工企业的商誉价值,一般根据企业年超额利润的资本化来确定。施工企业年超额利润及其资本化的方法,将在第 6 章中加以说明。

对于商誉价值的摊销,人们有着不同的意见。有人认为,只要企业的超额利润能够持续下去,商誉价值就可一直保留,不必予以摊销。有人认为商誉带来的超额利润,不可能无限期地持续下去,应在实现超额利润的期间,分期予以摊销。

为了较真实反映无形资产的账面价值,企业应定期或年末对无形资产进行检查,如发现以下一种或数种情况:①该无形资产已被其他新技术等代替,使其创造经济效益的能力受到重大不利影响;②该无形资产的市价在当期大幅下跌,在剩余摊销年限内预期不会恢复;③其他足以表明该无形资产的账面价值已超过可收回金额的情形。应对无形资产的可收回金额进行估计,并将该无形资产的账面价值超过可收回金额的部分确认为减值准备。

无形资产可收回金额是指以下两项金额中的较大者:①无形资产的销售价格减去因出售所发生的律师费和其他相关税费后的余额;②预期从无形资产的持续使用和使用年限结束时的处置中产生的预计未来现金流量的现值。

只有表明无形资产发生减值的迹象全部消失或部分消失,企业才能将以前年度已确认的减值损失予以全部或部分转回,但转回的金额不得超过已计提减值准备的账面余额。

企业的无形资产已被其他新技术等代替且已不能为企业带来经济利益,或该无形资产不再受法律的保护且不能给企业带来经济利益时,应将该无形资产的账面价值予以转销。企业进行房地产开发时,应将相关的土地使用权的账面价值一次结转计入房地产开发成本。

3.3 固定资产管理

3.3.1 固定资产及其管理的要点

1. 固定资产的概念

施工企业的固定资产是从事建筑安装工程施工的重要物质条件。它包括施

工企业的主要劳动资料和非生产经营用房屋设备等。

劳动资料是劳动者用来改变或影响劳动对象的一切物质资料。从狭义上讲,劳动资料是指那些处于劳动者和劳动对象之间,把劳动者的动作传导到劳动对象上去的传导物,如施工机械、生产设备、生产工具等;从广义上讲,劳动资料还包括在施工生产经营过程中必须具备的、除劳动对象以外的其他物质资料,如房屋建筑、运输设备等。没有它们,施工生产过程就不能进行,或者不能在正常的情况下进行。

但是,可以作为施工企业固定资产的劳动资料,必须是为有关建筑安装工程施工生产而购建的,并不包括为建设单位建造的房屋建筑和安装的机器设备。因为这些房屋建筑和机器设备是劳动对象。由此可见,一种物质资料是否属于施工企业的固定资产,不取决于它的物理属性,而取决于它在施工生产过程中所起的作用。

劳动资料和劳动对象不同,劳动资料在施工生产过程中能长期发挥其效能,可以用于多次施工生产过程。它在施工生产过程中长久地保持着自己的物质形态,且不把其本身的物质加到工程、产品的物质中,而仅随着使用时间和工作强度,逐渐地将它的价值转移到工程、产品成本中。劳动对象只能在一次施工生产过程中发挥作用,在施工生产过程中大多变更或失去其原有物质形态,或将其本身的物质加到工程、产品的物质中,其价值也转移到工程、产品的成本中。劳动资料与劳动对象的区别,在使用时间较长时,是十分明显的。有些工具虽然属于劳动资料,但或因使用时间不长,或因价值较低,或因极易在施工生产过程中损坏,在管理上为了方便起见,并不将它们列为固定资产,而将它们列为低值易耗品和周转材料(属于流动资产),因而在实际工作中,只有同时具备如下两个条件的主要劳动资料,才被列为固定资产。

(1)使用期限在一年以上。

(2)单位价值在规定限额(按企业规模大小确定)以上。

2. 固定资产管理的要点

根据固定资产的经济性质,施工企业固定资产的管理,应该做好以下几方面的工作。

(1)管理好固定资产,保证其完整无缺。健全固定资产的管理制度,严格购建、验收、使用、保管、调度、盘点、报废清理等手续,加强固定资产的核算工作,建立保管、保养和使用责任制度,防止固定资产短缺、失修、损坏或技术性能降低。

(2)根据固定资产损耗和企业财务状况,选择合适的折旧政策。施工企业的固定资产在施工生产经营过程中,会逐渐发生损耗。为了计算损耗价值和保证固定资产更新所需的资金,要计提折旧,折旧作为生产费用计入工程、产品成本后会影响企业的利润。折旧作为一种非付现费用,不通过现金流出,但在工程价款结算和产品销售后会流入现金,在未用于固定资产更新以前,会增加企业现金流入量。企业在折旧时,如选择加速折旧政策,就会加大成本、减少利润,但能增加现金流入量;如选择减缓折旧政策,会降低成本、增加利润,但会相应减少现金流入量。因此,企业必须根据固定资产损耗和企业财务状况,选择合适的折旧政策。

(3)不断提高固定资产的利用效果,减少占用资金。必须保证固定资产能够实现一定的效果,并且不断提高固定资产的利用效果。用现有的固定资产完成尽可能多的建筑安装工程,就可减少占用资金,节约固定资产投资,提高固定资产利用效果。因此,在固定资产管理工作中,必须根据施工生产任务检查企业所需的固定资产,调配处理超过施工生产任务需求的多余或不适用的固定资产,减少占用资金,必须用好、维修好固定资产,提高固定资产的完好率和利用率。因为固定资产如果使用不当,不能充分发挥效能,必然会降低固定资产的利用效果;如果不加强维护修理,固定资产经常处于损坏状态,也不能充分发挥效能。此外,在重新购建固定资产时,企业必须进行技术经济分析和财务效益分析,优选经济上合理的技术,使企业以较少的固定资产投资取得较高的经济效益。

3.3.2 固定资产的日常管理

1. 对固定资产进行合理的分类

为了便于管理,要对施工企业的固定资产进行合理的分类。

固定资产按其使用情况,分为在用的、租出的、未使用的、不需用的四类。这种分类方法能及时反映固定资产的使用情况,可促使未使用的固定资产尽快投入使用,不需用的固定资产及时调拨、出售,有利于挖掘固定资产的潜力,做到物尽其用。同时,这种分类方法也有利于折旧的计算。因为按照现行制度的规定,只有在用、租出的固定资产和以融资租赁方式租入的固定资产,才计提折旧;未使用和不需用的固定资产(房屋建筑除外),以及以经营租赁方式租入的固定资产,不计提折旧。

固定资产按其用途,分为生产用的和非生产用的两类。生产用的固定资产,就是指直接或间接参与施工生产或施工生产经营管理过程的固定资产。非生产用的固定资产,就是指企业施工生产和施工生产经营管理以外所需用的固定资产。这种分类方法可以反映企业生产用的和非生产用的固定资产的比例,说明企业的施工生产能力和职工生活条件的改善情况。

在固定资产管理中,必须明确固定资产和低值易耗品的界限,原因如下。

(1)劳动资料的价格是经常变动的。

(2)有些劳动资料虽然价值达不到固定资产的规定限额,但如在企业财产中所占比重较大、使用期限较长,也应划为固定资产。有些劳动资料虽然价值已经达到固定资产的规定限额,但如果使用期限不稳定,而且更换频繁,可考虑列入低值易耗品。

财务部门要会同财产管理部门,结合施工生产的特点和管理上的要求,把企业所有的固定资产按类编制,形成"固定资产目录"。在目录中,一要统一固定资产和低值易耗品的划分标准,把属于固定资产的机械设备按不同的型号规格逐一列入目录,使固定资产和低值易耗品的界限一清二楚;二要统一固定资产的分类编号方法,使每项固定资产都有自己的固定编号;三要统一规定每项固定资产的使用年限或使用台班,为计算折旧提供统一的依据。

2. 实行固定资产归口分级管理,建立使用保管责任制

要管好用好固定资产,必须建立和健全固定资产管理制度,正确处理企业和企业所属单位之间在固定资产保管和使用方面的关系,确立责任制,消灭"无人负责"现象。

由于建筑生产的流动性,施工企业的固定资产绝大部分都分散在各个施工现场。企业要加强固定资产的管理,不能依靠个别部门和少数人员,而必须正确处理各方面的权责关系,充分调动各部门各级单位及广大职工的积极性和主动性,实行归口分级管理。即在企业主管领导下,由各职能部门分工负责固定资产的管理工作,并按照各类固定资产的使用地点,分别交由各所属单位负责管理。对大中型机械设备,还要落实到个人,建立起"谁用谁管"的责任制。

企业的各项固定资产,首先要按类别实行归口分级管理,如施工机械设备、运输设备、生产设备等由机械设备部门管理,房屋建筑、管理用具等由行政部门管理。各部门负责对所管理的各类固定资产的请购、调配、维修和清理,并定期对固定资产使用保管情况进行检查。

各项固定资产实际上是由企业所属各施工队和加工厂等使用的,所以,在实

行归口分级管理的同时,必须建立使用单位的保管责任制,实行分级管理。各使用单位应对所保管的固定资产负责,严格执行各项管理制度,加强固定资产日常维修保养,保证固定资产完整无缺,不断提高固定资产完好率和利用率。对于机械设备的管理,还要根据"谁用谁管、谁负责维护保养"的原则,把机械设备保管责任落实到使用人,使每台机械设备都有人管理。同时,各使用单位均应分别指定专人,全面负责本单位的固定资产管理工作。这样,就可以做到"层层负责任,物物有人管",从而有利于加强职工对机械设备保管的责任心,使财产不受损失;有利于促使职工加强对机械设备的维护保养,提高机械设备的完好率和利用率;有利于做到"账物相符,家底清楚"。

为了合理组织机械化施工,充分发挥施工机械设备的作用,对于施工企业的施工机械设备,一般可采用如下两种管理方法。

(1)一般中小施工机械,如小型挖土机、机动翻斗车、混凝土搅拌机、砂浆搅拌机、卷扬机等,由土建施工队负责保管并使用。

(2)大型施工机械和数量不多的特殊施工机械设备,如大型挖土机、推土机、压路机、大型起重机械、升板滑模设备等,由专业施工队如机械施工队负责管理,根据土建施工队的需要,由机械施工队进行施工。因为这些施工机械设备如分散在各个土建施工队中分别管理并使用,不但不能充分发挥这些施工机械设备的作用,也不利于确保重点工程施工任务的完成。

对于施工企业不常使用的大型或特殊施工机械设备,应交给企业主管部门或机械租赁站统一管理,以便在各企业之间调配,充分发挥这些机械设备的作用。

3. 对固定资产的使用、保管、调拨、出售、清理进行核算和检查

为了保证固定资产完整无缺,不断提高固定资产的利用效果,财务部门必须对固定资产的存在情况和使用情况进行全面的核算和检查。财务部门要会同财产管理部门建立和健全固定资产管理制度和各项财产管理办法,对各项财产的增减变动、内部转移及修理、清理等制定统一而严密的手续;根据固定资产核算资料,掌握固定资产的增减变动和分布情况,检查有关单位执行财产管理办法的情况,经常分析固定资产的利用效果,促使各单位管好用好固定资产。

财务部门对于调入或基建完工交付使用的固定资产,要协同财产管理人员深入现场,根据固定资产交接凭证,认真做好固定资产的验收和交接工作。要核对新增机械设备主机和辅机的名称、型号规格、数量是否与凭证相符,所附备件、

工具是否齐全。要会同技术人员和工人对机械设备的技术状况进行检查,看机械设备的性能是否良好,质量是否符合技术要求。要看新增固定资产的造价和购进、调入的价格是否符合实际。如发现问题,要协同财产管理部门向有关部门提出意见,采取措施,及时解决。

企业对于增加的各项固定资产,都要按类、分项、依顺序进行编号,使每项固定资产都有固定编号,以便于查找、核对,避免乱账、错账。同时要为每项固定资产开设"固定资产卡片",以登记固定资产的编号、名称、型号规格、技术特征、附属物、使用单位、所在地点、建造年份、开始使用日期、中间停用日期、原值、预计使用年限、折旧率、进行大修理次数和日期、转移调拨情况、报废清理情况等。固定资产卡片通常应一式三份,一份由财务部门保管,一份由财产管理部门保管,一份由使用部门保管。财务部门保管的固定资产卡片除按固定资产类别分类外,还应按使用部门分组存放,遇到变动,应随时登记有关卡片并相应转移存放位置,以便于了解固定资产的实际情况。

企业对于施工生产中不需用的机械设备,要按照规定手续调拨或出售,以便充分发挥机械设备的作用,做到物尽其用。在调拨、出售机械设备时,财务人员要协同财产管理人员到现场参与移交,做好以下两方面的工作:一要核实调拨、出售手续,查明调拨、出售的机械设备有没有财产管理部门开出的调拨单或出售单,接收或购买单位的调拨单,出售单上所列的单位名称是否相符;二要核对实物,根据固定资产调拨、出售凭证,核对调拨、出售机械设备的名称、型号规格、主机、辅机及所附备件的数量和质量。

对于企业内部单位之间的调拨,财务人员也应到现场核实手续,核对实物,做好固定资产的移交工作。

对于已经磨损、陈旧,不能继续使用的固定资产,可由使用或保管该项固定资产的部门填写"固定资产报废申请单",经领导、专业人员和工人一起鉴定,按照规定手续报经批准后进行清理。在清理时,财务人员要会同财产管理人员到现场核对实物,核对报废的固定资产与固定资产报废申请单中所列的编号、名称、型号规格是否一致。对于未满预计使用年限而提前报废的固定资产,要查明原因(是保管不妥、使用不当还是维护不力),以便分清责任、总结经验教训、采取措施、加强管理。当自然灾害或其他人力不可抗拒的意外事故使固定资产遭受损失时,应详细说明原因,对已购买保险的固定资产,应及时要求保险公司赔偿损失。对于报废固定资产的残值,应进行估价,认真做好残料交库和变价收入入账工作。

4. 做好固定资产的清查盘点工作,保证固定资产完整无缺

为了保证固定资产完整无缺,必须定期对固定资产进行清查盘点。建立固定资产定期清查盘点制度,除了弄清固定资产实际数量、保证"账实相符",还具有下列重要意义:首先,可以了解固定资产的使用和维护情况,进一步挖掘机械设备的生产潜力,促使增产节约运动的深入开展;其次,可以查明账外固定资产,促进企业改善固定资产管理;最后,还可发现丢失、毁损的固定资产,从而堵塞漏洞,揭发盗窃、破坏行为。

固定资产的清查盘点工作,每年至少1次。为了做好定期清查盘点工作,必须依靠和发动群众,并成立有领导、专业人员(包括财产管理人员和财务人员)、工人的清查小组,尽可能把固定资产的清查和机械设备的大检查结合起来进行。

在清查过程中,财务人员要会同财产管理人员到现场逐项清点,根据固定资产卡片核对每台机械设备主机、辅机的实物与卡片是否一致,存放地点、保管人与卡片是否相符。对于账外固定资产,要查明来源。对于调入未办手续的机械设备,要及时补办手续;对于未列账的自制机械设备,要查明其造价,并按规定处理列账。对于盘亏和毁损的固定资产,必须认真分析、查明原因,由固定资产清查小组审查鉴定,填制"固定资产盘亏报告单",报有关单位审批后按照规定加以处理。对调出未办手续造成的固定资产短缺,要及时补办调出手续;对被盗窃和破坏的固定资产,必须报告有关部门进行严肃处理;对于被擅自拆除、改装的机械设备,要提出意见,处理后调整账目。

清查时,除了清点固定资产数量,还要检查固定资产的使用和维护情况,检查有无长期闲置的、不适用的、多余的、不需用的机械设备;有无由于技术进步导致工程结构、产品改变,施工生产工艺更新等,已不能使用,或虽可使用但使用后会严重影响工程、产品质量,不能给企业带来经济利益的机械设备;有无使用不当、保管不妥、维护保养不善的机械设备。对于长期闲置的、不适用的、多余的、不需用的机械设备,要设法调出,做到物尽其用,减少占用资金。对于毁损的机械设备,要及时修复,保证机械设备完好。对机械设备维护保养不善和管理制度不完善的问题,要提出有效措施,及时加以改进。会计期末,对于不能及时处置或清理的机械设备,应按净值全额提取减值准备,然后加以处置、清理。

3.3.3 固定资产折旧和折旧政策

施工企业的固定资产,由于使用和自然侵蚀等,会逐渐发生损耗而减少价值。这部分损耗价值应算作使用该项固定资产期间的生产费用,计入工程和产品成本。这种因固定资产的损耗而逐渐转移到工程和产品成本中的价值,叫作"折旧"。正确计提固定资产折旧,是正确计算工程和产品成本、保证固定资产简单再生产的前提。

1. 固定资产的有形损耗和无形损耗

固定资产的折旧,一般取决于固定资产的价值和使用年限。

固定资产的使用年限,受有形损耗和无形损耗两个因素的影响。

固定资产的有形损耗,从其产生的原因来看,有如下两种。

一种是由于生产使用而发生的损耗,简称使用损耗,如机械由于磨损逐渐丧失其使用价值。使用损耗的大小取决于固定资产的用途和使用条件,如工作班数、负荷程度、工人的技术熟练程度、维护保养修理状况等。

另一种是由于自然的侵蚀而发生的损耗,简称自然损耗,如机械设备氧化生锈,房屋建筑因风吹、日晒、雨打而逐渐破旧等。这种损耗的大小,取决于固定资产的结构、抗蚀性以及维护和修理状况等。

正如马克思指出:"机器的有形损耗有两种。一种由于使用,就像铸币由于流通而磨损一样。另一种由于不使用,就像剑入鞘不用而生锈一样。在后一种情况下,机器的磨损是由于自然作用。前一种磨损或多或少同机器的使用成正比,后一种损耗在一定程度上同机器的使用成反比。"

上文所说引起固定资产有形损耗的两个因素,都会导致固定资产的物理性能和生产效率降低,使固定资产经过或长或短的时间逐渐地丧失其使用价值和价值。因此,企业在计算固定资产折旧预计使用年限的时候,要全面考虑这两种有形损耗。施工企业常年在露天环境施工,机械设备等会受到自然侵蚀的影响,在计算折旧时更要考虑自然损耗的因素。

在计算固定资产折旧预计使用年限时,除了考虑有形损耗,还要考虑无形损耗。马克思在研究资本主义固定资本的损耗时,曾指出:"机器除了有形损耗,还有无形损耗。只要同样结构的机器能够更便宜地再生产出来,或者出现更好的机器同原有的机器竞争,原有机器的交换价值就会受到损失。在这两种情况下,即使原有的机器还有使用价值,它的价值也不再由实际物化在其中的劳动时间来决定,而由它本身的再生产或更好的机器的再生产的必要劳动时间来决定了。因此,它或多或少地贬值了。""劳动资料大部分都因为产业进步而不断革新……特别是在发生决定性变革的时候,又迫使旧的劳动资料在它们的自然寿命完结之前,被新的劳动资料替换。"

固定资产的无形损耗,就其产生的原因来说,除上述两种无形损耗外,在现代生产技术进步的条件下,还可能由于新材料、新构件代替旧材料、旧构件而引起机械设备提前报废,新工艺代替旧工艺而引起机械设备提前报废等而发生无形损耗。固定资产的无形损耗,就其引起的经济后果来说,可归纳为如下两类:一类无形损耗表现为原有机械设备的贬值,但不影响其生产能力和使用年限;另一类无形损耗除引起原有机械设备的贬值外,还会引起原有机械设备使用年限缩短提前报废而造成价值的损失。我们把前者叫作第一类无形损耗,把后者叫作第二类无形损耗。固定资产的这两类无形损耗,由于有不同的经济后果,其补偿也不能用同一种方法来进行。

机械设备因技术进步、劳动生产率提高而降低的价值,对施工企业和整个社会都不会构成任何损失。因为在新的机械设备的结构和效能不变的情况下,原有机械设备除了账面价值降低,它的生产能力不受任何影响,可以在其物理性能许可的年限内继续使用,每年为建筑生产完成相同的工程量。当原有机械设备报废更新时,企业还可以用较低的费用购置效能相同的机械设备,保持原有的生产能力。在新的机械设备比原有机械设备的效率更高的情况下,原有机械设备的生产能力,在它还不可能被新的机械设备替换而必须继续使用的时候,也是不受影响的。企业的生产能力和社会的物质财富,都不会因原有机械设备的贬值而降低。既然机械设备因技术进步而发生的贬值,在原有机械设备尚有可能还要继续使用的年限内,并不会使生产能力降低和社会物质财富丧失,那么这种贬值显然没有从折旧费中补偿的必要。

机械设备提前报废、使用年限缩短而引起的剩余部分价值的损失,则与上文所说的贬值的损失完全不同,它是机械设备生产能力和社会物质财富绝对额的减少。它不仅是账面上的损失,而且是一种物质上的损失。这种损失,与社会生产过程直接有关,是技术进步条件下社会生产的必要耗费的组成部分。所以,机械设备由于技术进步而提前报废的损失,应通过实际使用期间折旧率的提高,从提取的折旧中收回。也就是说,要考虑到经济上的可用年限。对于各种机械设备,在使用时,企业要根据国民经济长远规划、技术政策、科学技术发展情况、施工工艺与建筑生产发展情况,对因技术进步而提前更新的可能性加以估计,在更新以前,把机械设备的价值全部计入使用期间的工程和产品成本,从提取的折旧中收回。如某项机械的价值为 30000 元,根据它的物理性能预计可以使用 20 年,但估计用到第 15 年就会被效率更高的新机械替换。在这种情况下,使用年限应考虑按经济上可用年限 15 年计算。作为机械损耗价值计入工程和产品成本的折旧费和提取的折旧,应是每年 2000 元(30000 元÷15),而不是 1500 元(30000 元÷20),这样才能保证固定资产简单再生产的进行。

在实际工作中,企业在各种机械设备开始使用时就正确地估计经济上的可用年限,是有困难的。但是,我们并不能以此反对计提固定资产折旧应考虑经济上的可用年限,反对将第二类无形损耗计入工程和产品成本。因为对于固定资产折旧的计算,我们只能做到相对正确。事实上,根据固定资产物理性能计算的耐用年限,也有不少的假定性,很难做到十分准确。问题在于只要我们正视固定资产第二类无形损耗存在的事实,就可根据国民经济长远规划和建筑技术发展情况等,较正确地估计各项固定资产在经济上的可用年限,使提取的折旧担负起保证固定资产简单再生产顺利进行的使命。

2. 固定资产折旧的计算方法

(1) 平均年限折旧法。

由于固定资产的折旧年限永远在一年以上,且在折旧年限内其物质形态不变更,所以其转为工程和产品成本的损耗价值,在固定资产废弃以前,就不易进行精确的计算。马克思曾经说过:"生产资料把多少价值转给或转移到它帮助形成的产品中,要根据平均值来决定,即根据它执行职能的平均持续时间来计量。""根据经验可以知道,一种劳动资料,例如某种机器,平均能用多少时间。假定这种劳动资料的使用价值在劳动过程中只能持续 6 天,那么它平均每个工作日丧失它的使用价值的 1/6,因而每天它的价值的 1/6 转给产品。一切劳动资料的损耗,例如使用价值每天的损失,以及它们的价值每天往产品上相应的转移,都是用这种方法来计算的。"由此可知,固定资产的损耗价值,一般依其使用年限平均计入各个期间的工程和产品成本中,每年的折旧额由固定资产价值除以使用年限算得。这种将固定资产价值按其使用年限平均计入各个期间工程和产品成本的方法,叫作平均年限折旧法或直线法。

在计算折旧额时,要考虑到固定资产废弃时还有残值。例如房屋在废弃时,尚有砖木可以变价;机械设备在废弃时,废铜烂铁也有一定的价值。在拆除固定资产和处理废料时,也会发生一些拆除清理费用,这些费用也是企业使用这项固定资产所必须负担的费用。因此,在计算固定资产折旧额时,除了预计折旧年限,还须预计净残值(即预计残值减去预计清理费用后的余值)。即先从固定资产的价值中减去预计净残值,再除以预计折旧年限来计算折旧。固定资产年折旧额的计算公式为：

$$年折旧额 = \frac{固定资产价值 - 预计净残值}{预计折旧年限}$$

$$= \frac{固定资产价值 \times (1 - 预计净残值率)}{预计折旧年限}$$

式中，预计净残值率是预计净残值占固定资产价值的百分比，按照现行财务制度的规定，一般固定资产的净残值率在3%～5%，企业如规定低于3%或高于5%，应报财政主管部门备案。

在计算折旧额时，除要考虑固定资产清理费用外，有的企业可能还要考虑固定资产弃置费用。弃置费用，是指根据国家法律和行政法规、国际公约等规定，企业应承担的环境保护和生态恢复等义务所确定的支出。如核电站设施等的弃置和恢复环境义务等费用。一般施工企业的固定资产在废弃时不会发生上述弃置费用，所以在计算固定资产折旧额时，可以不加考虑。

在日常核算中，固定资产的折旧额是按固定资产的折旧率来计算的。固定资产折旧率是折旧额与固定资产价值的百分比。固定资产折旧率通常按年计算。在按月计算时，可将年折旧率除以12，折合为月折旧率，再与固定资产价值相乘计算月折旧额。固定资产平均年限折旧法的折旧率和折旧额的计算公式为：

$$年折旧率 = \frac{年折旧额}{固定资产价值} \times 100\%$$

$$= \frac{固定资产价值 \times (1 - 预计净残值率)}{预计折旧年限 \times 固定资产价值} \times 100\%$$

$$= \frac{1 - 预计净残值率}{预计折旧年限} \times 100\%$$

$$月折旧率 = \frac{年折旧率}{12}$$

$$月折旧额 = 固定资产价值 \times 月折旧率$$

上述折旧率是就某项固定资产单独计算的，叫作个别折旧率。除了按个别折旧率来计算固定资产折旧，还可以采用分类折旧率来计算折旧。分类折旧率是指按固定资产类别(指折旧年限大致相同的同类固定资产)分别计算的平均折旧率，它的计算公式为：

$$分类折旧率 = \frac{该类应计提折旧的各项固定资产根据个别折旧率计算出来的折旧额的总和}{该类应计提折旧的各项固定资产价值的总和} \times 100\%$$

分类折旧率还可根据历史资料，用企业过去几年每年计提的该类各项固定资产折旧额的总和,除以该类应计提折旧的各项固定资产价值的总和求得。

施工企业对于固定资产折旧的计算,要按月进行。在采用平均年限折旧法时,月份内增加和减少的固定资产,理应按照使用天数计算折旧。但是这样的算法,计算手续很烦琐,事实上难以办到。为了简化计算手续,折旧可以根据月初的固定资产价值计算,月份内增加的固定资产,当月可以不计提折旧,月份内停止使用的固定资产,当月仍要计提折旧。这样,企业在每个月计算应计提折旧额时,就可以上月的折旧额为基础,加上上月增加的固定资产的折旧额,再减去上月减少的固定资产的折旧额后求得。在采用分类折旧率计算折旧的企业,可按各类固定资产的月初价值计算。

每月计提折旧的固定资产,包括企业所有生产经营用和非生产经营用固定资产、融资租赁方式租入和经营租赁方式租入固定资产。按照现行制度的规定,除房屋、建筑物外,对未使用、不需用固定资产,经营租赁租入固定资产,已提足折旧继续使用固定资产,以及破产、关、停企业固定资产都不计提折旧。但对季节性停用、修理停用的固定资产,仍应计提折旧。

(2)台班折旧法和行驶里程折旧法。

按照平均年限折旧法计算折旧,对在年度内经常使用的固定资产来说,是非常合适的。这种方法的优点,除计算简便外,还由于折旧按固定资产的使用年限平均提取,因而每月提取的折旧额相同,这样就可使单位工程或产品成本负担的折旧费的大小同固定资产的利用情况密切联系起来。机械设备的利用率高,完成工程及产品多,单位工程或产品成本分摊的折旧费就少。这就有利于促使企业关心固定资产的利用状况,加强企业经济核算。

但对流动性较大、不经常使用的大型施工机械,如果也按平均年限折旧法计提折旧,则在机械工作台班较多的月份,该月工程成本分摊的折旧费就较少;反之,在机械工作台班较少的月份,该月工程成本分摊的折旧费就较多,工程成本的负担很不合理。所以要采用与这些机械使用特点相适应的台班折旧法,将这些机械的折旧费按照工作台班直接计入有关工程成本。

在采用台班折旧法计算固定资产折旧时,又有如下两种方法。

第一种方法是根据机械设备价值和预计折旧年限内工作台班,计算每一台班折旧定额,然后根据工作台班折旧定额和实际工作台班计提折旧。机械设备折旧年限内台班折旧定额和月折旧额的计算公式为:

$$台班折旧定额 = \frac{机械设备价值 \times (1 - 预计净残值率)}{预计折旧年限内工作台班}$$

月折旧额＝台班折旧定额×月工作台班

在预计折旧年限内工作台班比较接近实际的情况下,这种方法是没有问题的。但是,预计折旧年限内工作台班往往难以符合实际情况,而且这些机械设备的台班折旧费往往较高,施工单位在可以用其他机械设备代替时,就不愿继续使用原有机械设备,这样,就会使提取的折旧基金不能保证固定资产的简单再生产。因此,这种方法一般只用于少数在特殊工程中使用的机械设备。

第二种方法是在确定固定资产折旧年限和年折旧额的前提下,按年度施工任务确定当年机械设备的工作台班的计划数,算出该年度内每一台班应提取的折旧定额,年中按折旧定额预提折旧,年末按年度实际折旧额加以调整。年度台班折旧定额的计算公式为:

$$年度台班折旧定额 = \frac{\dfrac{机械设备价值 \times (1 - 预计净残值率)}{预计折旧年限}}{年度计划工作台班}$$

按照这种方法计提台班折旧,不但能使提取的折旧保证固定资产简单再生产(因为预计折旧年限比预计折旧年限内工作台班更容易接近实际),而且能使工程成本负担的折旧费与机械设备的利用情况联系起来,即年度内机械设备利用台班越多,每个台班的折旧费就越少,越有利于促使施工单位充分利用机械设备。

对于汽车等运输设备,可按平均年限折旧法按月计提折旧,也可采用行驶里程折旧法按行驶里程计提折旧,即根据汽车价值、预计净残值率和预计折旧年限内行驶里程来计算单位里程(即每千米)折旧额,然后根据各月实际行驶里程和单位里程折旧额来计提折旧。汽车折旧年限内单位里程折旧定额和月折旧额的计算公式为:

$$单位里程折旧额 = \frac{车辆价值 \times (1 - 预计净残值率)}{预计折旧年限内行驶里程}$$

月折旧额＝单位里程折旧额×月行驶里程

(3)双倍余额递减折旧法。

除上述方法外,施工企业对技术进步较快或使用寿命受工作环境影响较大的施工机械和运输设备,在经财政部门批准后,可采用双倍余额递减折旧法和年数总和折旧法来计提折旧。

双倍余额递减折旧法是根据固定资产净值(原值减累计折旧)乘以折旧率来计算折旧额的折旧计算方法。随着固定资产净值的逐年减少,各年计提的折旧额也逐年递减。采用双倍余额递减折旧法计算固定资产折旧时的折旧率和折旧额，按照下列公式计算：

$$年折旧率 = \frac{2}{折旧年限} \times 100\%$$

$$月折旧率 = 年折旧率 \div 12$$

$$月折旧额 = 固定资产净值 \times 月折旧率$$

按现行财务制度的规定，采用双倍余额递减折旧法计算折旧的固定资产，应在其固定资产折旧年限到期之后两年内，将固定资产净值扣除预计净残值后的净额平均摊销。

(4)年数总和折旧法。

年数总和折旧法也叫年限合计折旧法，采用年数总和折旧法计算固定资产折旧时的折旧率和折旧额的公式为：

$$年折旧率 = \frac{折旧年限 - 已使用年限}{折旧年限 \times (折旧年限 + 1) \div 2} \times 100\%$$

$$月折旧率 = 年折旧率 \div 12$$

$$月折旧额 = (固定资产原值 - 预计净残值) \times 月折旧率$$

双倍余额递减折旧法和年数总和折旧法都属于递减折旧法。这两种折旧方法考虑到了固定资产在使用过程中，一方面效率或收益能力逐年下降，另一方面修理费用逐年增加，为了平衡固定资产在折旧年限内各年的使用费，固定资产在早期所提的折旧额应大于后期所提的折旧额。

固定资产折旧年限和折旧计算方法一经确定，一般不得随意变更。需要变更的，由企业提出申请，并在变更年度前报主管财政机关批准。

3. 固定资产减值准备

为了较真实地反映企业固定资产的可收回金额，如实反映企业财务状况，企业应定期或在年终，对各项固定资产进行逐项检查，如发现市场价格持续下跌或技术陈旧、长期闲置等导致其可收回金额低于账面净值时，应将可收回金额低于其账面净值的部分，按单项资产计提减值准备。

企业在对固定资产进行检查时，如发现某项固定资产长期闲置不用、在可预见的未来不会再使用且已无转让价值，由于技术进步等已不可使用，或虽尚可使用但使用后会严重影响工程、产品质量，实质上已经不能再给企业带来经济效益，应按该项固定资产的净值全额提取减值准备，然后等待清理，或立即报废清理。已按其净值全额提取减值准备的固定资产，不再计提折旧。

4. 固定资产折旧政策

(1) 折旧政策及其种类。

固定资产折旧政策是指企业根据自身的财务状况及其变动趋势,对固定资产折旧方法和折旧年限所做的选择。因为固定资产的折旧方法和折旧年限直接关系到企业提取的折旧,折旧方法和折旧年限不仅影响工程和产品成本,而且影响企业利润和利润分配,还影响固定资产更新资金的现金流量和应纳所得税等,从而影响企业的财务状况,所以,财务管理中的折旧政策产生了。

施工企业的折旧政策,主要可以归纳为以下3种。

①快速折旧政策。它要求固定资产的折旧在较短年限内平均提取完毕,使固定资产投资的回收均匀分布在较短折旧年限内。

②递减折旧政策。它要求固定资产折旧的提取在折旧年限内依时间的顺序先多后少,使固定资产投资的回收在前期较多、后期逐步递减。

③慢速折旧政策。它要求固定资产的折旧在较长年限内平均提取完毕,使固定资产投资的回收均匀分布在较长折旧年限内。

(2) 折旧政策对企业财务的影响。

固定资产折旧政策,对企业筹资、投资和分配都会产生较大的影响。

①对筹资的影响。

对企业某一具体会计年度而言,固定资产提取折旧越多,意味着企业可用于未来年度的固定资产更新资金越多。这笔资金在没有用于固定资产更新以前,企业留存可用资金越多,就可相应减少向外筹集资金。例如,某施工单位对两种折旧政策进行选择:一是采用慢速折旧政策,第一年提取折旧 1000 万元;二是采用快速折旧政策,第一年提取折旧 2000 万元。企业所得税税率为 25% 时,在第一种慢速折旧政策下,企业利润会相对多出 1000 万元,为此要多纳所得税 250 万元。在第二种快速折旧政策下,企业利润会相对减少 1000 万元,少纳所得税 250 万元,提取留用固定资产更新资金多 1000 万元。所以,企业选择采用第二种快速折旧政策,该年实际可用资金增加了 1250 万元,在企业需要筹资的情况下,可以相应减少筹资 1250 万元。如果当年多提的固定资产更新资金没有使用,还可在未来年度继续使用。

②对投资的影响。

固定资产折旧政策对投资的影响,主要表现在以下两个方面。

一是折旧政策的选择会影响固定资产投资的规模。因为折旧政策影响提取的折旧和固定资产更新资金的多少。采用快速折旧政策,企业留用固定资产更新资金较多,有利于企业扩大固定资产投资规模;采用慢速折旧政策,企业留用固定资产更新资金较少,不利于企业扩大固定资产投资规模。

二是折旧政策的选择会影响固定资产的更新速度。采用快速折旧政策和递减折旧政策,折旧年限短,固定资产更新速度快;采用慢速折旧政策,折旧年限长,固定资产更新速度慢。

固定资产折旧政策还会对固定资产投资风险产生影响。固定资产投资风险是指固定资产投资收不回来的可能性,它与固定资产的折旧年限相关联。采用慢速折旧政策,固定资产折旧年限长,固定资产因技术进步而被淘汰的可能性越大,其投资就越有收不回来的风险。

③对分配的影响。

固定资产折旧政策直接影响计入工程、产品成本和管理费用中的折旧费。如采用快速折旧政策,提取的固定资产折旧费多,在其他条件不变的情况下,企业的利润和可分配利润就会较少;采用慢速折旧政策,企业的利润和可分配利润就会较多。

(3)选择折旧政策需要考虑的因素。

①固定资产投资的回收。

选择折旧政策,首先要考虑固定资产投资的回收。这就要充分考虑固定资产的无形损耗。因为固定资产的折旧年限主要受有形损耗和无形损耗两个因素的影响。在技术日新月异,新机械、新材料、新结构、新施工工艺不断出现的今天,特别要考虑机械设备的无形损耗对折旧年限的影响。

②财务、税法规定各类固定资产折旧年限的弹性。

固定资产的折旧政策会影响企业的利润和应纳所得税,所以行业财务制度和国外税法都对各类固定资产的折旧年限规定了范围。企业的折旧政策只能在行业财务制度规定的各类折旧年限的弹性范围内做出选择。国家为了促使企业的发展和一些机械设备的加速更新换代,规定在经有关部门同意后,可以快速折旧,这又为折旧政策的选择提供了较大的弹性。

③企业现金流量状况。

企业在一定时期内的现金流量,往往是不平衡的。如现金流入量大于现金流出量,就会出现现金盈余;现金流入量小于现金流出量,就会出现现金短缺,使企业陷入财务困境。从理论上分析,当企业出现现金盈余时,可以选择慢速折旧政策;当企业出现现金短缺时,可选择快速折旧政策或递减折旧政策,以增加留用固定资产更新资金的现金流入量。当然,在采用快速折旧政策时,应以不降低企业资本利润率为原则,使企业保持稳定的盈利水平和可分配利润。

④企业市场价值的高低。

在股份制施工企业,市场价值的高低与企业利润密切相关。当企业的盈利水平高、每股收益和股利较高时,在其他条件不变的情况下,该企业的股票市价必然上升,相应市场评价也提高。从企业树立良好的市场评价特别是财务评价而言,一般要求企业的市场价值相对稳定并逐步提高。但受建筑市场供求等客观环境的影响,企业的盈利水平可能发生波动,从而引起企业市场价值不稳定、企业利润波动。为了平衡市场供求变动对企业利润波动的影响,选择合适的折旧政策不失为一种有效的方法,即当需要提高盈利水平时,可以采用慢速折旧政策,使企业盈利水平相对稳定,以增加投资者的投资信心。

第 4 章 项目投资管理

企业投资是指企业对现在所持有资金的投放和运用,如购置各种经营性资产或者购买各种金融资产,其目的在于期望在未来一定时期内获得相应的投资回报。

4.1 项目投资管理简述

4.1.1 企业投资的意义

在市场经济条件下,企业能否将资金投放到回报高、风险小、回收快的项目中去,对于企业的生存和发展具有十分重要的意义。

1. 企业投资是实现财务管理目标的基本前提

企业财务管理目标是不断提升企业价值,创造财富。因此,企业要采取各种措施不断增加盈利、降低风险。企业要想获得更多的盈利,就必须进行投资,以获得投资效益。

2. 企业投资是企业生产经营和发展的必要手段

随着社会经济不断发展、科学技术不断进步,企业无论是维持简单再生产还是实现扩大再生产,都必然要进行一定的投资。首先,要维持简单再生产,就必须及时对所有固定资产设施进行更新,对产品和生产工艺不断进行改进,不断提高员工技术水平等。其次,要实现扩大再生产,就必须新增固定资产投入、增加员工人数、提升员工素质、提高生产工艺技术水平等。企业只有通过一系列的投资活动,才能不断增强企业实力、拓展企业市场。

3. 企业投资是企业降低经营风险的重要方法

企业把资金投放到生产经营的薄弱环节或关键环节,可以促使各种经营能力更加配套、平衡,提高综合生产能力。如把资金投向多个行业、多个领域,实现经营多元化,则更能够拓展企业的市场销售和增加企业盈余的稳定性。这些都是降低企业经营风险的重要方法。

4.1.2 企业投资的分类

为了全面了解企业投资行为,加强投资管理,有必要对企业投资按不同的标准进行分类。

1. 按照投资与企业生产经营活动的关系分类

(1)直接投资。

直接投资,是指企业将资金直接投放于企业的生产经营活动或直接投放于其他企业的生产经营活动,以赚取生产经营利润的投资。

(2)间接投资。

间接投资(又称证券投资),是指企业将资金投放到有价证券等金融资产,以取得利息、股利或资本利得的投资。

2. 按照投资收回时间的长短分类

(1)短期投资。

短期投资(又称流动资产投资),是指企业将资金投放于能够且准备在一年以内收回的各种流动资产上的投资,如对基金、应收账款、存货、短期有价证券等的投资。

(2)长期投资。

长期投资,是指在一年以上才能够收回的投资。如购建房屋建筑、机器设备等固定资产,研发新产品、新技术、新工艺、新材料,购买其他企业发行的企业债券,长期持有其他企业的股权(股票),兼并、收购其他企业等。

3. 按照投资在企业生产经营过程中的作用分类

(1)初创投资。

初创投资,是指创建企业阶段所进行的投资。这种投资形成企业的原始资产,为企业后续的生产经营创造必要的条件。

(2)后续投资。

后续投资,是指企业创立以后为了保持生产经营的正常进行和不断发展壮

大所进行的各种投资。后续投资主要包括维持简单再生产所进行的更新性投资和为实现扩大再生产所进行的追加性投资，以及为调整生产经营方向所进行的转移性投资。

4. 按照投资的方向分类

(1)对内投资。

对内投资，是指把资金投放到企业内部的生产经营活动的投资。如购建固定资产、储备存货等。这种投资旨在扩大再生产。

(2)对外投资。

对外投资，是指企业以现金、实物、无形资产等方式或以购买股票、债券等有价证券方式对其他单位进行的投资。这种投资旨在实现经营多元化，从而分散风险，实现企业外延扩大再生产。

一般而言，对内投资都是直接投资；对外投资可以是直接投资，也可以是间接投资。

4.1.3　企业投资管理的原则

企业进行投资的根本目标在于赚取利润、增加企业价值。企业能否实现这一目标，关键在于能否抓住有利的投资机会，做出正确的投资决策。因此，企业在进行投资管理与决策时必须坚持如下原则。

1. 认真做好市场调查，及时捕捉投资机会

捕捉投资机会是企业投资活动的起点，也是企业投资决策的关键。在市场经济条件下，投资机会不是固定不变的，而是不断变化的。它受诸多因素的影响，其中最主要的是市场需求的变化。企业在投资之前，必须认真进行市场调查和市场分析，寻求最有利的投资机会。市场是不断变化、发展的，对于市场和投资机会的关系，也应从动态的角度加以把握。

正是由于市场的不断变化和发展，才有可能出现一个又一个新的投资机会。随着社会经济不断发展，人民收入水平不断提高，人们的消费需求也在不断变化和发展，而众多的投资机会也会出现在这些变化和发展之中。

2. 遵循科学投资决策程序，做好项目投资的可行性分析

在市场经济条件下，企业的投资决策必然面临一定的风险。为了确保投资决策正确有效,必然要求投资决策者按照科学的投资决策程序,认真进行项目投资的可行性分析。项目投资的可行性分析的主要目的在于对项目投资工程技术上的可行性、国民经济上的可行性以及财务上的可行性进行分析论证,运用各种技术和方法计算并分析相关指标,以合理确定不同项目投资的优劣。财务部门是对企业的资金进行规划和控制的部门,财务人员必须参与项目投资的可行性分析。

3. 及时足额地筹集资金,保证项目投资的资金供应

企业的项目投资,特别是大型项目投资,其投资建设期长,所需资金量大,一旦开工建设就必须有足够的资金供应,确保项目建设进度;否则就会造成项目投资建设中断,出现"半拉子工程",给企业造成巨大损失。因此,在项目建设前,必须科学合理地预测项目投资所需资金的数量以及时间,采用适当的方法筹措资金,保证项目建设的顺利完成,尽快产生投资效益。

4. 认真研究项目投资的风险,做好项目投资风险控制

报酬与风险是共存的。一般而言,报酬越大,风险也就越高,报酬的增加是以风险的增大为代价的,而风险的增加会引起企业价值的下降,不利于企业财务目标的实现。因此,企业在进行项目投资时,必须在考虑报酬的同时认真权衡风险,只有在报酬与风险达到均衡时,才有可能不断增加企业价值,实现企业的财务目标。

4.1.4 企业项目投资及其分类

企业项目投资通常是指长期投资中的固定资产投资。在企业的全部投资中,项目投资具有十分重要的地位。对企业的稳定与发展、未来盈利能力、长期偿债能力都具有十分重要的意义。

1. 企业项目投资的特点

与企业其他类型的投资相比,项目投资具有如下5个特点。

(1)影响时间长。作为长期投资的项目投资发挥作用的持续时间较长,几年、十几年甚至几十年才能收回全部投资。因此,项目投资对企业未来的生产经营活动和财务状况有重大影响,其投资决策的成败对企业未来的命运会产生至关重要甚至决定性的影响。

(2)投资数额大。项目投资,特别是战略性地扩大生产力投资,一般都需要较多的资金,其投资数额往往在企业总资产中占有相当大的比重。因此,项目投资对企业的融资、未来的现金流量和财务状况都会产生深远的影响。

(3)不经常发生。项目投资一般不会频繁发生,特别是大规模、具有战略意义的项目投资,一般几年甚至几十年才发生一次。因此,企业须对项目投资做出慎重决策。

(4)变现能力差。作为长期投资的项目投资,其回收期较长,短期内变现的能力很差。因此,项目投资一旦完成,具有不可逆转性。

(5)投资风险大。项目投资的上述特点,决定了项目投资的风险大。因此,企业须在投资决策过程中认真做好风险评估以及在项目投资运行寿命期内做好风险控制,尽可能降低风险、提高投资效益。

2. 企业项目投资的投资主体

财务管理里的投资主体是企业而非个人、政府或专业投资机构。投资主体不同,其投资目的必然不同,并因此导致决策评价标准和决策评价方法等也不同。企业从金融市场上融资,然后投资于固定资产、流动资产等,期望获取相应的投资回报,以增加企业盈利、提升企业价值。企业从金融市场上获取资金进行投资,必然要求其投资回报超过金融市场上资金供应者所要求的回报,超过部分才会增加企业盈利、提升企业价值。因此,投资项目优劣的评价标准应以融资成本为基础。

3. 企业项目投资的类型

按照不同标准,企业项目投资可以分为不同的类型。

(1)按照投资对企业的影响分类。

①战略性投资,是指对企业全局产生重大影响的投资,如并购其他企业、扩大企业生产经营规模、开发新产品等。战略性投资可能是为了多元化经营,也可能是为了实现对被投资企业施加重大影响甚至控制。其特点在于所需资金一般较多、回收时间较长、投资风险较大。战略性投资往往会扩大企业生产经营规模和生产经营范围,甚至改变生产经营方向,因此对企业的生存和发展影响深远。对于这类投资,必须严格按照科学的投资程序进行严密的分析研究才能做出决策。

②战术性投资,即只关系到企业某一局部的具体业务投资,如设备的更新改

造、原有产品的升级换代、产品成本的降低等。战术性投资主要是为了维持企业现有生产能力及市场份额,或者利用闲置生产能力增加企业收益。因此其投资所需资金较少、回收时间较短、风险相对较小。短期投资一般属于战术性投资。

(2)按照投资对象分类。

①固定资产投资,即将资金投放于房屋建筑、机器设备、运输设备、工器具等固定资产。

②无形资产投资,即将资金投放于专利权、非专利技术、商标权等无形资产。

③其他资产投资,即将资金投放于上述资产之外的其他长期性资产,如土地使用权、商誉、开办费等。

(3)按照项目投资的顺序与性质分类。

①先决性投资,是指必须对某项目进行投资,才能使其后续或同时进行的其他项目投资实现收益的投资。例如,企业为了扩大生产能力引进新的生产线,为使新的生产线能够正常运转,就必须有电力保障,这时,电力项目投资就属于先决性投资。

②后续性投资,是指在原有基础上进行的项目投资。项目建成后将发挥与原项目同样的作用或更有效地发挥作用,能够完善或取代现有项目。

(4)按照项目投资的时序与作用分类。

①创建企业投资,是指为创建一个新企业,在生产、经营、生活条件等方面的投资。投入资金成为新建企业的原始资产。

②简单再生产投资,是指为更新生产经营中已经不再满足生产经营需要的过时设备所进行的投资。其特点是把原来的生产经营过程中回收的资金重新投入生产经营过程,以维持原有的生产经营规模。

③扩大再生产投资,是指为了扩大企业现有的生产经营规模所进行的投资。这种投资需要追加投入资金。

(5)按照增加利润的途径分类。

①增加收入的投资,是指通过扩大企业生产经营规模或营销活动来增加企业的收入,进而增加利润的投资。其投资决策规则是评价项目投产后所产生的现金流量是否能证明该项投资是可行的。

②降低成本的投资,是指维持企业现有生产经营规模,通过降低生产经营成本间接增加企业利润的投资。其投资决策规则是评价项目投产后企业通过降低成本所获得的收益是否能证明该项投资是可行的。

(6)按照项目投资之间的关系分类。

①独立性投资,是指当采纳或放弃某一项目(或方案)时,并不影响另一项目(或方案)的采纳或放弃。如某建筑施工企业对收购某建材厂的投资与对施工企业自身的施工生产活动的投资就属于两个彼此独立的项目投资。

②相关性投资,是指当采纳或放弃某一项目(或方案)时,就必须采纳或放弃另一项目(或方案)的项目投资。如某建筑施工企业对建设某一工业生产厂房的投资和对相关生产设备的投资就属于相关性投资。

③互斥性投资,是指选择某一项目(或方案)投资就必须放弃另一项目(或方案)投资,也就是"非此即彼",在几个可行项目(或方案)中只能选其一。如某开发商在同一块土地上要么开发普通的高层住宅,要么开发高档别墅,要么开发写字楼,在这几个方案中只能选其一。

研究项目投资的分类,可以更好地掌握项目投资的性质和彼此之间的关系,有利于投资决策者抓住重点、分清主次。明确项目投资的分类,有利于企业投资决策者做出正确的决策。

4. 项目投资程序

(1)项目投资决策程序。

①确定投资目标。项目投资决策首先要弄清楚项目投资所要达到的目的或者要解决的问题。

②提出备选方案。项目投资目标确定以后,就要提出备选方案。有时只提出一个备选方案,有时可能提出多个备选方案。提出备选方案是项目投资决策的重要环节,决策分析就是建立在备选方案的基础之上的。

③搜集可计量信息。在提出备选方案后,要就每一方案尽可能多地搜集可计量的信息,如项目投资的未来现金流入量、流出量等。这些信息可以从本企业及其他企业以前同类或类似项目投资中获取,再根据具体情况进行适当的调整。

④比较分析。在完成信息搜集的基础上,选择并利用适当的项目投资评价方法,计算、分析各备选方案的相关评价指标,判断各备选方案是否可行。

⑤最终决策。在对各备选方案进行比较分析的基础上,充分考虑各种可计量和不可计量信息,最终提出最优方案。

(2)项目投资管理程序。

从项目整个寿命期来看,项目投资管理包括以下程序。

①项目机会研究。在项目识别、构思和设想阶段进行的研究称为机会研究,

它通过调查并预测企业资源、社会和市场来确定项目,选择最有利的投资机会。它可以分为一般机会研究和特定项目机会研究。

②编制项目建议书。

③项目可行性研究。

④项目评估。

⑤项目实施。

⑥项目后评价。

项目投资决策正是在对项目进行机会研究、可行性研究和评估的基础上进行的。

5. 项目投资决策应考虑的因素

(1) 货币时间价值。

固定资产投资金额大、投资回收期长。固定资产投资支出的资金既可能是一次性的,也可能是分期分次的。而这些投资支出将会在固定资产整个寿命期内分期分次逐渐收回。不同时间收付的资金其时间价值大小是不同的。因此,企业在进行固定资产投资决策时必须考虑货币时间价值的影响,即将不同时间所发生的资金收付按统一口径计算其时间价值,这样得出的结论才比较客观、可靠。

(2) 现金流量。

在投资决策中,无论是把资金投资在公司内部形成各种资产,还是投向企业外部形成联营投资,都要用特定指标对投资的可行性进行分析。这些指标的计算都是以投资项目的现金流量为基础的,因此,现金流量是评价投资项目(方案)是否可行时必须计算的一个基础性数据。

现金流量,是指在投资过程中,某一投资项目引起的现金流入或现金流出的数量。在投资决策分析中,"现金"是一个广义的概念,它不仅包括货币资金,也包括与投资项目相关的非货币性资产的变现价值。比如在进行某项目投资时,投入的是企业原有固定资产的价值,这时的"现金"就包含该固定资产的变现价值或重置成本。

项目投资决策中,之所以使用现金流量,是因为传统财务会计按照权责发生制原则计算并确定企业的收入和成本费用,并以收入减去成本费用后的利润作为收益,用来评价企业的经济效益。在长期投资决策中,则不能以按这种方法计算的收入和成本支出作为评价项目经济效益好坏的基础,而应以现金流入量作为项目的收入,以现金流出量作为项目的支出,以净现金流量作为项目的净收益,来评价投资项目的经济效益。投资决策之所以要以按收付实现制计算的现金流量作为评价项目经济效益的基础,是因为采用现金流量有利于科学地分析资金时间价值因素。科学的投资决策必须认真考虑资金时间价值,这就要求在决策分析时一定要弄清楚每笔收入款项和支出款项的具体时间,因为不同时间的资金具有不同的价值。在衡量方案优劣时,应根据各投资项目寿命期内各年的现金流量,按照资本成本,结合资金的时间价值来确定。而利润的计算并不考虑资金收付的时间,因为它是以权责发生制为基础的。

利润与现金流量的差异具体表现在以下5个方面。

①购置固定资产一次性付出大量现金时不计入成本,而是在未来投资寿命期内分次计入成本。

②在投资寿命期内将固定资产价值以折旧费的形式分次计入成本时不需要支付现金。

③在计算利润时不考虑垫支流动资金数量和回收时间。

④只要销售行为已经确定,就计入当期的销售收入,尽管可能其中一部分并未于当期收到现金。

⑤项目寿命终了时,以现金形式收回的固定资产残值和垫支流动资金在计算利润时不会被反映。

可见,要在投资决策中考虑时间价值因素,就必须采用现金流量而不是利润来衡量项目的优劣。采用现金流量才能使投资决策更加符合客观实际情况。

在长期投资决策中,采用现金流量能更科学、更客观地评价投资方案的优劣,而采用利润则明显存在不科学、不客观的成分,原因如下。

①利润计算没有一个统一的标准,在一定程度上受存货估价、费用分摊和折旧方法的影响。因而,利润的计算比现金流量的计算具有更大的主观性。

②利润反映的是某一期间的应计现金流量,而不是实际现金流量。若以未实际收到现金的收入作为收益,具有较大的风险,容易高估投资项目的经济效益。

(3)资本成本。

固定资产投资决策中的资本成本,是指为筹集投资所需资金而发生的成本。企业进行固定资产投资,必然需要大额资金,可能需从企业外部获取资金,如向银行借款、发行债券、发行股票等,企业必须向资金供应者支付利息或股利,并发生相关融资费用,这就是资本成本(或资金成本)。

资本成本是企业固定资产投资决策中应当考虑的一个重要因素。在固定资产投资决策中,资本成本是判断固定资产投资项目在财务上是否可行的一个"取舍率",即如果固定资产投资项目的实际投资报酬率高于资本成本,该项目可取;反之,如果固定资产投资项目的实际投资报酬率低于资本成本,则该项目应舍弃。资本成本是投资者通过投资项目的未来报酬才能得到补偿的,补偿后如有剩余,才能给企业带来新增利润。因此,资本成本是固定资产投资项目是否可行的最低投资报酬率标准,又称固定资产投资项目的"极限利率"。

(4)投资的风险报酬。

企业的固定资产投资项目,都存在一定程度的风险。风险与不确定性是联系在一起的。因此,企业进行任何投资,只要存在不确定性,就必然存在风险。也就是说,对于建筑施工企业而言,进行任何固定资产投资,风险都是客观存在的。

投资者都希望投资风险较小的项目。但是,由于企业在经营管理、财务运作、经营技巧等方面的需要,往往会寻求风险虽大但效益高的投资项目。投资回报高,其风险必然大;投资风险小,其回报必然低。因此,建筑施工企业在进行固定资产投资决策时,必须慎重考虑,既要考虑投资回报,又要考虑风险因素。

考虑投资风险因素后的预期投资报酬率超过未考虑投资风险因素的投资报酬率的差额部分,即为投资的风险报酬。从理论上讲,一个投资项目的预期投资报酬率由无风险报酬率(货币时间价值)、风险报酬率和通货膨胀率3部分组成,计算公式为:

预期投资报酬率=无风险报酬率+风险报酬率+通货膨胀率

如果不考虑通货膨胀因素,则:

预期投资报酬率=无风险报酬率+风险报酬率

4.2 测算项目投资现金流量

4.2.1 项目投资现金流量的含义

项目投资决策中的现金流量,按照现金流动的方向,可以分为现金流入量(用正号表示)、现金流出量(用负号表示)和净现金流量。在固定资产投资决策时应以现金流入量作为投资项目的收入;以现金流出量作为投资项目的支出;以现金流入量与现金流出量的差额,即净现金流量作为投资项目的净收益,并以此作为评价该投资项目经济效益的基本依据。若现金流入量大于现金流出量,则净现金流量为正值;反之,若现金流入量小于现金流出量,则净现金流量为负值。

4.2.2 影响现金流量的因素

确定项目投资的现金流量,就是在收付实现制的基础上,预计并反映现实货币资本在项目计算期内未来各年的收支运动的方向及数量的过程。在项目投资决策实务中,要说明一个具体项目投资的现金流量应当包括哪些内容并反映其具体数量,或者要回答应当怎样来确定现金流量的问题,并不是一件简单的事情,必须视特定的决策角度和现实的时空条件而定。影响项目投资现金流量的因素很多,主要体现在以下 4 个方面。

1. 不同项目投资之间存在的差异

在项目投资决策实务中,不同投资项目在项目类型、投资构成内容、项目计算期构成、投资方式和投资主体等方面均存在较大差异,因而也就可能有不同组合形式的现金流量,现金流量的内容也就千差万别。

2. 不同出发点的差异

即使同一项目投资,也可能有不同出发点的现金流量。例如,从不同决策者的立场出发,就有国民经济现金流量和财务现金流量之分;从不同的投资主体角度出发,就有全部投资现金流量和自有现金流量之分。

3. 不同时间的差异

由于项目计算期的阶段不同,各阶段的现金流量的内容也可能不同。不同的现金流入或现金流出发生时间也不同,如有的发生在年初,而有的则发生在年末,还有的在一个年度中均衡发生;有的属于时点指标,有的则属于时期指标。此外,固定资产的折旧年限与运营期也可能有差异。

4. 相关因素的不确定性

由于项目投资的投入物和产出物的价格、数量受到未来市场环境等诸多不确定性因素的影响,我们不可能准确预测出它们的未来变动趋势和发展水平,这就必然影响现金流量估算的准确性。

4.2.3 估算项目投资现金流量的假设

为克服项目投资决策实务中现金流量估算上的困难,简化现金流量的估算过程,在估算项目投资现金流量时,需要做出如下假设。

1. 项目投资的类型假设

假设项目投资只包括完整工业项目投资、单纯固定资产项目投资和固定资产更新改造项目投资 3 种类型。

2. 财务可行性分析假设

假设投资决策从企业投资者立场出发,投资决策者确定现金流量是为了进行项目投资的财务可行性分析研究,该项目已经具备技术可行性和国民经济可行性。

3. 项目投资假设

假设在确定项目投资现金流量时,站在企业自身立场上,考虑全部资金的运动情况,而不区分自有资金和借入资金等具体形式。即使存在借入资金,也将其作为自有资金对待(但在计算固定资产原值和项目总投资时,还需考虑建设期资本化利息因素)。在本假设下,项目的投资者就是企业,而不是企业的投资者。

4. 运营期和折旧年限一致假设

假设项目投资主要固定资产的折旧年限或使用年限与运营期相同。

5. 时点指标假设

为了便于考虑时间价值,不论现金流量所涉及的价值指标是时点指标还是时期指标,均假设为年末或者年初的时点指标。其中,项目建设所需投资均在建设期内年初或年末发生,流动资金投资则在年初发生;运营期内各年的收入、成本、折旧、摊销、利润、税金等的确认均在年末发生;项目最终报废或清理均在终结点发生(但更新改造项目除外)。在项目计算期数轴上,0 表示第 1 年初,1 表示第 1 年末或第 2 年初,余下以此类推。

6. 确定性因素假设

假设与项目投资现金流量有关的价格、产销量、成本、所得税率等因素均为已知常数。

7. 产销平衡假设

在项目投资决策中,假设运营期一年的生产量等于该年的销售量。在这一假设下,按成本项目计算的当年成本费用等于按费用要素计算的成本费用。

4.2.4 现金流量的内容

1. 完整工业项目投资的现金流量

完整工业项目投资(又称新建项目投资)是以新增工业生产能力为主的项目投资,其投资涉及内容比较广泛。

(1)现金流入量的内容。

现金流入量是指能够使项目投资的现实货币增加的项目,简称现金流入。完整工业项目投资的现金流入量主要包括以下内容。

①营业收入,即项目投资建成投产后每年实现的全部销售收入或业务收入,它是项目投资运营期主要的现金流入项目。

②补贴收入,即与项目投资运营期收益有关的政府补贴。

③回收固定资产余值,即项目投资的固定资产在终结点报废清理或中途变价转让处理时所回收的价值。

④回收流动资金,即新建项目在项目计算期完全终结时因不再发生新的替代投资而回收的原垫付的全部流动资金。

(2)现金流出量的内容。

现金流出量是指能够使项目投资的现实货币减少的项目,简称现金流出。完整工业项目投资的现金流出量主要包括以下内容。

①建设投资,即投资项目建设期内发生的主要现金流出量。

②流动资金投资,即投资项目中发生的用于生产经营期周转使用的营运资金投资,又称垫支流动资金。它是在项目投产前后分次或一次投放于流动资产项目的投资增加额。

③经营成本,即在投资项目建成投产后的项目运营期内,为满足正常生产经

营而动用现实货币资金支付的成本费用,又称付现的经营成本(简称付现成本),它是运营期内最主要的现金流出量项目。

④税金及附加,即在运营期内应缴纳的增值税、消费税、资源税、城市维护建设税和教育费附加。

⑤维持运营投资,即矿山、油田等项目为维持正常运营而需要在运营期投入的固定资产投资。

⑥所得税,即计算扣除所得税后的净现金流量时必须考虑的现金流出项目。

2. 单纯固定资产项目投资的现金流量

新建项目中的单纯固定资产项目,简称固定资产项目,是指只涉及固定资产投资而不涉及其他长期资产投资和流动资金投资的项目。它往往以新增生产能力、提高生产效率为目的。单纯固定资产项目投资的现金流量比完整工业项目投资简单。

(1)现金流入量的内容。

①增加的营业收入,即固定资产投入使用后每年增加的全部销售收入或业务收入。

②回收固定资产余值,即固定资产在终结点报废清理时所收回的价值。

(2)现金流出量的内容。

①固定资产投资。

②新增经营成本,即固定资产投入使用后的项目运营期内每年增加的经营成本。

③增加的税金及附加,即固定资产投入使用后的项目运营期内因收入增加而每年增加的增值税、消费税、资源税、城市维护建设税和教育费附加。

④增加的所得税,即固定资产投入使用后,因利润增加多缴纳的所得税。

3. 固定资产更新改造项目投资的现金流量

固定资产更新改造项目,简称更改项目,包括以全新的固定资产替换原有同型号的旧固定资产的更新项目和以新型号固定资产替换旧型号固定资产的改造项目两类。前者可以保证固定资产的生产效率,后者则可以改善企业的经营条件。总之,它们可以达到增产或降低成本的目的。固定资产更新改造项目投资的现金流量内容比完整工业项目投资简单,但比单纯固定资产项目投资复杂。

(1)现金流入量的内容。

①因使用新固定资产而增加的营业收入。

②处置旧固定资产的变现净收入。

③使用新固定资产节约的成本费用。

(2)现金流出量的内容。

①新固定资产的购置成本。

②使用新固定资产增加的成本费用。

4.2.5 项目投资现金流量的计算

1. 项目投资现金流量的构成

按照现金流量发生的时间,项目投资现金流量可以分为初始阶段现金流量、营业阶段现金流量、终结阶段现金流量。因为这种分类方法便于现金流量的计算,所以,一般在进行项目投资决策分析时,对现金流量的计算分析,往往是以这种分类方法为基础进行的。

(1)初始阶段现金流量。

初始阶段现金流量一般包括以下 6 个方面。

①投资前期费用,即正式投资之前为项目投资准备工作而花费的各种费用,主要包括勘察设计费、技术资料费、土地购置费以及其他费用。投资前期费用总额在综合考虑以上费用的基础上合理预测。

②设备购置费用,即为购买项目投资所需各项设备而花费的费用。企业财务人员应根据所需设备的数量、规格、型号、性能、价格水平、运输费用等预测设备购置费用。

③设备安装费用,即为安装各种设备所需的费用。设备安装费用主要根据需要安装设备的数量、安装的难度、安装的工程量、当地的建筑安装造价标准进行预测。

④营运资金的垫支。项目建成后,必须先垫支一定数量的营运资金,才能投入营运。营运资金的垫支一般要到项目寿命终结时才能收回,所以这种投资应看成长期投资而不是短期投资。

⑤原有固定资产的变价收入扣除相关税费后的净收益。变价收入主要是指固定资产更新时变卖原有固定资产所得的现金收入。

⑥不可预见费,即在投资项目正式建设之前不能完全估计到但又可能发生

的一系列费用,如设备价格的上涨、自然灾害的出现等。这些因素也要合理预测,以便给现金流量的预测留余地。

(2)营业阶段现金流量。

营业阶段现金流量一般以年为单位进行计算。在这个阶段,现金流入一般是指营业现金收入,现金流出一般是指营业现金支出和缴纳的税费。若一个投资项目每年的销售收入等于营业现金收入,付现营业成本等于营业现金支出,则每年营业现金净流量(NCF)可按如下公式计算:

$$\text{每年营业现金净流量(NCF)} = \text{年营业现金收入} - \text{年付现营业成本} - \text{所得税}$$
$$= \text{税后净利} + \text{年折旧费}$$

(3)终结阶段现金流量。

终结阶段现金流量主要包括以下内容。

①固定资产残值收入或变价收入(扣除须上缴的税费之后的净收入)。

②原有垫支在各种流动资产上的资金的回收。

③停止使用的土地的变价收入等。

2. 现金流量的估算

项目投资的投入、回收及利益的形成均以现金流量的形式表现,所以,在整个项目计算期的各个阶段,都有可能发生现金流量。企业必须逐年估算每一时点的现金流入量和现金流出量。

(1)现金流入量的估算。

①营业收入是经营期最主要的现金流入量,应根据项目在经营期内有关产品各年预计单价和预计销售量进行估算。

②补贴收入是与经营期收益相关的政府补贴,可根据按政策退还的增值税以及按销量或工作量分期计算的定额补贴和财政补贴等进行估算。

③终结点前一次回收的流动资金等于各年垫支的营运资金投资额的合计数。回收营运资金和固定资产余值统称为回收额,新建项目的回收额发生在终结点。

(2)现金流出量的估算。

①建设投资的估算。

固定资产投资是所有类型的项目投资在建设期必然会发生的现金流出量,应按项目规模和投资计划所确定的各项建筑工程费用、设备购置费用、安装工程费用和其他费用来估算。

无形资产投资和其他资产投资,应根据需要逐项按有关资产的评估方法和计价标准进行估算。

在估算构成固定资产原值的资本化利息时,可根据长期借款本金、建设期年数和借款利息率按复利计算,且假定建设期资本化利息只计入固定资产的原值。

②营运资金投资的估算。

在项目投资决策中,营运资金是指在运营期内长期占用并周转使用的资金。

某年营运资金投资额(垫支数)＝本年营运资金需用数－截至上年的营运资金投资额

＝本年营运资金需用数－上年营运资金需用数

本年营运资金需用数＝该年流动资产需用数－该年流动负债需用数

③付现成本估算。

付现成本,是指在经营期内为满足正常生产经营而动用货币资金支付的成本费用。付现成本是所有类型的项目投资在经营期都要发生的主要现金流出量,它与融资方案无关。其估算公式如下:

某年付现成本＝该年外购原材料、燃料和动力费＋该年工资及福利费＋该年修理费＋该年其他费用

＝该年不包括财务费用的总成本费用－该年折旧额－该年无形资产和开办费的摊销额

式中,该年其他费用是指从制造费用、管理费用和销售费用中扣除了折旧费、摊销费、材料费、修理费、工资及福利费后的剩余部分。

3. 估算现金流量存在的困难

在项目投资的分析过程中,最重要也最难的一个环节就是估算现金流量。

首先,现金流量受到企业内外部众多因素的影响,并且这些因素在不断变化。企业的现金流量是企业整体生产运营情况的综合反映,也就是说能影响生产经营的因素都会对现金流量产生影响。外部因素包括政治因素、经济因素、社会因素和技术因素等。内部因素包括企业的经营管理、生产流程再造、成本控制、营销策划等。只要上述因素中的一项或几项发生变化,就可能对现金流量产生重大影响。因此,估算现金流量要综合考虑众多因素的影响,这不是一件容易的事。

其次,现金流量的估算以对多种变量的估计为基础,例如售价、销售量、成本费用额、资本成本等。对于这些变量的估计也受到很多因素的影响,并且需要大

量的主观判断,要对这些变量在较长时间内进行尽可能准确客观的估算非常困难。

再次,估算现金流量需要公司众多部门的参与,如销售部门、生产部门、计划部门、会计部门等。这些部门中有些是估算现金流量的直接责任部门,有些为估算现金流量提供相关资料。这些部门在参与的过程中,也会进行一定的主观判断和估计,他们是否采用一致的前提和假设,会对现金流量的估算产生影响。因此,有效地协调各部门进行现金流量估算是一件重要而不简单的事。

上述内容只是导致现金流量难以准确估算的一部分原因,还有很多其他原因,有些是可以预料到的,有些是预料不到的。因此,在实际工作中,估算现金流量是项目投资分析过程中最耗时耗力的一个环节。

4. 估算现金流量应注意的问题

在估算与投资项目相关的现金流量时,应遵循的最基本原则是:只有增量现金流量才是与项目相关的现金流量。增量现金流量,是指采纳或拒绝某个投资项目后,企业总现金流量因此而发生的变动。只有那些由于采纳某个项目引起的现金支出增加额,才是项目的现金流出量;只有那些由于采纳某个项目引起的现金流入增加额,才是项目的现金流入量。

为了正确计算投资项目的增量现金流量,要正确判断哪些支出会引起企业总现金流量的变动,哪些支出不会引起企业总现金流量的变动。在进行这种判断时,要注意以下5个问题。

(1)区分相关成本和非相关成本。

相关成本是指与特定决策相关的、在分析评价时必须加以考虑的成本,如差额成本、未来成本、重置成本、机会成本等。与此相反,与特定决策无关的,在分析评价时不必加以考虑的成本是非相关成本,如沉没成本、账面成本等。

(2)不要忽视机会成本。

在投资项目的选择中,如果选择了一个投资项目,则必须放弃投资于其他项目的机会。其他投资机会可能取得的收益是选择本项目的代价,被称为这个投资项目的机会成本。

机会成本不是通常意义上的成本,它不是一种支出或费用,而是失去的收益。这种收益不是实际发生的,而是潜在的。机会成本总是针对具体项目的,脱离被放弃的项目就无从计量。机会成本在决策中的意义在于,它有利于全面考虑可选择的各种项目,以便为既定资源寻求最有利的使用途径。

(3)要考虑投资项目对公司其他项目的影响。

采纳一个新的项目后,该项目可能对公司的其他项目造成有利或不利的影响。例如,新能源项目的产品上市后,原有项目产品的销售量可能减少,而且整个公司的销售额可能不增加反而减少。因此,在进行投资分析时,不应该将新能源项目的销售收入作为增量收入处理,而应扣除原有项目产品因此减少的销售收入。

当然,也可能发生相反的情况,即新项目产品上市后促使原有项目产品销售量增长。这取决于新项目和原项目是竞争关系还是互补关系。此类交互影响事实上很难准确计量。决策者在进行决策分析时要将其考虑在内。

(4)要考虑投资项目对净营运资金的影响。

在一般情况下,当公司开办一项新业务并使销售额增加后,对于存货和应收账款等经营性流动资产的需求也会增加,公司必须筹措新的资金以满足这种额外需求;另一方面,应付账款与一些应付费用等经营性流动负债也会增加,从而减少公司流动资金的实际需求。

当投资项目的寿命期快要结束时,公司将与项目有关的存货出售,应收账款变为现金,应付账款也随之偿付,净营运资金恢复到原有水平。通常在进行投资分析时,假定开始投资时筹措的净营运资金在项目结束时收回。

(5)现金流量的估算应由企业内不同部门的人员共同参与。

项目投资涉及面广、影响深远,所以需要由企业内部的众多部门和人员参与估算投资现金流量。例如,一般由销售部门负责对产品售价和销量进行预测,他们根据所掌握的市场情况、经济形势、消费趋势、广告效果、产品价格弹性以及竞争对手的情况等资料进行预测;项目工程师和技术及产品开发部门负责对厂房建造、设备购置、产品研制等资本支出进行预测;投资项目的运营成本多由采购部门、生产部门、劳资部门和会计部门负责估计,财务部门要为各部门的预测、估计建立共同的基本假设条件,如物价水平折现率、可供资源的限制条件等。

5. 所得税对现金流量的影响

在决策分析中,预测的是税后现金流量。因此,所得税支出是现金流出。此外,企业发生的费用支出,会使所得税支出减少。发生的费用支出产生减少所得税税负的作用,即税收抵免作用。当判断某项费用支出对企业现金流量的影响时,还应考虑其税收抵免作用。所得税的大小取决于利润大小和税率高低,而折旧是影响利润大小的重要因素。因此,讨论所得税的问题必然会涉及折旧问题。

(1)所得税对投资现金流量的影响。

投资现金流量包括投资在固定资产和流动资产上的资金两部分。投资于流动资产的资金一般在项目结束时全部收回,不涉及企业的损益,所以不受所得税的影响。如果企业以原有设备进行固定资产投资,在估算投资现金流量时,一般以该设备的变现价值作为现金流出量。此外,还必须注意企业由此而可能支付或减免的所得税。

(2)所得税对营业现金流量的影响。

缴纳所得税是企业的一项现金流出。这作为一项成本,在计算净利润时已作扣除,但是它无须支付现金,因此可以将它作为现金流入量。扣除了所得税以后的费用净额称为税后成本。与税后成本相对应的概念是税后收入。企业实际得到的现金流入量是税后收入。如果不计提折旧、支付各种费用,企业的所得税将会增加许多。

(3)所得税对项目终止阶段现金流量的影响。

项目终止阶段现金流量包括固定资产的残值收入和营运资金的收回。营运资金的收回不涉及利润的增减,所以不受所得税的影响。固定资产的残值收入如果等于预定的固定资产残值收入,那么也不受所得税的影响。如果两者不等,它们之间的差额会引起企业的利润增加或减少,在计算现金流量时,就要考虑这部分的影响。

4.3　特殊情况下的项目投资决策

4.3.1　风险和不确定性条件下的项目投资决策

项目投资涉及的时间比较长,在未来各个时期内往往存在很多不确定性因素,存在着不同程度的风险,所以需要通过一定的方法对可能存在的风险程度进行估量。考虑了影响投资项目的不确定性因素的投资决策称为不确定性投资决策,又称风险投资决策。不确定性投资决策方法主要包括期望值决策法、风险因素调整法、决策树分析法、敏感性分析法、盈亏平衡分析法、场景概况分析法以及蒙特卡罗模拟分析法等方法。

1. 期望值决策法

期望值决策法(又称概率决策法),是在不确定条件下进行投资决策的方法。

它以用概率分析法确定的投资项目期望现金流量作为实际值的代表,计算项目投资决策指标的期望值的大小。运用期望值决策法,首先要计算投资项目的期望现金流量,即现金流量的期望值。其次,利用项目期望现金流量计算项目的期望净现值,以表明其收益水平。因为风险已经体现在现金流量上,在选择折现率时就不用考虑风险因素,所以计算期望净现值所用的折现率是无风险报酬率。最后,计算现金流量的标准离差和变化系数,以表明投资项目的风险程度。

标准离差和变化系数的大小表明投资项目的风险程度,在其他条件相同的情况下,一个投资项目的标准离差和变化系数越大,风险也就越大。

2. 风险因素调整法

为了有效地考虑风险对投资价值的影响,可以按照投资项目风险的大小适当地调整折现率或投资项目的净现金流量,再按照确定性的情况进行投资分析。风险因素调整有两种基本方法:一是风险调整折现率法;二是风险调整现金流量法。前者根据项目的风险程度调整净现值模型的分母;后者根据项目的风险程度调整净现值模型的分子。

(1)风险调整折现率法。

将特定投资项目的风险报酬,加入资本成本或企业要求达到的报酬率中,构成按风险调整的折现率,并据此进行投资决策分析的方法,叫作风险调整折现率法。风险调整折现率法是更为实际、更为常用的风险处置方法。这种方法的基本思路是对高风险的项目采用较高的折现率计算净现值。

按风险调整的折现率有如下几种确定方法:

①用资本资产定价模型来调整折现率;

②按投资项目的风险等级来调整折现率,即对影响投资项目的各种风险因素进行评分,根据评分来确定风险等级;

③按投资项目的类型调整折现率。

有些企业为经常发生的特定类型的风险,预先根据经验按风险大小规定了高低不等的折现率,以供决策之需。

将企业的常规项目进行适当分类,并按风险越高则风险调整折现率越高的规律明确各类项目的折现率,操作较为简单。

按风险调整折现率以后,具体的评价方法与无风险时基本相同。这种方法,对风险大的项目采用较高的折现率,对风险小的项目采用较低的折现率,简单明了、便于理解,因此被广泛采用。但这种方法把时间价值和风险价值混在一起,人为地假定风险一年比一年大,这是不合理的。

(2)风险调整现金流量法。

风险的存在使得各年的现金流量变得不确定,为此,要按风险情况对各年的现金流量进行调整。这种先按风险调整现金流量,然后进行决策的方法,称为风险调整现金流量法。其具体调整方法有很多,最主要的是肯定当量法。即先按风险程度调整投资项目的预期现金流量,然后用一个系数(通常称为肯定当量系数)把有风险的现金流量调整为无风险的现金流量,最后利用无风险折现率来评价不确定性投资项目。其次是风险调整贴现率法。

肯定当量法和风险调整贴现率法的主要区别在于:肯定当量法直接调低项目的预期税后现金流量(CFAT);风险调整贴现率法并不调低项目的预期税后现金流量,而是调高所要求的回报率,以此来补偿超额风险。两种方法都能降低项目的净现值。两种方法的计算步骤如下。

①肯定当量法。

第一步:用肯定当量系数乘以预期税后现金流量(CFAT),以消除现金流量中的风险,从而算出无风险现金流量。

第二步:用无风险贴现率贴现等价无风险现金流量。

第三步:采用资本预算标准分析项目。注意:采用差额内部收益率法分析项目时,应把项目的内部收益率与无风险收益率进行比较,而不是与公司所要求的收益率进行比较。

②风险调整贴现率法。

第一步:根据风险调整贴现率。

第二步:用按风险调整后的贴现率贴现预期现金流量。

第三步:采用资本预算标准分析项目。注意:采用内部收益率法分析项目时,应把项目的内部收益率与风险调整贴现率进行比较,而不是与公司所要求的收益率进行比较。

风险调整贴现率法暗示风险随着时间的推移而增大,对未来较远时期的现金流量采用的贴现率更高。尽管这个假设不一定正确,但还是有必要理解和认真对待它。只要使用得当,两种方法均可有效地处理风险。但在实际项目投资决策中,处理风险最常用的方法是风险调整贴现率法。因为肯定当量法更依赖于决策分析人员的主观感觉和经验。

3. 决策树分析法

决策树分析法,又称网络分析法。它是在事件发生概率的基础上,使用简单的树枝图形,明确说明投资项目各方案的情况,完整反映决策过程的一种决策方法。这种方法适用于长期或分阶段的投资决策问题。不确定性项目投资的一大特征是分阶段投资,各阶段的决策互相关联和影响,所以需要应用该方法。

应用决策树分析法基本有两个阶段,首先根据决策目标从左向右分析作图;然后从右向左逐步分析判断,进行项目决策。主要步骤如下。

(1)画出决策树图形。

决策树图形将对某个决策的分析和计量过程反映出来,主要包括以下4个部分。

①决策点。它是对方案进行选择的结果,即最后选择的方案,一般以方框表示。

②方案枝。它是以决策点为起点向右延伸的若干条直线,一条直线代表一种备选方案。

③机会点。代表各备选方案的经济效果,是方案直线末端的圆圈。

④概率枝。代表各备选方案不同自然状态的概率,是以机会点为起点向右延伸的若干条直线。

(2)预计各种状态可能发生的概率 P。

(3)计算期望值。

(4)选择最佳方案。分别将各方案期望值总和与投资总额之差标在机会点上方,并对各机会点的备选方案进行比较,选择收益最大的方案为最佳方案。

4. 敏感性分析法

大部分项目投资决策分析都是对未来现金流量和收益的预期,而这种预期是在确定的"基础状态"下进行的分析和预测,如果组成"基础状态"的因素发生变动,那么会对项目投资决策的结果产生什么样的影响呢?敏感性分析(sensitivity analysis)是衡量不确定性因素的变化对项目投资评价指标,如净现值(NPV)、内部收益率(IRR)等的影响程度的一种分析。它主要分析项目投资评价的主要指标(如净现值、内部收益率等)对各主要因素的变化的敏感程度以及各主要因素的允许变动幅度、临界值等。如果某因素发生较小范围的变化却引起项目投资决策评价主要指标发生较大变动,则表明项目投资决策指标对该因素的敏感性强;反之,如果某因素发生较大范围的变化却引起项目投资决策评价主要指标发生较小变动,则表明项目投资决策指标对该因素的敏感性弱。

对项目投资进行敏感性分析的基本步骤如下。

①确定具体的评价指标作为敏感性分析的对象,如净现值、内部收益率(IRR)等。

②选择不确定性因素。影响项目投资评价结果的因素很多,进行敏感性分析时一般选择对项目投资的收益影响较大且自身不确定性较大的因素。

③对所选中的不确定性因素分好、中、差(或乐观、正常、悲观)等情况,做出估计。

④估算出基础状态(正常情况)下的评价指标数值。

⑤改变其中的某一影响因素,并假设其他影响因素保持基础状态,估算对应的评价指标数值。

⑥以正常情况下的评价指标数值作为标准,分析其对各种影响因素的敏感程度,进而对项目投资的可行性做出分析。

4.3.2 其他特殊情况下的项目投资决策

1. 互斥方案的决策

在多个互斥方案的比较中,一般情况下可以利用投资回收期、投资报酬率、净现值、内含报酬率及获利指数等方法做出正确的决策。但当各方案的投资总额或寿命期不同时,仅利用上述指标就可能做出错误的决策。

当备选方案的投资总额或寿命期不相同时,决策的目的是要保证投资年收益最大。这时,可以采用差额投资内含报酬率法或年均净回收额法进行决策,后一种方法尤其适用于对寿命期不同的多方案进行比较决策。

(1)差额投资内含报酬率法。

差额投资内含报酬率法适用于项目寿命期相同但原始投资额不同方案的比较。它在计算出不同方案的差量净现金流量的基础上,再计算出差额内含报酬率(使差额现金流量的净现值为零时的折现率),并据此判断方案优劣。采用该方法时,当差额内含报酬率指标大于或等于基准报酬率或设定的折现率时,原始投资额大的方案较优;反之,则投资额小的方案较优。

(2)年均净回收额法。

年均净回收额法是指根据所有投资方案的年均净现值大小来选择最优方案的决策方法。

年均净回收额的计算公式为:

$$年均净回收额 = NPV \div (P/A, i, n)$$

式中,NPV 为方案的净现值;i 为折现率或基准报酬率;n 为项目寿命期;$(P/A, i, n)$ 为年金现值系数。

采用这种方法时,所有方案中年均净回收额最大的方案即最优方案。

2. 资本限量决策

资本限量决策是指在企业投资资金数额已定的情况下所进行的投资决策。尽管存在很多有利的投资项目,但由于企业无法筹集到足够的资金,只能在预算限额内进行决策。例如,大公司的一个部门只能在某一个特定的预算限额之内进行投资,超过此上限则该部门无决策权。资本限量决策的目标:在预算限额内选择能提供最大净现值的投资方案组合,并争取将预算限额全部用完。在进行资本限量决策时,管理人员应该同时考虑几个期间。因为有些项目早期可以产生大量的现金净流量,这些现金净流量可以减少早期的预算限制,为其他方案融通资金。实践中,如果项目是可拆分的,可将方案根据获利指数由高到低的顺序排列来组合;如果项目是不可拆分的,就要选取能产生最大净现值的方案组合。

3. 固定资产更新决策

固定资产更新是对技术上或经济上不宜继续使用的旧资产,用新的资产更换,或用先进的技术进行局部改造。固定资产更新决策主要研究两个问题:①决定是否更新;②决定选择什么样的资产来更新。

更新决策不同于一般的投资决策。通常,资产更新并不改变企业的生产能力,不会增加企业的现金流入量,主要产生现金流出量,这样就不能用贴现现金流量指标进行分析评价,而必须采取其他方法。如果新旧资产的投资寿命期不相等,分析时主要采用平均年成本法,以平均年成本较低的方案作为较优方案;若新旧资产投资寿命期相等,可采用差额分析法,先求出对应项目的现金流量差额,再用净现值法或内含报酬率法对差额进行分析、评价。

(1)平均年成本法。

固定资产的平均年成本是指该资产引起的现金流出量的年平均值,即平均每年的现金流出量。如果不考虑资金的时间价值,它是未来使用年限内的现金流出量总额与使用年限的比值;如果考虑资金的时间价值,它是未来使用年限内现金流出量总现值与年金现值系数的比值。

在使用平均年成本法时要注意两点:①平均年成本法把继续使用旧资产和购置新资产看成两个互斥的方案,而不是一个更换资产的特定方案,因此不能将旧资产的变现价值作为购置新资产的现金流入量;②平均年成本法的假设前提是将来再更换资产时,可以按照原来的平均年成本找到可代替的资产。

(2)差额分析法。

在新、旧资产投资寿命期相同的情况下,一般运用差额分析法来计算两个方案(出售旧资产并购置新资产和继续使用旧资产)的现金流量之差以及净现值差额,如果净现值差额大于零,则购置新资产,否则继续使用旧资产。

4. 投资开发时机决策

项目的净现值是正的,并不代表应立即投资,也许在将来某个时间投资能产生更大的价值。类似的,当前净现值为负值的项目也许等待一段时间,就能变成有价值的投资项目。因此,任何项目都有相互排斥的两种选择:立即行动或者等待时机。

4.4 项目投资决策评价指标与方法

4.4.1 投资决策评价指标及其分类

项目投资决策就是对各个方案进行可行性评价以及对各个可行方案进行分析和评价,并从中选择最优方案的过程。在分析与评价时需要运用一些专门评价指标和评价方法,这就是项目投资决策评价指标和评价方法。项目投资决策评价方法比较多,一般而言,按是否考虑资金时间价值可以分为两大类:非贴现现金流量法和贴现现金流量法。

1. 投资决策评价指标

投资决策评价指标是指用于衡量和比较投资项目可行性,以进行方案决策的定量化标准。它主要包括静态投资回收期、动态投资回收期、投资收益率、净

现值、净现值率、获利指数、内含报酬率等。

2. 投资决策评价指标的分类

按照是否考虑资金的时间价值,投资决策的评价指标可分为两类:一类是折现指标,即考虑了时间价值的指标,主要包括净现值、净现值率、获利指数、内含报酬率和动态投资回收期等;另一类是非折现指标,即没有考虑时间价值的指标,主要包括静态投资回收期、投资收益率等。

按数量特征分类,投资决策的评价指标可分为正指标和负指标。正指标意味着指标值的大小与投资项目的好坏呈正相关关系,即指标值越大,该项目越好,越值得投资,如投资收益率、净现值、获利指数、内含报酬率。负指标意味着指标值的大小与投资项目的好坏呈负相关关系,即指标值越小,该项目越好,越值得投资。如静态投资回收期和动态投资回收期。

4.4.2 非贴现现金流量法

非贴现现金流量法又称非折现现金流量法、静态评价法,是指在进行固定资产项目投资决策评价时,不考虑资金时间价值,对项目现金流量不折现,从而对固定资产投资项目经济效益做出评价的方法,主要包括静态投资回收期法、平均投资报酬率法等。

1. 静态投资回收期法

(1)静态投资回收期的概念及特点。

静态投资回收期,就是不考虑资金时间价值,回收全部投资所需时间。它是反映项目在财务上投资回收能力的指标,代表回收全部投资所需时间。

静态投资回收期越短,资金回笼越快,项目受未来不确定性因素的影响就越小,对项目投资方案越有利。在项目投资评价过程中,当项目静态投资回收期短于基准回收期时,该项目在财务上才是可行的;若是对多个可行方案进行择优,则静态投资回收期越短的方案越优。

(2)静态投资回收期法的优缺点。

其优点在于,静态投资回收期的概念容易理解,计算也比较简单。但其缺点也是显而易见的:①忽视了资金时间价值;②没有考虑回收期以后的现金流量状况。在企业项目投资实务中,往往一些战略性项目投资前期收益较低而后期收益较高。采用静态投资回收期法评价项目投资可能会导致决策者急功近利。

因此,静态投资回收期法仅仅作为辅助方法使用,主要用于评价项目投资的流动性而非盈利性。

2. 平均投资报酬率法

平均投资报酬率(average rate of return,ARR),是指项目投资寿命期内平均的年投资报酬率,是年均投资报酬与原始投资额的比值。根据对年均投资报酬和原始投资额的定义不同,该指标有多种计算方法。其中,最常用的计算公式为:

$$平均投资报酬率(ARR) = \frac{年平均现金流量}{原始投资额} \times 100\%$$

平均投资报酬率指标可以表示一个项目投资的盈利性。在进行项目投资决策时,一般会根据企业的基本情况确定一个要求达到的必要报酬率,在利用年均投资报酬率指标进行项目投资决策时,只要平均投资报酬率高于必要报酬率,该项目就可以接受;若对多个可行方案进行比较,平均投资报酬率越高的方案越优。

4.4.3 贴现现金流量法

贴现现金流量法,又称折现现金流量法、动态法,是指在进行项目投资决策评价时,要考虑资金时间价值,对项目现金流量按照一定的折算系数折现,从而对投资项目经济效益做出评价的方法,主要包括净现值法、净现值率法、获利指数法、动态投资回收期法及内部收益率法等。

1. 净现值法

净现值(NPV,绝对数指标),是指投资项目的未来现金流入量的现值与所需投资额的现值之间的差额。所有未来现金流入量和现金流出量都要按照一定的折算系数折算为现值,再计算它们的差额。若净现值大于0,说明该项目投资的报酬率大于投资者期望的投资报酬率,该项目投资能够为企业带来财富,可行;若净现值为0,说明该项目投资的报酬率等于投资者期望的投资报酬率;若净现值小于0,说明该项目投资的报酬率小于投资者期望的投资报酬率,该项目投资会使企业的财富减少,不可行。

净现值法的基本原理在于,任何企业进行项目投资,总是希望投资项目未来的现金流入量能够超过现金流出量,从而获得投资报酬。但是,作为投资项目,其特点在于投资寿命期长,现金流入量和现金流出量在时间上和数量上是不相同的。因此,不能将其现金流入量和现金流出量进行简单的比较,而是要将其现金流入量和现金流出量均按一定的折算系数(贴现率或折现率)折算成现值,再进行比较,其差额即净现值。由于净现值法将不同时间的现金流入量和现金流出量先折现再进行比较,考虑了资金的时间价值,使发生在不同时间的现金流量具有了可比性。

净现值的计算结果有 3 种情况:净现值大于零、净现值等于零和净现值小于零。若净现值大于零或等于零,说明该方案(项目)的实际投资报酬率大于或等于投资者的预期投资报酬率(或资金成本),方案(项目)可行;反之,若净现值小于零,说明该方案(项目)的实际投资报酬率低于投资者的预期投资报酬率(或资金成本),方案(项目)不可行。在其他条件相同的情况下,净现值越大的方案(项目)越好。

采用净现值法进行固定资产投资项目评价的步骤一般如下。

(1)测算各个投资项目(方案)各年的现金流入量和现金流出量。

(2)确定各个投资项目(方案)的折算系数(以贴现率为例)。贴现率的确定方法如下:

①以实际发生的资金成本作为贴现率;

②以投资者的预期投资报酬率作为贴现率;

③以同行业同类项目(方案)的平均投资报酬率或先进投资报酬率作为贴现率。

(3)按贴现率,分别将每年的现金流入量和现金流出量按复利方法折算为现值。

(4)将现金流入量的现值与现金流出量的现值进行比较,确定净现值,若净现值大于或等于零,项目(方案)可行;若净现值小于零,则项目(方案)不可行。

2. 净现值率法

净现值率(相对数指标)是项目净现值与总投资的现值之比。用公式表示为:

$$净现值率 = \frac{项目净现值}{总投资的现值} \times 100\%$$

利用净现值率法进行决策时,只要项目的净现值率为正,就意味着该项目能为公司带来财富,在财务上是可行的。如果存在多个互斥项目,应选择净现值率为正且最大的项目。

3. 获利指数法

(1) 获利指数法的含义。

所谓获利指数,是指项目未来投资报酬现值总和与项目投资额之比。获利指数大于1,说明该项目可行。获利指数越高,说明项目未来收益越好;反之,则说明收益越差。如果获利指数小于1,则说明该项目收不抵支,必须放弃。

获利指数法就是分别对各项目进行评估,通过计算加权平均获利指数,确定最佳投资项目组合的方法。

(2) 获利指数法的步骤。

① 分别计算各项目获利指数,计算公式为:

$$获利指数 = \frac{项目未来投资报酬现值总和}{项目投资额}$$

② 根据计算结果,舍弃获利指数小于1的项目。

③ 在资本约束条件下,如资本无法满足所有项目时,应在资本限量范围内进行项目组合,并分别计算各种不同项目组合的加权平均获利指数。

④ 选择加权平均获利指数最大的项目组合为最佳投资项目组合。

4.4.4 项目投资决策评价方法的比较

静态投资回收期法比较容易理解,计算简便,可以表示项目风险的大小。但是它没有考虑投资回收期后期的收益,有可能把后期效益好、整体项目效益也不错的项目舍弃,进而导致决策错误。平均投资报酬率法易懂易算,能够反映项目的盈利水平,与静态投资回收期法相比,它能够全面考察项目整个寿命期内的现金流量。但是,作为非折现评价方法,它们都存在一个致命的缺陷,就是未考虑资金的时间价值。因此,一般在决策过程中,只将其作为辅助评价方法。例如,静态投资回收期法主要用于评价项目的流动性而非营利性。

净现值法具有广泛的适用性,在理论上也比其他方法更完善,是目前应用最多的一种投资决策评价方法。此法考虑了资金的时间价值,能够反映各种投资方案的净收益。应用净现值法的主要问题是如何确定折算系数,一种办法是根据资本成本来确定,另一种办法是根据企业要求的最低资金利润率来确定。尽管净现值法应用最多,但是它也存在着不能揭示各个投资方案本身可能达到的实际报酬率的缺陷。

净现值率法适用于投资额相等或相差不大的互斥方案之间的比较。它是相对指标,反映了单位投资现值所能实现的净现值的大小。对于独立方案,净现值率说明了项目运用资金的效率,便于同行业之间的比较。

获利指数法的主要优点是可以进行独立投资机会获利能力的比较。如果项目之间是互斥的,当然选择净现值大的项目。如果项目是独立的,可以根据获利指数来确定应优先予以考虑的项目。获利指数可以看成1元原始投资可能获得的净现值收益。它是一个相对数指标,反映投资的效率;而净现值指标是绝对数指标,反映投资的效益。

第 5 章 利润及其分配管理

利润是企业在一定期间内生产经营活动的最终成果,也就是收入与成本、费用相抵后的余额。如果收入小于成本、费用,表现为企业亏损。

企业财务管理的目标是实现企业价值最大化,这就要求在考虑风险因素的同时,不断提高企业的盈利水平,增强企业的盈利能力,以获得最大的利润。

5.1 利润的作用和构成

5.1.1 企业利润的作用

做好利润管理,不断提高企业的盈利水平,不论对企业还是对国家、对企业投资者,都具有十分重要的意义。企业利润的作用,主要表现在以下几个方面。

1. 利润是实现企业财务管理目标的重要保证

企业财务管理的目标是实现企业价值最大化,也就是要通过合理生产经营,采用最优的财务决策,在考虑资金时间价值和风险价值的情况下,不断增加企业积累,使企业价值最大化。这一目标的实现,主要取决于以下两个方面:一是要不断提高企业的盈利水平;二是要不断降低企业的财务风险和经营风险。因此,在考虑财务、经营风险的同时,不断提高企业的盈利水平,增加企业的投资收益率,以获得最大的利润是实现企业财务管理目标的重要保证。

2. 利润是企业自我发展的资金来源

在市场经济条件下,企业要在市场竞争中取胜并获得更好的发展,必须不断增加财力。企业发展需要的大量资金,不可能完全是债务资金。因为债务资金的获得,要以有相应数量的自有资金为前提,没有一定数量的自有资金,是不可能从债权人处获得大量债务资金的。增加企业自有资金的根本途径,是不断提高企业的盈利水平。因此,企业只有增加利润,才能保证扩大再生产的资金需求,使企业获得更好的发展。

3. 利润是投资者获得投资回报的前提

投资者向企业投入资金,是为了获得投资回报,取得比银行存款利息更多的收益。而投资回报只有在企业收入大于成本、费用,有盈利的前提下,才能通过分配的利润或股利获得。因此,企业只有不断提高盈利水平,才能拿出更多的资金用于利润的分配,使投资者获得更多的投资回报。

4. 利润是保证社会正常活动的必要条件

在国民经济中,除了直接从事物质资料生产、流通的部门以外,还必须有行政、国防、文教卫生等部门。这些部门不生产物质资料,其开支主要依靠物质资料生产、流通部门上缴的税金来解决。国家通过财政预算,把企业利润的一部分以所得税等形式集中起来,形成社会消费基金,然后将它用于行政、国防、文教卫生等部门的支出。增加企业利润,为国家多上缴税金,可以保证社会正常活动,加强精神文明建设。

5.1.2 企业利润的构成

施工企业利润是企业施工生产经营成果的集中体现,也是衡量企业施工经营管理业绩的主要指标。过去,我国对利润及其构成缺乏规范化的规定,各企业计算利润的方法也存在较大的差别。这不仅不利于财税部门对企业利润的监督,也不利于对利润指标的汇总和比较。现在,我国已经在施工企业财务制度中,对利润的构成进行了统一的规范。

施工企业利润总额是企业在一定时期内盈利的总额。它由营业利润、营业外收支净额两个部分构成。其计算可用以下公式表示:

利润总额=营业利润+营业外收入-营业外支出

1. 营业利润

施工企业营业利润是企业在一定时期内的工程结算利润、其他业务利润、公允价值变动收益、投资净收益减去管理费用、财务费用、资产减值损失后的余额,营业利润的计算可用以下公式表示:

营业利润=工程结算利润+其他业务利润-管理费用-财务费用-
资产减值损失+公允价值变动收益+投资净收益

(1)工程结算利润。

工程结算利润是施工企业在一定时期内工程结算收入减去工程结算成本和工程结算税金及附加后的余额。工程结算利润的计算可用以下公式表示：

工程结算利润＝工程结算收入－工程结算成本－工程结算税金及附加

施工企业的工程结算收入是指已完工程或竣工工程向发包单位结算的工程款收入。对按月结算工程价款的企业，即在月终按已完分部分项工程结算确认的工程款收入。对分段结算工程价款的企业，即按工程形象进度划分的不同阶段（部位）分段结算确认的工程款收入。对竣工后一次结算工程价款的企业，即在单项工程或建设项目全部建筑安装工程竣工以后结算确认的工程款收入。工程结算收入除包括承包工程合同中规定的工程造价外，还包括因合同变更、索赔、奖励等形成的收入。在执行合同过程中，由于合同工程内容或施工条件变更、索赔、奖励等形成的追加收入，须经发包单位签证同意以后，才能构成施工企业的工程结算收入。

工程结算成本是施工企业为取得当期工程结算收入而发生的工程施工成本，包括工程材料费、人工费、机械使用费、其他直接费和分摊的间接费用。

工程结算税金及附加包括按工程结算收入计征的增值税及按增值税计征的城市维护建设税和教育费附加。

(2)其他业务利润。

施工企业的其他业务利润是企业在一定时期内除了工程施工业务以外其他业务收入减去其他业务成本和经营税金及附加后的余额。其他业务利润的计算可用以下公式表示：

其他业务利润＝其他业务收入－其他业务成本－经营税金及附加

施工企业的其他业务收入，主要包括产品销售收入、材料销售收入、固定资产出租收入等。其中产品、材料销售收入，应在发出产品、材料，同时收讫货款或取得索取货款凭证时确认。固定资产出租收入，应按出租方与承租方签订合同或协议中规定的承租方付款日期和金额确认。

其他业务成本是施工企业为取得当期其他业务收入而发生的与其相关的成本，主要包括产品销售成本、材料销售成本、固定资产出租成本等。其中，产品、材料销售成本是指销售产品、材料的生产成本或采购成本。固定资产出租成本是指为出租固定资产计提的折旧费和发生的修理费。

经营税金及附加包括按其他业务收入计征的增值税及按增值税计征的城市维护建设税和教育费附加。

(3) 管理费用。

施工企业的管理费用是指企业行政管理部门（即公司总部）为管理和组织经营活动所发生的各项费用。为了划清施工生产单位与企业行政管理部门的施工生产经营责任，管理费用不计入施工生产成本，而直接由企业当期利润补偿。目前施工企业管理费用的内容，除了因管理和组织经营活动所发生的行政管理人员工资、职工福利费、折旧费、修理费、低值易耗品摊销额、办公费、差旅交通费、工会经费、职工教育经费、劳动保护费、董事会费、咨询费、审计费、诉讼费、税金、土地使用费、技术转让费、技术开发费、无形资产摊销额、开办费、业务招待费等以外，还包括近年政府和有关部门规定必须缴纳的诸如工程排污费、社会保险费（包括为职工缴纳的基本养老保险费、失业保险费、基本医疗保险费、生育保险费、意外伤害保险费）、住房公积金和工程定额测定费，也就是住房和城乡建设部在《建筑安装工程费用项目组成》中所说的"规费"。这些费用是施工企业从事施工经营必须缴纳的，所以也应将其列入企业的管理费用。

(4) 财务费用。

施工企业的财务费用是指企业为筹集施工生产经营所需资金而发生的各项费用，包括施工生产经营期间的利息净支出、汇兑净损失、金融机构手续费，以及企业筹资时发生的其他财务费用。但不包括在固定资产购建期间发生的借款利息支出和汇兑损失，这些利息支出和汇兑损失应计入固定资产或专项工程支出。

(5) 资产减值损失。

资产减值损失是指企业的应收账款、存货、长期股权投资、固定资产、在建专项工程、无形资产等资产发生减值时计提减值准备所形成的损失。

(6) 公允价值变动收益。

公允价值变动收益是指企业采用公允价值计量导致投资性房地产、交易性金融资产等增值而形成的收益。

(7) 投资净收益。

施工企业的投资净收益是指企业对外股权投资、债权投资所获得的投资收益减去投资损失后的净额。它的计算可用以下公式表示：

$$投资净收益 = 投资收益 - 投资损失$$

投资收益包括对外投资分得的利润、股利和债券利息，投资收回或者中途转让取得款项多于账面价值形成的差额，以及按照权益法核算的股权投资在被投资单位增加的净资产中所占有的数额等。

投资损失包括企业对外投资分担的亏损，投资到期收回或者中途转让取得款项少于账面价值形成的差额,以及按照权益法核算的股权投资在被投资单位减少的净资产中所分担的数额等。

2. 营业外收入和营业外支出

施工企业的营业外收入和营业外支出是指与企业施工生产经营活动没有直接关系的各项收入和支出。

营业外收入是相对企业工程结算收入和其他业务收入而言的,虽然它与企业施工生产活动没有直接因果关系,但又与企业有一定联系,所以也应成为企业利润总额的组成部分。施工企业的营业外收入主要有固定资产盘盈、处理固定资产净收益、处理临时设施净收益、转让无形资产收益、罚款收入、无法支付的应付款、教育附加费返还、非货币性交易收益等。

营业外支出是相对营业成本、费用而言的。它虽与企业施工生产经营活动没有直接关系,但又与企业有一定联系,所以也作为企业利润总额的扣除部分。施工企业的营业外支出主要有固定资产盘亏、处理固定资产净损失、处理临时设施净损失、转让无形资产损失、资产减值损失、公益救济性捐赠、赔偿金、违约金、债务重组损失等。

5.2 利润的分配

利润分配是公司按照国家有关法律、法规以及公司章程的规定,在兼顾股东与债权人及其他利益相关者的利益关系基础上,将实现的利润在公司与公司所有者之间、公司内部的有关项目之间、公司所有者之间进行分配的活动。利润分配决策是股东当前利益与公司未来发展之间权衡的结果,会引起公司的资金存量与股东权益规模及结构的变化,也会对公司内部的筹资活动和投资活动产生影响。

5.2.1 利润分配的基本原则

利润分配是公司的一项重要工作,它关系公司、投资者等有关各方的利益,涉及公司的生存与发展。因此,在利润分配的过程中,应遵循以下原则。

1. 依法分配原则

公司利润分配的对象是公司缴纳所得税后的净利润,这些利润是公司的权

益,公司有权自主分配。国家有关法律、法规对公司利润分配的基本原则、一般次序和重大比例也做了较为明确的规定,其目的是保障公司利润分配的有序进行,维护公司和所有者、债权人以及职工的合法权益,促使公司增加积累,增强风险防范能力。国家有关利润分配的法律和法规主要有《公司法》《中华人民共和国外商投资法》等,公司在利润分配中必须切实执行上述法律、法规。利润分配在公司内部属于重大事项,公司的章程必须在不违背国家有关规定的前提下,对本公司利润分配的原则、方法、决策程序等内容做出具体而又明确的规定,公司在利润分配中也必须按规定办事。

2. 资本保全原则

资本保全是责任有限的现代公司制度的基础性原则之一,公司在分配中不能侵蚀资本。利润的分配是对经营中资本增值额的分配,不是对资本金的返还。按照这一原则,一般情况下,公司如果存在尚未弥补的亏损,应首先弥补亏损,再进行利润分配。

3. 充分保护债权人利益原则

按照风险承担的顺序及合同契约的规定,公司必须在利润分配之前偿清所有债权人到期的债务,否则不能进行利润分配。同时,在利润分配之后,公司还应保持一定的偿债能力,以免产生财务危机,危及公司生存。此外,公司在与债权人签订某些长期债务契约的情况下,其利润分配政策还应在征得债权人的同意或审核后方能执行。

4. 多方及长短期利益兼顾原则

利益机制是制约机制的核心,而利润分配的合理与否是利益机制最终能否持续发挥作用的关键。利润分配涉及投资者、经营者、职工等多方面的利益,公司必须兼顾各方面利益,并尽可能地保持稳定的利润分配。在公司获得稳定增长的利润后,应增加利润分配的数额或百分比。同时,由于发展及优化资本结构的需要,除依法必须留用的利润外,公司仍可以出于长远发展的考虑,合理留用利润。在积累与消费的处理上,公司应贯彻积累优先的原则,合理确定提取盈余公积金和分配给投资者利润的比例,使利润分配真正成为促进公司发展的有效手段。

5.2.2 利润分配的顺序

根据《公司法》的有关规定,公司当年实现的净利润,一般应按照下列顺序进行分配。

1. 弥补以前年度亏损,计算可供分配的利润

将本年净利润(或亏损)与年初未分配利润(或亏损)合并,计算出可供分配的利润。如果可供分配的利润为负数(即亏损),则不能进行后续分配;如果可供分配利润为正数(即本年累计盈利),则能进行后续分配。

公司在提取法定公积金之前,应先用当年利润弥补亏损。公司年度亏损可以用下一年度的税前利润弥补;下一年度不足以弥补的,可以在5年之内用税前利润弥补;连续5年未弥补的亏损则须用税后利润弥补。其中,税后利润弥补亏损可以用当年实现的净利润,也可以用盈余公积金。

2. 提取法定公积金

根据《公司法》的规定,法定公积金的提取比例为当年税后利润(弥补亏损后)的10%。当年法定公积金的累积额已达注册资本的50%时,可以不再提取。法定公积金提取后,根据公司的需要,可用于弥补亏损或转增资本,但公司用公积金转增资本后,法定公积金的余额不得低于转增前公司注册资本的25%。提取法定公积金的目的是增加公司内部积累,以利于公司扩大再生产。

3. 提取任意公积金

根据《公司法》的规定,公司从税后利润中提取法定公积金后,经股东大会决议,还可以从税后利润中提取任意公积金。这是为了满足公司经营管理的需要,控制向投资者分配的利润,以及调整各年度利润分配的波动幅度。

4. 向投资者(股东)分配利润(股利)

根据《公司法》的规定,公司弥补亏损和提取公积金后所余税后利润,可以向投资者(股东)分配利润(股利)。其中,有限责任公司股东按照实缴的出资比例分取红利,全体股东约定不按照出资比例分取红利的除外;股份有限公司按照股东持有的股份比例分配,但股份有限公司章程规定不按照持股比例分配的除外。

此外,近年来,以期权形式或类似期权形式进行的股权激励在一些大公司逐渐流行起来。从本质来说,股权激励是公司对管理层或者员工进行的一种经济利益分配。

5.2.3 施工企业利润的分配

按照现行施工企业财务制度的规定,施工企业实现的利润总额,先应按照国家规定做相应的调整,然后依照税法缴纳所得税。

这里所说的调整,主要是指:①税前弥补亏损;②投资收益中已纳税的项目。因为按照规定,企业发生的年度亏损,可以用下一年度的税前利润等弥补;下一年度利润不足以弥补的,可以在5年内弥补;5年内仍不足以弥补的,须用税后利润等弥补。所以施工企业实现的年度利润,要先用于弥补前5年内发生的亏损,然后计算应税所得额。投资收益如为税后净利润,应从本年企业利润总额中扣除应交所得税。否则,纳税时如不扣除,就会出现重复纳税。

(1)施工企业缴纳所得税后的净利润,应按照下列顺序分配。

①被没收的财产损失,支付各项税收的滞纳金和罚款。

②弥补企业以前年度亏损。

③提取法定公积金。法定公积金按照税后利润扣除前两项后的10%提取,法定公积金累积额已达到注册资本的50%时可不再提取。

④向投资者分配利润。企业以前年度未分配利润,可以并入本年度向投资者分配。对实行利润上缴办法的国有施工企业,按规定应上缴国家财政。

(2)股份有限公司提取法定公积金后,应按照下列顺序分配。

①支付优先股股利。

②提取任意公积金。任意公积金是指企业由于经营管理等方面的需要,在向投资者分配利润前,按照公司章程或者股东会议决议提取和使用的留存收益。

③支付普通股股利。

上述利润分配顺序的逻辑关系是:企业以前年度亏损未弥补完,不得提取公积金。在提取法定公积金前,不得向投资者分配利润。企业必须按照当年税后利润(减弥补亏损)的10%提取法定公积金。当法定公积金累积额已达到注册资本的50%时,可不再提取。企业以前年度未分配利润,可以并入本年度利润进行分配。企业向投资者分配利润时,经股东会议决定,可以提取任意公积金,但股份有限公司应先分配优先股股利。

施工企业当年无利润时,不得用留存收益向投资者分配利润。股份有限公司当年如无利润,原则上不分股利。但为了维护公司股票的信誉,避免股票价格大幅度波动,在用公积金弥补了亏损,并经股东会议决定后,可以按照不超过股票面值6%的比例用公积金分配股利。但在分配股利后,企业法定公积金不得少于注册资本的25%。

施工企业提取的法定公积金和任意公积金,可用于弥补亏损及扩大企业施工生产经营的投资,也可用于转增资本金。但用于转增资本金后,企业法定公积金不得少于注册资本的25%。

5.2.4 企业所得税的计算和缴纳

施工企业缴纳的所得税,应根据《企业所得税法》的规定,按应税所得计算。应税所得与会计利润不同。应税所得又称应税利润或纳税所得,是根据税法规定所确定的收入总额与准予扣除项目金额(即可扣除的费用)的差额。会计利润又称税前利润,是根据会计制度所确认的收入与费用的差额。税法依据"公平税负、促进竞争"的原则来确定应税所得,其目的在于保证国家机构正常运转所需的财政收入。会计制度依据权责发生制、配比原则等来确定利润总额,其目的在于公允、客观地反映企业的财务状况和经营成果。基于税法与会计制度的目的不同,应税所得与会计利润之间存在永久性差异和时间性差异。

1. 应税所得与会计利润的永久性差异

永久性差异是税法与会计制度规定不同致使应税所得与会计利润不同而产生的差异。因为基于税收政策的考虑,有些会计制度中的收入或费用,在税法中不属于应税收入或费用,而有些在会计制度中不属于收入的项目,在税法中却属于应税收入,具体如下。

(1)会计中计作会计利润的已税利润和其他投资收益,免税的债券利息收入,可减免所得税企业实行定期减免税期间的利润,在税法中均规定不计作应税所得,从而使应税所得小于会计利润。

(2)会计中计作费用或损失的违法经营罚款、被没收财产损失,各项税收的滞纳金、罚金和罚款,非公益性捐赠,各种赞助支出,与取得收入无关的其他各项支出,超过金融机构同类同期贷款利率计算部分的利息支出,超过地区规定计税工资标准部分的工资支出,超过国家规定按计税工资总额的2%、14%、1.5%计算部分的工会经费、职工福利费和职工教育经费,超过国家规定按应税所得额3%计算部分的公益性、救济性捐赠,超过限额规定的业务招待费部分等,在税法中规定不得从应税收入扣除,从而使应税所得大于会计利润。

（3）与关联企业以不合理定价手段减少的工程结算收入和其他业务收入，在税法中规定税务机关有权对其合理调整，增加应税收入，从而使应税所得大于会计利润。

（4）对企业前5年内未弥补的亏损，税法规定可用当年利润弥补，从而使当年应税所得小于会计利润。

上述种种因税法与会计制度规定不一致而产生的应税所得与会计利润的差异，一旦发生，即永久存在，故称"永久性差异"。这种差异，只影响当期的应税所得，不会影响以后各期的应税所得。

2. 应税所得与会计利润的时间性差异

时间性差异是因收入或费用在会计中确认时间与税法规定申报时间不一致而产生的差异。这些收入或费用主要指以后各期发生的应税所得和以后各期发生的可扣除费用，具体如下。

（1）对股票投资、其他股权投资采用权益法核算时，会计制度中按持股比例确认投资收益作为当期利润，而税法规定要在下期实际收到股利或投资利润时才确认为应税所得，从而使应税所得小于会计利润。

（2）会计制度中规定工程质量担保费用在工程结算时可预提作为费用扣除，而税法规定要在以后各期实际发生时才作为费用扣除，从而使当期应税所得大于会计利润。

由于存在时间性差异，各期应税所得与会计利润可能不一致。如果以各期会计利润计算的应交所得税作为当期所得税费用，因会计制度利润可能在后期扣税，其费用也可能在后期扣减应税所得，就应将本期会计利润与应税所得之间的时间性差异造成的影响纳税的金额，递延和分配到以后各期。

对于来源于我国境外的所得，已在境外缴纳的所得税款，可在汇总纳税时，从其应纳税额中扣除，但是扣除额不得超过其境外所得按照企业所得税条例规定计算的应纳税额。

3. 所得税的缴纳

施工企业的所得税，按应税所得和规定税率计算缴纳。目前我国的企业所得税税率为25%。企业所得税由企业向其所在地主管税务机关申报纳税，并将税款交入当地国库。缴纳的企业所得税，按年计算，分月或分季预缴。月份或者季度终了后15日内预缴，年度终了后4个月内汇算清缴，多退少补。为了便于税务机关审核,企业应在月份或者季度终了后15日内,向其所在地主管税务机关报送会计报表和预缴所得税申报表;年度终了后45日内,向其所在地主管税务机关报送会计决算报表和所得税申报表。

5.3 股份制企业利润的分配

5.3.1 股利政策的意义

股利政策是指股份制企业管理当局对股利分配有关事项所制定的方针和决策。它在企业理财决策中占有重要的位置。因为股份制企业的税后利润,在弥补以前年度亏损、提取法定公积金和分配优先股股利后,可以留存企业,也可以用来向股东分红。在企业利润有限的情况下,确定留存与分红的比例,是正确处理短期与长远利益、企业与股东利益的关键。股利政策对企业财务管理顺利开展具有重要的意义,主要体现在以下两个方面。

第一,股利政策在一定程度上决定企业对外再筹资能力。例如,企业多分配或少分配股利,能直接影响企业留存收益,影响企业积累资金。在利润一定的条件下,增加留利比例,实质上就是增加企业的筹资量。从这一角度看,股利政策可以说就是再筹资政策。又如,股利分配得当,能够使投资者和潜在投资者对企业投资信心增强,从而为企业再筹资创造条件。

第二,股利政策在一定程度上决定企业市场价值的大小。股利政策的连续性,反映了企业施工经营的持续稳定发展。因此,如何确定较佳的股利分配模式,并保持一定程度的连续性,有利于提高企业的财务形象,从而提高企业股票的价格和企业的市场价值。

5.3.2 制约股利政策的因素

股份制企业的股利,可以多发,也可少发、不发;可以用现金形式发放,也可以用非现金形式发放。股利政策和股利形式,虽可由企业管理当局做出决定,但是实际上其决定范围是有一定限制的,在客观上存在许多制约因素,企业管理当局只能遵循当时的法律环境、经济环境等做出有限的选择。制约企业股利政策的因素主要如下。

1. 法律约束因素

任何企业总是在一定法律环境下从事经营活动的。因此,法律、法规会直接制约企业的股利政策。

(1)资本金保全约束。

资本金保全是企业财务管理必须遵循的一项重要原则。它要求企业发放的股利不得来源于股本和资本公积金,而只能来源于当年利润和以前年度留存收益;且必须由当年利润弥补企业以前年度亏损后,才能分配股利。

(2)资本充实原则约束。

资本充实原则要求企业对当年获得的净利润,必须按一定的比例和基数提取法定公积金,并要求在具体的分配政策上,贯彻"无利不分"的原则。在企业出现亏损时,一般不得分配股利。

(3)超额积累利润限制。

股东缴纳股利的所得税,一般高于股票交易的印花税和所得税。因此,股份制企业可以通过积累利润使股价上涨来帮助股东避税。西方各国税法都注意到这一点,在法律上明确规定企业不得超额积累利润,一旦企业积累利润超过法律认可水平,将被加征额外税款。我国目前对此尚未做出规定,对于股票交易只征收印花税。

2. 债务合同约束因素

企业在发行债券和向金融机构举借长期借款时,通常都要签订债务合同,有的还在合同中载有限制企业发放股利的条款,以保障债权人的利益。常见的限制性条款如下。

(1)未来股利只能以签订债务合同之后的利润来发放,不能用过去的留存收益(包括公积金和未分配利润)来发放。因为债权人购买企业债券和发放贷款是以签订合同时包括留存收益的财务状况为前提的。

(2)必须建立偿债基金,或付清当年债券和长期借款利息、偿还当年应付债券和借款以后,才能发放股利。

3. 股东意见因素

股份制企业的股利政策最终要由董事会决定并经股东大会通过,制订股利政策,不能忽视股东意见。股东对股利的意见有以下几方面。

(1)为保证控股权而不希望分配股利。股东权益由股东、资本公积金和留存收益组成,如果分红较多,留存收益会相应减少,企业将来依靠增加投资、发行新股等方式筹资的可能性加大,而增加投资或增发新股(主要指普通股),意味着企业控制权有旁落他人或其他企业的可能。因此,如果原有股东拿不出更多的资金增加投资,他们往往宁愿企业不分配股利,而保留利润。

(2)为取得稳定收入和回避风险而要求支付股利。一些依靠股利维持生活的股东,往往要求企业支付稳定的股利;同时他们认为目前所得股利是确定的,通过保留利润引起股价上涨而获得的资本利得是不确定、有风险的。如果企业要留存较多的利润,将会遭到这部分股东的反对。

(3)为避税而要求限制分配股利。股利所得的税率比资本利得的税率高(目前资本利得无须缴所得税),一些股利收入较多的股东,出于避税的考虑,往往要求限制股利的分配,而较多地保留利润,以便使股票价格上涨而获得更多收益。

4. 企业自身因素

企业出于持续发展和短期经营的需要,要求综合考虑以下因素,来制订切实可行的股利政策。

(1)筹资能力和现金流量的约束。

企业股利政策直接影响企业的筹资能力和现金净流量。企业采用留存利润、少发股利的方法进行筹资,比采用发行债券和向银行借款方法筹资更方便、稳定;并能在不增加企业债务的情况下,增加企业现金净流量;还能使企业保持较好的外部筹资能力。所以从财务角度看,充分利用留存利润筹资是理想的筹资方法。因为投资者和债权人是根据企业的资本实力和投资收益水平来进行投资决策的。采用留存利润筹资,不但有利于提高企业盈利水平,而且能使企业增强资本实力,降低资本负债率。

当然,过多地留存利润、少发股利,也会使众多短线投资者不能获得应得收益,可能导致股价下跌,影响企业增发新股,不利于企业外部筹资。

企业资本负债率过高、筹资能力较弱、现金净流量不足时,也不宜采用多分配股利的方法。若企业不顾债务风险而过多分配股利,必会使企业丧失偿债能力,造成资金周转困难,导致财务风险。

(2)企业发展规划和投资机会的约束。

企业向股东分配股利后的留存收益是进行发展的主要资金来源。如股利分配的比例过大,则留存收益就小,可供企业用来扩大施工经营规模的资金就少,这对于具有施工经营发展前景的企业是不利的。所以,当建筑市场景气、企业施工经营处于发展阶段,并有良好的投资机会时,企业应考虑减少股利的分配,将大部分净利润留存企业,用于再生产,以加快企业的发展,使股东获取更多的收益。这是股利分配合理化的标志,也是能被大多数股东接受的。相反,在建筑市场不景气、企业没有良好投资机会时,则可向股东多分配股利。

(3)资产流动性的约束。

企业资产的流动性,也是影响股利政策的一个重要因素。企业资产流动性好,变现能力强,现金充足,支付股利的能力就较强。如果企业资产的流动性差,不易变现,现金持有量少,按期偿还债务有困难时,就不宜多分配股利。否则,必然危及企业的偿债能力,使企业陷入财务困境。

当然,施工企业资产的流动性与建筑市场工程任务息息相关。在建筑市场景气、工程任务不断增加时,企业资产的流动性就会变好,这说明市场环境也会影响企业的股利政策。

此外,股票市场价格也是企业制订股利政策时应考虑的因素。例如,在企业股票市场价格持续下跌时,为了防止有人乘机购入股票达到控制企业的目的,可多发股利来刺激股票市场价格的上涨。在已发行的可转换债券即将到期时,也可通过多发股利来促使股价的上涨,以达到使债券早日转换成企业股票的目的。有时为了缓解企业管理当局与众多短线投资股东之间的矛盾,也可通过多发股利的方法,争取这些股东对企业管理方针的支持。

5.3.3 常用的股利政策

企业在实际财务管理过程中,综合考虑了上述制约因素后,就可制订合适的股利政策。在财务管理实务中采用的股利政策,主要有以下几种。

1. 提留积累以后分配的股利政策

提留积累以后分配的股利政策是指企业将净利润较多地用于增加积累,只有达到企业预定的目标资金结构时,才将剩余的利润用于分红。这种股利政策主要考虑未来的投资机会及其资金筹集的影响。

采用提留积累以后分配的股利政策,其基本步骤如下:首先,确定企业目标资金结构,即资本(自有资金)与全部资金的比率;其次,进一步确定达到目标资金结构需要增加的自有资金;再次,最大限度地用留存利润来满足施工经营所需自有资金的数额;最后,将满足自有资金后剩余的利润,用于股利的分配。

这种股利政策将股利作为新的投资机会的变量,只要存在有利的投资机会,就应首先考虑其资金需要,然后才考虑剩余利润的分配。这种政策能促使企业盈利水平不断提高。

但是采用这种政策,企业首先要有一个基本合理的资金结构,并有较高的盈利水平。如果企业盈利水平低、净利润很少,不宜采用该政策。因为任何一个企业都不可能不考虑股利的分配,不能只顾企业长远发展而忽视股东近期收益,否则,得不到短线股东的支持。

2. 稳定或稳定增长的股利政策

稳定或稳定增长的股利政策是指企业将每年分配的股利,固定在一定水平,并基本保持不变。如果未来企业收益肯定可以维持较高的水平,也可增加每股分配的股利。这种股利政策的优点如下。

(1)稳定的股利向市场传递企业正常发展的信息,有利于树立企业的良好形象,增强投资者对企业投资的信心,稳定股票的价格。

(2)稳定的股利有利于投资者安排股利收入和支出,特别受到对股利有着很高依赖性的投资者青睐,也比较符合稳健型投资者的投资要求。一个有稳定的分配记录,而且股利逐步增长的企业,必然也会受到保险公司、投资基金等投资者的青睐。

(3)企业在股利稳定的基础上,逐步有所增长,可以使投资者认为该股票是成长股,从而有利于提高企业价值。

稳定或稳定增长的股利政策的主要缺点:当企业盈利水平下降时,仍要保持原有股利分配水平,便会加重企业的财务负担。因为股利分配不与当年盈利水平挂钩,当企业经营处于微利或亏损状态时,仍要按既定的股利分配,就会造成现金短缺、财务状况恶化,不利于企业的发展。因此,这种股利政策一般只能在建筑市场繁荣、企业处于成长期时采用。

3. 固定分配比率的股利政策

固定分配比率的股利政策是指企业每年按固定的股利支付率,从企业净利润中支付股利。因为企业的盈利水平在各个年度间经常波动,所以每年的股利分配也随着盈利水平而变化。固定分配比率的股利政策能使股利与净利润保持一定比例关系,体现风险投资与风险收益的对等关系,使企业在微利或亏损年度,不致因股利的分配而陷入财务困境。

固定分配比率股利政策的缺点:它可能使企业股票不受投资者的欢迎,引起股票市场价格的下跌,导致投资者对企业成长缺乏信心。因为不论长线投资者还是短线投资者,都关心股利的分配,尽管从长期来看,按这种股利政策所获得的股利总和,不一定低于按稳定股利政策所得股利的总和,但因每年股利波动不定,无法保证投资保值、增值的投资目标,会直接影响长线投资者对企业股利寄予的期望;对企业短线投资者来说,在这一政策下,他们很难获得股利的保证,可能会放弃投资。因此,采用这种股利政策,往往要以失去投资者为代价。

4. 正常股利加额外股利的股利政策

正常股利加额外股利的股利政策是指企业将每年分配的股利,固定在一个较低的水平。这个较低水平的股利叫作正常股利。然而,企业可根据当年盈利状况向投资者额外分配一定金额的股利。这种股利政策,使企业在分配股利方面有充分的弹性,当企业盈利状况不好时,可以不分配额外股利,以减轻企业的财务负担;而当企业盈利水平较高时,可向投资者分配额外股利,因此灵活性较大。即使企业当年盈利状况不好时分配正常股利,也因正常股利在预先确定时就已考虑到企业财务安排上的各种不利因素,已将股利水平定得较低,不会使企业无法负担。

这种审慎原则为基础的股利政策,会使企业股票价格保持在一定的水平,受到不少企业的欢迎;也保证了投资者能获得一定数额的股利,从而得到投资者的认可。

当然,这种股利政策也有不足之处,就是当企业微利或亏损时,仍要分配正常股利,尽管所分配的正常股利数额不大,不致使企业陷入财务困境,但毕竟股利的支付会导致企业现金减少,这对资金本已较短缺的企业来说,也是不利的。

对于上述四种常用的股利政策,企业在制订股利政策时,可结合实际,择优选用。

5.3.4 股利的形式

股利的形式,广义地讲,也属于股利政策的内容。股利的形式主要有以下几种。

1. 现金股利

现金股利是指企业以现金发放股利。它是企业最常见的、也是最易被投资者接受的形式。这种股利形式能满足大多数投资者希望得到一定数量的现金这种实在投资收益的要求。但企业采用这种股利形式,会增加现金流出量,增加企业的支付压力,一般只能在有大量现金净流量时采用。在企业有较好投资机会,需要大量资金时,这种股利形式也有悖于留存利润用于企业投资与发展的初衷。

2. 股权股利

股权股利是指以企业的股权份额作为股东投资的收益,使原股东增加其在企业总权益中的份额。其基本形式是股票股利,即企业将本企业的普通股发给股东,作为股利。

这种股利形式应用较多,是仅次于现金股利的常用股利形式。股票股利的好处是能使企业用股票发放股利,避免企业现金的流出,但其实质与现金股利不同。企业宣布发放股票股利,既不影响企业的资产和负债,也不影响股东权益总额,仅仅是将股东权益中留存收益的一部分转作股本,从而避免了企业现金的流出。获得股票股利的股东,虽然其股份数有所增加,但在企业没有优先股的情况下,其在企业中所占权益的比重仍未变动。因为股票股利是按股份比例来分配的,发放股票股利后,股东仍保持其原有股份比例。

发放股票股利虽不能增加股东权益,但往往对股东和企业都有好处。对股东来说,如在发放股票股利后,股价并不呈同比例下降,便会增加股东的收益。比如,一些成长型企业采用股票股利,今后企业仍会大幅度增加盈利,抵消增加股份所带来的消极影响,使股价不变或略有上升。股票股利在大多数国家并不被认为是一种所得,因此可以免交个人所得税。对企业来说,除了有助于减少现金流出量,将现金用于投资项目还可促使企业发展。

股权股利除了上述送股的股票股利形式外,有的企业会给股东配股,即给股东发放一定的认股权证。从理论上讲,配股不能算作股利。因为这是一种增资行为,原股东须花钱才能购入这些股票。但如企业股票信誉好、市场价值高,则股东可转让这些认股权证,并从中获得收益,这样认股权证便成为变相的股利。

3. 债权股利

债权股利对企业来说,也叫负债股利。它是指企业将一定的债权授予股东,作为股东的投资收益,在未来期间股东可持有债权向企业索取债权和相关的利息收入。一般来说,它是在企业已宣布并须立即发放现金股利而现金暂时不足

时采用的一种权宜之计。

此外,股票回购有时也能为股东带来一定的收益。股票回购是指企业在证券市场上重新购回自己的股票,一般是把已发行的普通股重新购回,形成企业的库存股或加以注销。股票回购能直接减少企业股份总数,从而使每股收益相应增加,导致股票市场价格上涨,使股东可从股票价格上涨中得到收益。但回购股票须支出大量现金,并收缩资本,往往会影响企业的发展。因此很多国家公司法对股票回购都予以限制。目前我国股份制公司对国家股的回购,主要是为了降低国家股的过高比例,促使股权结构合理化。当然,这也能减少企业股份总数,相应提高每股收益,并引起股票价格的上涨,使股东受益,但股票回购一般只有在企业持有大量现金时才能采用。

5.3.5 股利的发放及其所需现金的筹集

1. 股利发放的日期、界限

股份制企业一般应每年或每半年向股东发放一次股利。由于股票可以自由买卖,企业的股东也经常更换,究竟应由哪些人或单位领取股利,必须明确必要的日期和界限,具体如下。

(1)股利宣告日。即董事会将股利发放情况予以公告的日期。公告中应宣布每股发放的股利、股权登记期限、除去股息的日期和股利发放日期。

(2)股权登记日。即有权领取股利的股东登记截止日期,也叫除权日。只有在股权登记日前(包括登记日)在企业股东名册上登记的股东,才有权分享股利。

(3)股权除息日。即领取股利的权利与股票相互分离的日期。在除息日前,股利权从属于股票,持有股票者享有领取股利的权利。除息日之后,股利权与股票相分离,新购入股票的人和单位不能分享股利。这是因为股票买卖的交接、过户需要一定时间,如果股票交易日期离股权登记日太近,企业将无法在股权登记日得知更换股东的信息,只能以原股东为股利发放对象。为了避免可能出现的冲突,一般规定以股权登记日的前几天为除息日。自除息日起,企业股票的交易称为无息交易,其股票称为无息股。

(4)股利发放日。即向股东发放股利的日期。一般情况下,股利宣告日与股权登记日相隔2周至1个月,股权登记日与股利发放日相隔2~3周,股权登记日与股权除息日相隔3~4天。如上市公司股票交易、过户通过证券交易所电脑统一办理,股权登记日与股权除息日间隔可缩短为1天。

2. 发放股利所需现金的筹集

股份制企业如采用现金股利，必须为股利的发放做好充分的准备，不能掉以轻心。因为采用现金股利，不但现金流出量大，而且发放时间集中。为了确保现金股利发放的顺利进行，一般可采用以下做法。

(1) 企业在发放现金股利之前，如果有大量的现金流入，可先将其投资于有价证券，在股利发放日前将它兑现。

(2) 企业在现金股利发放之前流入现金不多，但在股利发放日之后会有较多的现金流入时，可先利用短期借款来发放股利，然后在现金流入后归还短期借款。

(3) 企业在现金股利发放日前现金不足，短期内又没有充足的现金流入时，不宜采用短期借款来发放股利。因在这种情况下，短期债务到期后没有稳定的还款来源，会使今后财务陷入困境，只能采用长期借款等方式筹集长期资金来发放股利。

(4) 企业如负债率高，不能再向金融机构借款或向社会发行企业债券，而股东为防止控股权旁落，又不想增发新股，导致企业筹集不到足够的现金发放股利时，只能改用股票发放股利。

第6章 资产评估

为了发展社会主义市场经济,促进企业资产有效使用和合理流动,正确反映企业资产价值及其变动,确保资产价值得到应有补偿,保障资产所有者和资产经营者的合法权益,必须根据特定目的,依据有关规定,对企业资产价值及其预期经济效益进行评估。

6.1 资产评估的意义、标准和方法

施工企业所有的资产,一般在实行合并、股份制改组、承包、租赁、中外合资经营、中外合作经营、发行企业债券和股票、抵押、经济担保、债务重组、解散清算、破产清算,以及其他依照法律规定须进行资产评估时,都要按照有关规定,进行资产评估。

6.1.1 企业资产评估的意义

开展企业资产评估工作,对于发展社会主义市场经济、深化经济体制改革、优化企业资产管理等方面,具有重要的意义。

1. 企业资产评估是发展社会主义市场经济的需要

我国实行的是社会主义市场经济,一切经济活动都必然受到市场经济规律特别是价值规律的制约。按照价值规律的要求,商品交换必须以价值量为基础,遵照等价交换的原则。这就要求企业高度重视市场调节的作用,及时捕捉市场信息,根据市场行情的变化,调整自身的建筑产品结构和经营方向。更重要的是,企业必须依据自身在现实条件下的资产实力来进行决策,特别是在企业资产账面价值与实际价值背离的情况下,资产评估工作更为重要。

随着社会主义市场经济的发展,不但企业的资产要进入生产资料市场进行交易,而且企业本身也作为一种特殊的商品走向产权交易市场,成为交换的对象。产权通过市场参与交换,就必有它的价值和价格,没有产权价格,就不能实

现交换。因此,产权交换便与评估工作密切相关。产权的交换价格,既不能按账面价值,也不能按历史成本,而必须按当时的市场价格。通过资产评估评定其在现行市场价格水平下的价值量,是保证产权交易顺利进行的前提,也是价值规律的客观要求。

2. 企业资产评估是深化经济体制改革的需要

随着我国经济体制改革的不断深化,出现了多种经营形式。多种经营形式的出现,改变了单一的所有制结构,出现了多元化的所有制结构,即资产有两个或两个以上所有者。所有者的利益取决于其资产份额和企业的经济效益,在企业经营状况比较稳定的情况下,则主要取决于其资产份额。为了维护资产所有者和资产经营者的合法权益,必须进行资产评估,以正确评定所有者的资产份额。企业要发行债券、股票,进行抵押、经济担保、解散清算、破产清算、拍卖等经济活动,也离不开对企业现有资产的评估。此外,从国家宏观管理角度来看,企业资产底数不清,权、责、利不明,也不利于改革的进一步深化。

3. 企业资产评估是优化企业资产管理的需要

优化企业资产管理的重要内容之一是使企业资产及时合理流动,在流动中对资产存量进行合理配置。但是,无论是宏观上的企业资产的最优配置,还是微观上的企业资产的经营施工,都需要切实掌握企业资产的基础材料和资产存量,弄清资产实际价值。只有这样,才能为实现宏观和微观调控提供依据。目前,我国不少企业资产账面价值与实际价值背离。这种资产价值,不但会影响折旧、消耗、成本的核算,使众多企业虚盈实亏,不能真实反映企业的经济效益;同时会掩饰企业资产管理中存在的问题,影响企业资产配置的优化。

通过企业资产评估,掌握企业资产存量的真实信息,才能算出企业真实的盈利能力,反映企业资产及实际经营情况,并针对企业的实际经营情况,采取相应的措施,实现真正意义上的优化管理。

4. 企业资产评估是实现企业再生产的需要

实现企业再生产的前提是必须保证再生产的资金投入。采取价值补偿形式,是实现这一前提的有效措施。在市场经济条件下,包括企业生产要素在内的一切商品的市场价格是经常变动的。而我国企业传统的固定资产价值管理办法,一般按照投资时的购置价格和建设成本作为原值入账,然后采取平均年限折旧法提取折旧,并据此计算各个不同年份资产的净值。固定资产是企业生产和再生产的主要劳动资料,从投入使用到报废,往往经过几年、十几年甚至几十年,按照传统的价值管理办法,会使企业资产的账面价值同实际市场价格背离过大,到某项固定资产报废以后,用提取的折旧去购建同样的新固定资产,其资金往往是不足的,会影响再生产的资金投入,不能保证再生产的顺利进行。定期(特别是在物价变动较大时)对资产进行评估,使资产的补偿价值与资产的市场价格相联系,是解决这一问题的有效又可行的措施。

5. 企业资产评估是实行对外开放的需要

实行对外开放政策,引进外资和先进技术与管理经验,是社会化大生产发展的趋势,也是我国一项长期的基本国策。对外开放必须遵循平等互利的原则,做到利益共享、风险共担。这就要求我们在同外商合资、合作经营时,对中外双方投入的资产进行公平合理的评估。只有这样,才能既有利于对外开放的顺利进行,又能保证我国企业资产不受损失。由于我国的资产评估工作起步较晚、缺乏经验,早期的合资企业大多没有很好地进行资产评估,固定资产只按原值或净值计算,土地无偿使用或仅计算征地费用,不计算无形资产价值,给企业资产造成了相当大的损失。只有按照国际惯例对双方投入资产评估以后进行合资,使各方资本基本等价,合资后按资本分红,才是平等的合作。

6.1.2 企业资产评估的标准

企业资产评估标准,是指企业资产的作价标准,也就是适用于企业资产计价的价格准则。根据国际通用的作价标准,可采用重置成本、更新成本、市场价格、收益现值、清算价格、可变现净值和公允价值等标准。这些价格标准,不仅在质上有差别,在量上也存在较大差距。在进行资产评估时,应根据特定的评估目的,选择适用的评估标准。

1. 以资产补偿、资产保值为目的的资产评估,适用重置成本、更新成本标准

资产成本包括资产的购置、运输、建造、安装、调试等全部费用,是准确计量资产的尺度,也是资产足额补偿、正确反映价值的基础。

成本标准分为历史成本标准、重置成本标准和更新成本标准。历史成本,就是指资产形成时所费的成本。重置成本,就是对被评估的资产进行恢复、重建,用原来资产材料和现行材料价格、人工费用估算的成本。更新成本,就是对被评估的资产用新型材料并根据现代标准和设计建造与原来资产用途、功能相同的资产所需的成本。

重置成本标准和历史成本标准的差别,在于重置成本标准考虑了资产在使用期内的价格因素。因此,重置成本标准实际上是按价格变动把历史成本标准转换成动态系列成本标准。在物价比较稳定的条件下,重置成本接近历史成本,一般就可采用历史成本标准。因为历史成本标准是会计核算中资产入账的依据,它具有客观性和查证性。但在物价持续上涨或变动幅度较大,或者发现资产账实不符时,一般应采用重置成本标准。重置成本标准是根据物价因素完善了的历史成本标准,所以重置成本比历史成本更接近资产的现值。

更新成本标准和重置成本标准的差别在于更新成本标准考虑了技术进步因素,它用现代的技术、材料,根据现代的标准和设计来建造。它也是一项重置资产,其用途和功能与原有资产一样,但应用现代技术和材料,可能成本较低。更新成本标准全面考虑了资产在使用期内的技术、价格等因素的变化,所以它比重置成本更能准确反映资产的价值。

2. 以资产纳税和个别资产出售为目的的资产评估,适用市场价格标准

市场价格就是对被评估资产按照市场现行价格计算的价格。市场价格标准和重置成本标准都是按被评估资产现值计算的,但它们的经济含义和计算结果却不相同。首先,市场价格标准是指被评估资产在全新时按照市场现行价格所能获得的收入,即能卖多少钱,是从卖者的角度出发的,因而变现价值的大小受市场的制约。而重置成本标准是指假定被评估资产在全新时,按照市场现行价格所费的成本,即买它要花多少钱,是从买者的角度出发的。其次,市场价格标准仅仅包括资产的变现价值,而重置成本标准不仅包括资产的买价,还包括资产的运杂费、安装调试费等。因此,一般资产的重置成本高于市场价格。最后,市场价格标准与被评估资产的历史成本没有直接联系,而重置成本标准则要利用被评估资产的历史成本加以换算。

3. 以改变经营方式和以产权转让为目的的资产评估,适用收益现值标准

收益现值就是将企业资产预期收益折现的现值。企业在施工经营过程中,

往往实行承包、租赁、合并、股份制改制、合资经营、合作经营等经营方式,或进行所有权、使用权等产权交易,前者由于承包、出资各方出于自身利益的需要或由于有其他投资者的介入,后者由于产权的变动,都要求公正合理地协调各方的利益关系,而只有在资产收益现值标准的基础上,才能实现上述经营方式和进行产权交易。因为按照资产收益现值标准来评估资产的价值,是把资产作为收益能力来考虑的,它符合各方的利益,各方可通过公平竞争进一步协调这种利益关系。

4. 以资产清算、资产抵押和资产清理为目的的资产评估,适用清算价格和可变现净值标准

清算价格是指企业在解散清算、破产清算或资产清理时资产变现的价格。由于资产清算、清理一般是在短期内被强制进行的,此时的资产往往不具备在市场中竞争的条件,资产变价收入低于市场价格标准。

抵押资产到期不能赎回时,也要在短期内变价处理,所以也适用清算价格标准。但在资产变现的同时,往往会发生有关税费支出,使变现后净收入少于变现价格。资产变现价格减去变现时发生的税费后的净收入,就是可变现净值。此时可采用可变现净值标准。

5. 企业会计准则中规定资产以公允价值计量的资产评估,适用公允价值标准

公允价值是指在公平交易中,熟悉情况的交易双方自愿进行资产交换的金额,如果该资产存在活跃市场,该资产的市场价格即为其公允价值。如果该资产不存在活跃市场,但与该资产类似的资产存在活跃市场,则该资产的公允价值应比照类似资产的市价确定;如果该资产和与该资产类似的资产均不存在活跃市场,则该资产的公允价值可按其所能产生的未来现金流量的现值确定。各种资产公允价值的计量方法,可查阅施工企业会计方面书籍的有关章节。

6.1.3　企业资产评估方法

根据上述企业资产评估标准和施工企业的具体情况,资产评估可采用重置成本法、更新成本法、市场价格法、收益现值法、清算价格法或可变现净值法、因素综合计算法等评估方法。

1. 重置成本法

重置成本法是根据将相同或类似的被评估资产,在全新情况下,按现行价格计算的重置成本以及被评估资产的使用和技术状况,来确定资产评估价值的资产评估方法。这种方法适用于用重置成本标准进行的资产评估。

资产的重置成本可以用不同的方法求得,因此,重置成本法也有多种。

(1) 分析计算法。

分析计算法也叫细节分析法。它是利用现行价格直接估算购建相同或类似被评估资产所费的成本,然后根据被评估资产的新旧程度、技术状况等,来确定资产评估价值的方法。资产购建成本,对外购资产,是指按现行价格购买资产的买价和购入时发生的运杂费、安装调试费等;对建造资产,是指按现行价格建造资产所需的材料费、人工费及其他建设费用。其计算公式为:

$$资产评估价值 = 资产重置成本 \times 成新率 \times (1 \pm 调整系数)$$

成新率是指资产的新旧程度,一般可以按下列公式计算:

$$成新率 = \frac{资产重置成本 - 按资产重置成本计算已使用年限的累计折旧额}{资产重置成本} \times 100\%$$

$$= 1 - \frac{已使用年限}{折旧年限} \times 100\%$$

调整系数根据资产的功能、技术状况、维护保养情况及其他有关因素确定,可以是正值,也可以是负值。当损耗程度小于正常损耗程度时,调整系数为正值;反之,为负值。

(2) 指数调整法。

指数调整法是根据被评估资产的历史成本和物价指数,确定现行价格水平的重置成本,然后考虑被评估资产的成新率和有关因素,来确定资产评估价值的方法。它的计算公式为:

$$资产评估价值 = \left[资产历史成本 \times \frac{资产评估时的物价指数}{资产购建时的物价指数} \right] \times 成新率 \times (1 \pm 调整系数)$$

式中,第一个括号里的内容是根据物价指数将资产历史成本按评估时的价格调整的重置成本。

(3) 汇率调整法。

对进口资产,可采用汇率调整法。汇率调整法是根据被评估资产的历史成本和汇率变动,确定评估时汇率的重置成本,然后考虑被评估资产的成新率和有

关因素,来确定资产评估价值的方法。它的计算公式为:

$$资产评估价值 = \left[资产历史成本 \times \frac{资产评估时的汇率}{资产购建时的汇率} \right] \times 成新率 \times (1 \pm 调整系数)$$

2. 更新成本法

更新成本法适用于用更新成本标准进行的资产评估。具体有如下两种方法。

(1)分析计算法。

分析计算法是用现代的技术和材料,根据现代的标准和设计,按照现行材料、人工价格计算更新成本,然后根据被评估资产的成新率和有关因素,来确定资产评估价值的方法。它的计算公式为:

$$资产评估价值 = 资产更新成本 \times 成新率 \times (1 \pm 调整系数)$$

(2)标准固定资产现值生产规模效益指数计算法。

标准固定资产现值生产规模效益指数计算法是指按现代技术、材料设计生产在用途和功能上与被评估固定资产相同的标准固定资产现值,根据生产规模效益指数和成新率来计算被评估固定资产的评估价值的方法。它的计算公式为:

$$固定资产评估价值 = 标准固定资产现值 \times \left[\frac{被评估固定资产生产能力}{标准固定资产生产能力} \right]^n \times 成新率$$

式中,标准固定资产现值是指已生产使用的用现代技术、材料,根据现代标准和设计,按现行价格水平计算的固定资产价值;n是生产规模效益指数,它是$0 \sim 1$的一个经验数据,一般在$0.6 \sim 0.7$。

固定资产的购建成本与其生产能力不是线性关系,即标准固定资产的生产能力是被评估固定资产的一倍时,它的购建成本不一定是被评估固定资产的一倍,因此,要用生产规模效益指数n进行调整。

重置成本法和更新成本法在形式上虽不相同,但其实质都是从不同角度首先将历史成本换算成重置成本或更新成本,然后考虑成新率及相关因素,来确定被评估资产的评估价值。

长期以来,我国施工企业对资产的核算和调拨,都按历史成本,而许多固定资产由于使用时间长、外形、结构、性能等方面都发生了较大的变化,所以采用重置成本法和更新成本法对固定资产进行评估,是符合客观实际的。

重置成本法和更新成本法都涉及经济、技术参数,如物价指数、汇率、成新率、生产规模效益指数等,这就要求我们在选用这些参数时,要根据建筑业的具体情况,在分析、判断的基础上加以使用。

3. 市场价格法

市场价格法也叫现行市价法、市场法、市场比较法。它是以被评估资产在全新情况下的市场价格为基础,减去按现行市场价格计算的已使用年限的累计折旧额,来确定资产评估价值的资产评估方法。这种方法适用于用市场价格标准进行的资产评估。它的计算公式为:

资产评估价值＝全新资产的市场价格－全新资产的年折旧额×被评估资产已使用年限

$$全新资产的年折旧额 = \frac{全新资产的市场价格 - 预计净残值}{折旧年限}$$

4. 收益现值法

收益现值法也叫收益法。它是建立在资产收益资本化的基础上,将企业资产在连续经营情况下所能获得的预期收益折算成现值,来确定资产评估价值的资产评估方法。

这种方法适用于用收益现值标准进行的资产评估。它的计算公式为:

$$资产评估价值 = 资产年收益额 \times \frac{(1+i)^n - 1}{i(1+i)^n}$$

式中,资产年收益额是指企业资产在连续经营情况下每年产生的预期收益额,一般是几个年度的年平均收益额;i 为年折现率,一般采用市场利率;n 为资产使用年限,即在经济上能为企业带来预期收益的年限;$\frac{(1+i)^n - 1}{i(1+i)^n}$ 为年金现值系数,可通过年金现值系数表查得。

年金现值,就是指今后一定时期内,每年都有一定等额资金的现值,也就是今后各年预期收益额的现值之和。因为资金的价值是随着时间的流逝而变动的,不同时间的等额资金是不等价的。如按年利率10%计算,1年后的100元只等于今天的90.91元,两年后的100元只等于今天的82.64元。所以必须将今后各年的资产收益额折现计算。

5. 清算价格法或可变现净值法

清算价格法或可变现净值法是在企业解散或破产清算财产,或进行资产抵押时,以资产拍卖或变价处理的变价收入或变价收入减去变价时税费支出后的净收入确定资产评估价值的资产评估方法。它适用于用清算价格标准进行的资产评估。在实际评估时,对破产企业的资产评估应区分不同情况进行:对完全丧失使用价值的资产,可按市场废旧物资收购价评估;对仍具有一定使用价值的资产,可参照市场上相同或类似资产的售价,通过对比分析的方法来评估。但清算价格不同于市场价格,因破产清算带有强制性,不具备正常的市场交易条件,变价收入往往低于市场价格。

6. 因素综合计算法

因素综合计算法是综合考虑资产的历史成本、技术改造支出、资产残值、已使用年限、增加使用年限、年平均物价变动指数和资产无形损耗系数等有关因素的变化来确定资产评估价值的资产评估方法。它的计算公式为:

$$C = \frac{(A+D-Y) \times [1+(W-S) \times G]}{G+Z} \times Z + Y$$

式中,C 为资产评估价值;A 为被评估资产的历史成本;D 为用于该资产的技术改造支出;Y 为被评估资产的残值;W 为年平均物价变动指数;G 为被评估资产已使用年限;Z 为被评估资产增加使用年限;S 为资产无形损耗系数,根据被评估资产的无形损耗程度确定,可按下列公式计算:

$$S = \frac{K_0 - K_1}{K_0} = 1 - \frac{K_1}{K_0}$$

式中,K_0 为资产的历史成本;K_1 为考虑到再生产的必要劳动时间减少和新技术的出现使购建原有资产成本相对降低时的更新成本,可根据下列公式计算:

$$K_1 = K_n \left(\frac{P_0}{P_n}\right)^\alpha \left(\frac{C_n}{C_0}\right)^\beta$$

式中,K_n 为新资产的价值;P_0 为旧资产的年生产率;P_n 为新资产的年生产率;C_0 为旧资产的单位工程、产品耗费;C_n 为新资产的单位工程、产品耗费;α 为劳动生产率提高指数,$0 < \alpha < 1$;β 为成本降低指数,$0 < \beta < 1$。

因素综合计算法综合考虑了资产的多方面因素,计算的结果比较符合实际,尤其适用于经过重大技术改造,其使用年限、性能、生产率都有了明显变化,但仍在继续使用的固定资产的评估。但这种评估方法有一定的难度,它需要充分的资料和数据,以及较多的经济技术参数。

6.2 流动资产评估

6.2.1 施工企业流动资产评估的特点

企业流动资产在施工生产经营过程中,随着供应、施工生产、工程结算和产品销售的进行,其形态不断改变。其中有的表现为货币形态,有的表现为实物形态。

对货币形态的流动资产,如货币资金、应收预付款等,除应收工程款外,一般均可将其账面价值作为评估值。对应收工程款则要在分析其收款的可能性后进行评估。因为施工企业的应收工程款,有相当一部分是建设单位的投资缺口造成的,项目投产后经济效益不好的单位是没有资金偿还的。财务制度规定虽可按年末应收账款余额提取坏账准备,但从施工企业实际收款情况来看,坏账损失往往大于所提取的坏账准备。对施工企业的应收工程款,除了分析其拖欠时间的长短外,还要分析其是工程项目竣工前拖欠的,还是工程项目竣工后拖欠的。对工程项目竣工前拖欠的工程款,要分析其是否由于投资缺口发生的拖欠。对工程项目竣工后拖欠的工程款,要分析其是投产后经济效益好有还款能力的欠款,还是投产后经济效益不好没有还款能力的欠款。对于工程项目竣工前因投资缺口发生的拖欠工程款及工程项目竣工后因经济效益不好没有还款能力而发生的拖欠工程款,应在分析其收款的可能性后加以评估。

实物形态的流动资产,包括主要材料、结构件、机械配件、其他材料、低值易耗品、周转材料、未完工程、在产品、产成品等。在评估这些流动资产时,首先,要划清低值易耗品、周转材料和固定资产的界限。因为低值易耗品中的生产工具和非生产经营用的设备,只是由于使用期限较短和单位价值较低才列入低值易耗品。周转材料中的钢模板等,往往只是由于不是成套模板才列入周转材料。它们都与固定资产没有明显的界限。因此在评估前,对低值易耗品和周转材料,必须根据固定资产目录,划清它们与固定资产的界限。其次,低值易耗品、周转材料与其他材料不同,它们都能使用于若干施工生产周期,在施工生产中不断周转仍保持其原有的物质形态,并不把其本身的物质加到工程或产品的物质里,而仅随着使用逐渐损耗其价值。因此在评估前,对低值易耗品和周转材料,必须分清在库的和在用的,对在用的不仅要查清其数量,而且要查清其损耗程度,确定其成新率,然后根据成新率进行评估。由于周转材料等分散使用于各个工地,在评估前要全面查清其数量和损耗程度是不现实的,但也应通过抽查加以核实。最后,对库存的各种材料、产成品,特别是主要材料、机械配件,在评估前要查清其是可以使用于施工生产过程的材料,还是变质、不适用、不需用的呆滞材料。变质、呆滞材料属于应变价处理的物资,不能与可用于施工生产过程的材料一起评估。

6.2.2 流动资产评估方法

流动资产的特点,决定了流动资产评估方法。在物价变动不大时,一般以历史成本法为主,兼用其他方法。在物价、汇率变动较大时,应以重置成本法为主,兼用其他方法。

1.历史成本法

历史成本法是以流动资产的历史成本(即账面价值)作为资产评估价值的方法。

流动资产中的现金、银行存款、其他货币资金、备用金、预付账款、可直接以账面价值作为其评估价值。流动资产中的应收账款,应以账面价值减坏账准备后的余值作为其评估价值,计算公式为:

应收账款评估价值＝应收账款账面价值－坏账准备

如果应收账款中应收工程款比重很大,经分析其中收不回的工程款超过坏账准备,应以应收账款账面价值减去收不回的欠款作为其评估价值,计算公式为:

应收账款评估价值＝应收账款账面价值－收不回的欠款

流动资产中的其他应收款,应分析其收回的可能性后,以其账面价值减去收不回的欠款作为其评估价值。

流动资产中的应收票据,要分析其是否带息,对不带息应收票据,以其票面价值作为其评估价值。对带息应收票据,应以票面价值加应计利息(一般指出票日到评估日的利息)作为其评估价值,计算公式为:

带息应收票据评估价值＝票据面值＋应计利息

应计利息＝票据面值×利率×计息日期

在按日计息时,利率应按日利率(即月利率除以 30 天)来计算,流动资产中可用于施工生产经营过程的在库主要材料、结构件、机械配件、其他材料、低值易耗品、周转材料，应以账面实际成本作为其评估价值。其中外购材料的实际成本由买价、运杂费和采购保管费构成；自制材料的实际成本由制造过程中耗用的材料费、人工费、其他直接费和分配间接费用构成；委托外单位加工材料的实际成本由加工耗用材料的实际成本和加工费、运输费构成。

材料日常收发采用计划价格计价的企业，应以账面材料计划价格成本加或减材料成本差异作为材料评估价值，计算公式为：

材料评估价值＝材料计划价格成本±材料成本差异

流动资产中在用低值易耗品和周转材料，应以低值易耗品和周转材料的账面实际成本减摊销额（即损耗价值）后的余值作为评估价值，计算公式为：

在用低值易耗品、周转材料评估价值＝低值易耗品、周转材料账面实际成本－低值易耗品、周转材料摊销额

流动资产中的未完施工（即在建工程），应以工程施工科目账面实际成本作为评估价值。未完施工的实际成本由未完施工在施工过程中耗用的材料费、人工费、机械使用费、其他直接费和分配间接费用构成。

流动资产中的在产品，应以工业生产科目账面实际成本作为评估价值。在产品的实际成本由未完工产品在生产过程中耗用的材料费、人工费、其他直接费和分配间接费用构成。

流动资产中产成品，应以库存产成品账面实际成本作为其评估价值。产成品的实际成本由生产过程中耗用的材料费、人工费、其他直接费和分配间接费用构成。

历史成本法是以价格不变为前提的，流动资产周转快，保持某种形态的时间短，资产账面价值基本上可以反映流动资产的现时价值，因此在物价变动不大时，可作为流动资产价值的评估依据。但如物价上涨较快，资产账面价值就不能真正反映资产的价值，而应采用重置成本法来确定流动资产评估价值。

2. 重置成本法

重置成本法是以取得相同流动资产的市场价格或所费成本，同时考虑其完工程度和损耗情况，来确定该资产的评估价值的方法。

在实际应用时，又有如下3种方法。

（1）分析计算法。

分析计算法也叫细节分析法。它是用直接购买相同资产的市场价格或生产相同资产的各项要素成本的重置成本，来作为流动资产评估价值的方法。

①对可用于施工生产经营管理的在库主要材料、结构件、机械配件、其他材料、低值易耗品、周转材料和用于销售的产成品的重置成本,应按如下公式计算:

外购材料重置成本＝外购材料市场价格＋运杂费＋采购保管费

自制材料重置成本＝耗用材料市场价格＋人工费＋其他直接费＋间接费用

委托加工材料重置成本＝加工材料的市场价格＋加工费＋运输费

产成品重置成本＝耗用材料市场价格＋人工费＋其他直接费＋间接费用

②对在用低值易耗品和周转材料的评估价值,可按如下公式计算:

在用低值易耗品、周转材料评估价值＝低值易耗品、周转材料重置成本×成新率

$$成新率 = \frac{低值易耗品、周转材料重置成本 - 按重置成本计算的摊销额}{低值易耗品、周转材料重置成本} \times 100\%$$

③对未完施工、在产品的评估价值,可按如下公式计算:

未完施工、在产品评估价值＝已完工程、产成品重置成本×完工程度

$$完工程度 = \frac{未完施工、在产品实际成本}{已完工程、产成品实际成本}$$

(2)指数调整法。

指数调整法是以流动资产的账面价值为基础,考虑价格变动因素,把账面历史成本用物价指数调整为重置成本作为实物形态流动资产评估价值的方法。这种方法消除了物价变动对评估价值的影响。

用指数调整法对流动资产进行评估时,首先应确定待评估资产取得时和评估时的物价指数。物价指数可以采用统计部门公布的物价指数(最好是建筑材料价格指数),或通过大量建筑材料价格计算出的物价指数。物价指数可用以下公式计算:

$$K = \frac{\sum P_1 Q_1}{\sum P_0 Q_1}$$

式中,K 为物价指数;P_1 为报告期商品价格;P_0 为基期商品价格;Q_1 为报告期商品数量。

①对在库可以用于施工生产经营的材料和用于销售的产成品,可按下列公式计算其评估价值:

$$流动资产评估价值 = 该流动资产账面价值 \times \frac{资产评估时物价指数}{资产取得时物价指数}$$

如某主要材料的账面价值为50000元,该材料取得时的物价指数为105,资

产评估时的物价指数为115.5,则:

$$某主要材料评估价值 = 50000 元 \times \frac{115.5}{105} = 55000 元$$

②对在用低值易耗品和周转材料,还要乘以根据其损耗程度计算的成新率,按如下公式计算其评估价值:

在用低值易耗品、周转材料评估价值＝该低值易耗品、周转材料账面价值×

$$\frac{资产评估时物价指数}{资产取得时物价指数} \times 成新率$$

指数调整法可以反映通货膨胀对流动资产价值的影响,但不能反映对特定资产价值的影响。如果物价指数不能反映建筑材料等的价格变动情况,用指数调整法计算的流动资产评估价值的准确性就差。

(3)汇率调整法。

汇率调整法是以进口材料的账面价值为基础,考虑汇率变动因素,把账面历史成本通过调整汇率换算为重置成本作为进口材料评估价值的方法。它的计算公式为:

$$进口材料评估价值 = 该进口材料账面价值 \times \frac{材料评估时汇率}{材料进口时汇率}$$

式中,汇率应采用直接汇率,即一个单位的外国货币可兑换的我国货币的金额表示的汇率。

3. 清算价格法

清算价格法是指企业在解散清算、破产清算时,按流动资产可变现的价格为依据计算其评估价值的方法。一般来说,对完全失去原有使用价值的流动资产,应按废旧物资变价处理。对具有使用价值的流动资产,则以市场价格作价评估。施工企业的变质、呆滞材料,属于变价处理物资,也应按清算价格法评估其价值。变质材料如失去其原有使用价值,应按废旧物资变价处理。呆滞材料应以市场售价作价。考虑到处理材料要运到市场,销售后要缴纳税金及手续费,因此,应以市场出售价格减去运输费、经营税金及附加和手续费后的余值作为其评估价值,计算公式为:

材料评估价值＝材料市场价格－运输费－经营税金及附加－手续费

6.3 固定资产评估

6.3.1 固定资产评估的特点

施工企业的固定资产,在施工生产经营过程中,具有以下主要特点。

(1)固定资产分散存放在各个施工现场和附属、辅助生产单位及经营管理部门,并在使用过程中保持其原有物质形态。因此,在评估时,要先对被评估单位的固定资产进行清查核实,清查其是否账实相符,有无遗漏或产权界限不明确的资产。清查的方法可根据被评估单位的资产管理状况及资产数量,采取全面清查、重点清查、抽样检查等形式。

(2)固定资产在使用过程中,它的损耗价值会随着磨损逐渐转移到工程、产品成本中,并构成工程、产品价值的一部分。因此,在进行固定资产评估时,必须先对其使用情况和技术状况进行检查。固定资产的使用情况包括购建时间、折旧年限或定额工作台班、定额行驶里程、已使用年限或已工作台班、已行驶里程、利用率,以及维修保养情况等。固定资产的技术状况包括生产能力、磨损程度、完好率、故障率、成新率等。再对其损耗价值进行估算。

(3)固定资产的价值,不但会随着使用磨损而发生有形损耗,还会随着技术进步而发生无形损耗。随着技术进步,新材料、新机械设备的出现以及劳动生产率的不断提高,效能更高、价格更便宜的新型固定资产会不断出现,使原有固定资产的价值和使用价值相对降低而发生无形损耗。而且,建筑生产技术进步的要求,往往与原有固定资产的技术状况存在矛盾。在这种情况下,企业通常对原有固定资产进行技术改造,以提高其效能。固定资产经过技术改造以后,其价值和使用价值都发生了变化。因此在进行固定资产评估时,要收集国内外建筑技术、建筑结构、建筑材料等方面发展情况和趋势的资料,收集新型建筑机械设备的市场价格、生产率和台班成本等资料,收集对原有固定资产进行技术改造的支出等方面的资料。对技术进步较快的机械设备,在评估时要利用更新成本法。

(4)固定资产的评估价值,不但与固定资产的有形损耗和无形损耗有关,还与经济环境有关。如地区投资规模压缩、工程任务减少、建筑制品市场竞争激烈,就会使施工企业附属钢筋混凝土构件加工厂的固定资产的生产能力不能发挥,从而发生经济性贬值。因此在进行固定资产评估时,还要收集地区经济发展,特别是固定资产投资规模、建筑市场等方面的资料,分析企业所处经济环境,对固定资产经济性贬值进行充分考虑。

6.3.2 固定资产有形损耗、无形损耗和经济性贬值的计算

进行固定资产评估时,必须计算固定资产的有形损耗、无形损耗和经济性贬值。

1. 固定资产有形损耗的计算

固定资产有形损耗计算公式为:

$$固定资产有形损耗 = 固定资产价值 \times 固定资产磨损率$$

式中,固定资产价值在采用重置成本法评估时,用重置成本;在采用更新成本法评估时,用更新成本;在采用市场价格法评估时,用市场价格。

固定资产磨损率除了与资历较深的职工一起通过观察、讨论确定外,还可通过以下几种方法计算求得。

(1) 用已使用年限(或已工作台班、已行驶里程)来计算。即通过固定资产已使用年限(或已工作台班、已行驶里程)与规定折旧年限(或定额工作台班、定额行驶里程)对比计算固定资产磨损率,计算公式为:

$$固定资产磨损率 = \frac{已使用年限}{规定折旧年限} \times 100\% = \frac{已工作台班}{定额工作台班} \times 100\%$$
$$= \frac{已行驶里程}{定额行驶里程} \times 100\%$$

如某台施工机械已使用 4 年,规定折旧年限为 10 年,则这台施工机械的磨损率为:

$$\frac{4\ 年}{10\ 年} \times 100\% = 40\%$$

除了通过上述方法逐一计算各项固定资产磨损率外,也可先计算各项固定资产的加权平均固定资产已用年限和加权平均固定资产折旧年限,再计算固定资产磨损率,计算公式如下:

$$固定资产磨损率 = \frac{加权平均固定资产已用年限}{加权平均固定资产折旧年限} \times 100\%$$

$$加权平均固定资产已用年限 = \frac{\sum(固定资产重置成本 \times 已用年限)}{\sum 固定资产重置成本}$$

$$\text{加权平均固定资产折旧年限} = \frac{\sum(\text{固定资产重置成本} \times \text{折旧年限})}{\sum \text{固定资产重置成本}}$$

(2)用已提累计折旧来计算。即通过固定资产已提累计折旧与固定资产原值的对比计算固定资产磨损率,计算公式为:

$$\text{固定资产磨损率} = \frac{\text{已提累计折旧}}{\text{固定资产原值}} \times 100\%$$

不过这种方法只能应用于在使用过程中没有经过重估价并采用平均年限折旧法、台班折旧法、行驶里程折旧法计提折旧的固定资产。

(3)用修理费用来计算。在固定资产评估过程中,如经专业技术人员检查鉴定,发现由于使用和维修保养不当,超过正常损耗程度,可将修复该项固定资产全部费用(包括更换零部件、油漆、调试等支出)与固定资产重置成本对比计算固定资产磨损率,计算公式为:

$$\text{固定资产磨损率} = \frac{\text{修复固定资产全部费用}}{\text{固定资产重置成本}} \times 100\%$$

2. 固定资产无形损耗的计算

固定资产评估时的无形损耗,可通过如下方法计算。

(1)通过固定资产重置成本与更新成本比较来计算。

重置成本是假设对被评估资产进行恢复、重建,用原来同样材料的现行材料价款和人工费估算的成本。更新成本是假设对被评估资产用新型材料并根据现行标准和设计建造与原来用途、功能相同资产所需的成本。两者都用现行材料价格和人工费计算,不同的是更新成本考虑了技术进步因素,它用现代的技术、材料,根据现行的标准和设计建造。因此,固定资产重置成本与更新成本的差额就是被评估固定资产的无形损耗。

(2)通过新旧固定资产营运成本的对比来计算。

固定资产的无形损耗,除了反映于一次投资支出外,还反映于固定资产的营运成本。新型现代机械设备的优点是营运效率较高。这种营运效率可以表现为节约原材料、能源、维修费用、劳动力等。如新型锅炉能节约燃煤;新型施工机械能提高劳动生产率,节约人工费。新型固定资产的这些优点,会使原有固定资产贬值得更厉害。这种贬值也是固定资产的无形损耗。因为我们如站在买者的立场,在购买某项旧固定资产时,肯定要在买价中,考虑它相对新型固定资产营运成本的超支额后,再与新型固定资产价格比较。被评估固定资产的这种贬值即营运成本超支额,一般可按如下步骤计算。

①把被评估固定资产的营运成本与新型固定资产的营运成本对比。

②对固定资产营运成本进行具体计算。计算新旧固定资产在原材料、能源、人工费等方面成本的差距,并算出被评估固定资产每年相对于新型固定资产的超支额。

③估算被评估固定资产还能使用的年限,在未来使用年限内总共比新型固定资产超支多少成本,然后将它折算为现值,即被评估固定资产相对于新型固定资产的无形损耗。

3. 固定资产经济性贬值的计算

固定资产经济性贬值是指固定资产本身以外因素导致的固定资产贬值。这些因素主要由经济环境所致。如施工企业的附属钢筋混凝土构件加工厂,由于构件的运输费用很高,在经济上不宜远距离运输,因而它的产品只有在一定运输半径以内才有竞争能力。如果构件加工厂在一定运输半径以内地区的构件需求量小于加工厂的设计生产能力,这个构件加工厂的生产能力就会闲置,不能充分发挥作用。比如说,某个施工企业的钢筋混凝土构件加工厂,它的设计年生产能力为 50000 立方米构件,根据地区今后年度固定资产投资规模测算,估计每年只需要 30000 立方米构件,则这个构件加工厂就会有 20000 立方米构件的生产能力闲置。我们在评估该构件加工厂与生产构件有关的固定资产时,也只能按 30000 立方米构件所需的固定资产来评估。因为在这种情况下,我们如站在买方的立场,一定不愿按设计生产能力 50000 立方米构件固定资产的造价购买。这样,这个构件加工厂与生产构件有关的固定资产,就存在经济性贬值。

固定资产的经济性贬值可按下列公式计算:

$$固定资产经济贬值率=\left[1-\left(\frac{被评估资产实际生产能力}{被评估资产设计生产能力}\right)^n\right]\times100\%$$

式中,n 为生产规模效益指数,取值范围一般是 0.5~1,加工工业最常用的是 0.6~0.7。

6.3.3 固定资产评估方法

1. 重置成本法

对生产技术比较稳定,还没有被新型固定资产替代的固定资产的评估,一般可采用重置成本法。用重置成本法评估固定资产时,应根据评估时该项资产在全新情况下的市场买价计算重置成本,乘以成新率(即减去按重置成本计算的已使用年限的累计折旧额),并考虑有关因素来确定其评估价值。

(1)分析计算法。

当有与被评估固定资产相同或类似的按现行价格计算的全新固定资产时,可采用分析计算法。其计算公式为:

固定资产评估价值＝固定资产重置成本×固定资产成新率

固定资产重置成本＝固定资产市场买价＋运输、安装、调试费

固定资产成新率是反映固定资产新旧程度的指标,如用已使用年限计算固定资产磨损率,则固定资产成新率的计算公式为:

$$固定资产成新率 = 1 - 固定资产磨损率 = 1 - \frac{已使用年限}{规定折旧年限} \times 100\%$$

$$= \frac{规定折旧年限 - 已使用年限}{规定折旧年限} \times 100\%$$

$$= \frac{尚可使用年限}{规定折旧年限} \times 100\%$$

以上是在正常情况下的计算公式。如在评估中经专业技术人员鉴定,发现由于使用维修不当,超过正常损耗程度时,可用修理费用来计算成新率:

$$固定资产成新率 = 1 - \frac{修复固定资产全部费用}{固定资产重置成本} \times 100\%$$

如通过检查鉴定发现被评估固定资产由于发生事故或已经过技术改造,在功能、使用年限、维修费用支出等方面发生较大变化时,则应根据这些因素变化情况来确定一个调整系数,将上述计算公式加以调整:

固定资产评估价值＝固定资产重置成本×固定资产成新率×(1±调整系数)

(2)指数调整法。

当被评估固定资产已停止生产,无法获得相同或类似全新资产现行价格时,可以用指数调整法,将被评估固定资产的历史成本换算为按现行价格水平计算的重置成本,然后根据成新率和有关因素确定其评估价值,计算公式为:

$$固定资产评估价值 = 固定资产历史成本 \times \frac{固定资产评估时物价指数}{固定资产购建时物价指数} \times 成新率$$

应用指数调整法的关键,在于采用的物价指数能真正反映被评估固定资产的价格水平。

对厂房、办公楼、职工宿舍等房屋,也可按评估时同地区、同结构、同类型房

屋的每平方米建筑面积造价,来调整被评估房屋建造时的每平方米建筑面积造价,再计算房屋的重置成本,然后乘成新率来确定其评估价值,计算公式为:

房屋评估价值＝房屋历史成本×$\dfrac{评估时同地区、同结构、同类型房屋每平方米建筑面积造价}{该房屋建造时每平方米建筑面积造价}$×成新率

在评估房屋价值时,要注意以下两个问题。

一是房屋的折旧年限不得长于房屋占用土地的使用权年限。因为房屋必须扎根于土地,只有拥有土地使用权,才能拥有土地上的房屋,房屋的使用年限如长于占用土地的使用权年限,应将土地使用权的年限作为房屋折旧年限。

二是房屋与其占用土地的使用权应分别评估。房屋虽必须扎根于土地,但房屋与土地使用权不能在一起评估。因为企业对房屋拥有所有权,房屋属于固定资产。企业对土地只有使用权,土地属于无形资产。它们的价值应分别评估。

2. 更新成本法

对于生产技术进步较快,已用新材料、新设计的新型固定资产代替的旧固定资产,应采用更新成本法进行评估。用更新成本法评估固定资产时,要根据评估时新型固定资产在全新情况下的市场买价计算更新成本,并考虑成新率(或按更新成本计算的已使用年限的累计折旧额)及有关因素来确定固定资产评估价值,计算公式为:

固定资产评估价值＝(新型固定资产市场买价＋运输、安装、调试费)×

$\left[\dfrac{被评估固定资产年生产能力}{新型固定资产年生产能力}\right]^n$×成新率

如果新型固定资产的生产率与被评估的旧固定资产的生产率不同,应用生产规模效益指数调整其更新成本。

3. 市场价格法

市场价格法是参照市场上相同或类似资产的交易价格和成新率及有关因素来确定资产评估价值的方法。

4. 因素综合计算法

因素综合计算法是根据固定资产有关因素的变化来确定资产评估价值的资产评估方法。它比较适用于还在继续使用的旧机械设备,以及经过技术改造后

效能、寿命都发生了明显变化的机械设备,计算公式为:

$$C=\frac{(A+D-Y)\times[1+(W-S)\times G]}{G+Z}\times Z+Y$$

式中,C 为某项固定资产的评估价值;A 为被评估固定资产的历史成本;D 为用于该固定资产的技术改造支出;Y 为被评估固定资产的残值;W 为年平均物价变动指数;S 为被评估固定资产无形损耗系数;G 为被评估固定资产已使用年限;Z 为被评估固定资产增加使用年限。

5. 清算价格法和可变现净值法

清算价格法、可变现净值法是企业在解散清算、破产清算或进行资产抵押时按固定资产可变现的价格或净值确定评估价值的资产评估方法。对企业的固定资产,如其完全丧失使用价值,应按市场废旧物资收购价评估。对仍有一定使用价值的固定资产,可参照低于市场上相同或类似资产的售价或减去变价时发生的税费后的净值来评估。因为破产清算带有强制性和时间性,不具备正常的市场交易条件。

6.4 无形资产评估

施工企业的无形资产,主要包括专利权、非专利技术、土地使用权、商誉等。商誉由于综合了企业的盈利能力,将在"企业资产综合评估"一节加以叙述。本节讲解专利权、非专利技术和土地使用权的评估。

6.4.1 专利权和非专利技术的评估

1. 专利权和非专利技术评估的特点

(1)专利权和非专利技术的价格具有不确定性。首先,它们都由所有权人所独占使用,并借助于法律或人为地防止非所有权人取得并使用,具有垄断的性质。这种垄断性使其价格由所有权人在没有竞争对手的情况下决定,因此它们的价格往往背离其价值。其次,它们的有效期限很难确定,在有效期内的经济效益也不确定。最后,它们是创新发明的脑力劳动的成果,不可能由社会劳动时间来决定价格,只能以被社会承认的个别劳动时间来决定价格。因此它们的价格较难确定。

(2)专利权的价格取决于转让的内容。对于专利权,可以转让其所有权,也可以转让其使用权。如果转让其所有权,那么它的价格就较高;如果转让其使用权,价格就要比转让其所有权低得多。供方在转让使用权后,还可向其他需方转让使用权,此时它的价格就更低。

(3)专利权和非专利技术的价格受供求情况的影响。凡研制的或可替代的技术较多,即供方竞争激烈,则其价格较低;若市场供不应求,即需方竞争激烈,则其价格较高。同时还与技术的有效期限有关。如果快到专利有效期,那么即使是高技术,其价格也不会太高。

(4)专利权和非专利技术会因技术进步而发生无形损耗。就同一技术商品而言,其在不同的技术生命周期阶段,无形损耗是不同的。同类新技术发展速度越快,该技术的无形损耗越大,价格越低。

专利权和非专利技术的评估具有如上特点,所以在评估时,必须充分考虑它们的经济效益、转让内容、供求情况、无形损耗及研究开发成本等。

2. 专利权和非专利技术评估方法

(1)收益现值法。

施工企业拥有的专利权和非专利技术,可以依法进行转让。

企业在转让时,可以转让其所有权,也可转让其使用权。所有权是指企业在法律规定的范围内对其无形资产所享有的占用、使用、收益、处分的权利。企业在法律规定的范围内,可以根据自己的意愿和利益,将无形资产所有权、使用权转让出去。根据转让内容的不同,无形资产的转让价格也不一样,转让使用权的价格要比转让所有权的价格低。

在国际技术贸易中,专利权等技术产权的转让是通过许可证来实现的。根据许可证规定引进方使用该转让技术的权利和范围的大小不同,许可证分为普通许可证、排他许可证、可转让许可证和独占许可证。不同类型的技术许可证,转让费也不同,转让费最高的是独占许可证,然后依次为排他许可证、可转让许可证、普通许可证。

技术转让费的支付,可以一次支付,也可按销售利润额或销售净收入提成支付。由受让方从每年实现的新增利润或销售净收入中提成,付给转让方,转让方将其作为该技术产权的转让价款。这种方法,转让方收入的价款(即技术转让收益)不是一个固定的数额,而是取决于受让方实际获得的收益。在整个合同期内,转让方的收入及承担的风险与受让方获得的收益及遇到的风险密切地联系在一起,有利于使转让方更加关心和愿意协助受转方尽快有效地使用该技术产权。按照这种方法转让的技术产权,可用收益现值法确定其评估价值,计算公式为:

$$P = \sum_{t=1}^{n} \frac{M_t \times \alpha}{(1+i)^t}$$

式中,P 为技术产权的评估价值;M_t 为使用该项技术产权后第 t 年实现的新增利润或新增销售净收入;α 为利润分成率或销售净收入提成率;$M_t \times \alpha$ 为第 t 年按新增利润分成或新增销售净收入提成的收益额;i 为折现率;n 为技术产权有效年限;$\frac{M_t \times \alpha}{(1+i)^t}$ 为 t 年收益现值。

对利润分成率,一般可参照技术收益率的倒数来确定。技术收益率是说明技术转让费和技术收益关系的一个指标,即花 1 元的技术转让费至少有 n 元的收益。如花 1 元技术转让费至少能得到 5 元的收益,则利润分成率就是 20%。利润分成率一般可按转让的内容、技术的供求情况等取 5%~30%。

对销售净收入提成率,一般按各行业技术进步快慢取 1%~6%。如计算机等高技术行业的提成率为 5%~6%,汽车、家电、仪表等行业的提成率为 4%~5%,化工、电子、轻工、纺织行业的提成率为 3%~4%,机械、冶金、石油等行业的提成率为 1%~3%。

技术产权的有效年限,即利润分成和销售净收入提成的年限,应按合同的规定。在确定有效年限时,要考虑技术产权的时效性。因为技术产权会随着时间的推移而降低效能,一般技术商品的有效年限不超过 5 年,高技术的有效年限为 2~3 年,基础工业技术的有限年限可为 8~9 年。

(2)成本法。

施工企业对于自行发明创造和研制成功的非专利技术及取得专利的专利权,除了按上述收益现值法确定其评估价值外,也可采用成本法按其实际成本来确定其评估价值。在物价波动较大时,可用物价变动指数对实际成本加以调整。采用成本法确定专利权和非专利技术等技术产权的评估价值的计算公式为:

$$P = \frac{(C + V\beta_1) \times (1-\beta_2)}{(1-\beta_3)}$$

式中,P 为技术产权的评估价值;C 为物化劳动耗费,包括发明研制新技术所耗费的材料费、动力燃料费、专用设备费、外部协作费、折旧费、专利申请登记费及除人工费以外的其他费用;V 为活劳动耗费,即人工费,包括为发明研制新技术而发生的科技人员、辅助人员的工资、奖金、津贴及职工福利费;β_1 为创造性劳动的倍加系数,主要是因科研劳动的复杂性和实行的工资政策而考虑的系数;β_2为无形资产损耗率,主要考虑技术生命周期各个阶段的无形损耗,同类新技术发展速度越快,该技术的无形损耗率越高;β_3为科研的平均风险率,主要考虑新技术的研制和应用具有风险和不确定性。

科研项目不仅在研制阶段要经历无数次反复试验、试制之后才能获得成功或宣告失败,充满风险;而且在试验、试制成功投入使用以后,也难以断定其经济效益。因此,新技术研制和投入使用的耗费和风险,要高于一般商品,需要考虑风险率。

6.4.2 土地使用权的评估

土地使用权的评估,与专利权和非专利技术等技术产权的评估不同。

第一,企业对于土地,只有使用权,没有所有权。因为我国城镇的土地,属于国家所有,施工企业不可能拥有所有权。

第二,土地不会因使用而发生有形损耗和无形损耗。土地是稀缺不可再生的资源,随着地区经济的发展,土地需求不断增长,基础设施等不断完善,土地使用权的价值呈逐步上升的趋势。

第三,土地使用权的评估,要按有无使用年限分别进行。对原划拨和征用的土地,一般没有规定使用年限,在评估土地使用权的价值时,不必考虑已使用年限,即以其评估值作为土地使用权价值。对批租的土地,由于有使用年限,要将其评估价值减去已使用年限摊销额后的余值作为土地使用权价值。

施工企业土地使用权价值的评估,一般可按评估用途采用成本法、市场价格法、剩余法和收益现值法。

1. 成本法

施工企业的土地使用权价值评估如采用成本法,应以评估时的批租地价或征用地价和土地开发投资支出作为评估的依据。

批租地价或征用地价一般应包括地租和拆迁安置费。

(1)地租。土地的地租包括绝对地租和级差地租。由于曾经我国城镇土地基本上实行无偿使用,有的没有征收土地使用税(确切地说应叫土地使用费),有的虽已征收了土地使用税,但没有真正反映土地的级差地租。因此,必须根据土地所处地段、等级及用途等评定地租。有些城市如制订了有偿使用土地价格表,可根据土地价格表来确定。

(2)拆迁安置费。拆迁安置费是在出让土地时拆除被拆迁人所有房屋及地上附属物而向被拆迁人支付的安置、补偿等费用,包括拆迁补偿费和安置费,可根据《国有土地房屋征收与补偿条例》和各省市相应的实施细则等有关规定确定。

拆迁补偿费是指拆迁人对拆除被拆迁人所有房屋及地上附属物的补偿费。拆迁房屋补偿的作价可根据原房屋的重置价、成新率等来计算,公式为:

拆迁补偿费＝重置单价×成新率×(1±楼层系数±朝向系数±地段系数)×建筑面积×室内设备调整因素

拆迁安置费是指拆迁人因拆除被拆迁人使用的房屋而对被拆迁人进行安置的费用,包括安置用房费、搬家费、周转房费、临时设施费、自行过渡的过渡费等。在实际评估时,拆迁安置费可按每平方米土地或地租的一定费率计算。

施工企业获得土地使用权后,如再追加投资进行开发,那么还应考虑土地开发投资。土地开发投资主要包括"七通一平"费、基础设施费和利息。

①"七通一平"费,即施工用水、排水、排污、电力、电信、电话、煤气的安装和修建以及平整场地的费用。

②基础设施费,一般只包括对修建道路、地下管道等设施的投资。

③利息,即土地开发投资利息。

2. 市场价格法

土地使用权价值评估中的市场价格法,是将待评估价格的土地与条件相似并已出让的土地进行详细分析比较,来评估土地使用权价值的方法。

使用这种方法,必须事前进行市场调查,收集相似条件(包括土地位置、用途、批租年限等)土地的面积、出让价格和出让时间,验证其真实性,并分析和调整出让价格后,再评估土地的批租价格,然后加上土地开发投资,即得出施工企业土地使用权的评估价值。

市场价格法适用于土地市场比较发达的地区,这种方法简便易行。由于以实际资料作为基础,所以结果也比较切合实际。采用这种方法的关键在于广泛收集准确的市场交易资料,并进行认真分析和修正。随着我国土地市场的不断发展,这种方法的应用越来越广泛。

3. 剩余法

施工企业房屋建筑占用的土地或可供建造房屋建筑的土地,其使用权价的评估,可采用剩余法。剩余法也叫倒算法,它是以土地上已建造或将要建造的房屋建筑的售价减去土地使用税、土地开发费、建筑成本、利息、管理费和利润、经营税金及附加后的剩余部分来评估土地使用权价值的方法,计算公式为:

土地使用权价值=房屋售价－土地使用税－土地开发费－建筑成本－
利息－管理费和利润－经营税金及附加

式中,房屋售价是指房屋建筑的售价;土地使用税指建设期间按规定税率应交城市土地使用税;土地开发费指计入土地价格的"七通一平"费和基础设施费;建筑成本指房屋建筑的建筑安装工程成本;利息指建设期间投资利息,不论是否借款,一般都应按照市场利率计算,管理费和利润指开发过程的管理费和正常利润,约为前几项成本的20%～25%;经营税金及附加包括按销售收入5%计算的增值税和按增值税计算的城市维护建设税和教育费附加。

剩余法比较简便易行,也是目前国际上常用于评估建筑用地使用权价值的方法。现阶段我国土地市场尚在发展之中,土地成交案例较少,很难采用市场价格法,因此采用剩余法评估房屋建筑用地使用权价值也是可行的。采用这种方法的关键在于应较为准确地预测房屋的售价和建筑成本,而房屋的售价往往受市场供求因素等的影响,难以准确预测,这就使得用剩余法评估土地使用权价值带有估算成分。

4. 收益现值法

土地使用权的价值还可用收益现值法进行评估。收益现值法也叫地租资本化法。它是将土地年租金(即收益)通过折现换算为地价来评估土地使用权价值的方法。这种方法认为"土地价格是资本化的,因而是提前收取的地租"。当然,一次性收取的地价,不是每年租金的简单加总,而是要进行折现的。例如:一块土地每年租金4万元,使用期为40年,如简单地加总计算,地价为160万元(4万元/年×40年),这样计算显然是不合理的。因为在市场经济条件下,今年预收未来才能收到的钱,必须扣除贴息进行折现。如果按年折现率10%计算,一年后的100元只等于今天的90.91元,两年后的100元只等于今天的82.64元。按收益现值法计算土地使用权价值的公式为:

$$土地使用权价值=土地年租金\times\frac{(1+i)^n-1}{i(1+i)^n}$$

式中,i为年折现率,一般可采用市场利率;n为土地使用年限;$\frac{(1+i)^n-1}{i(1+i)^n}$为年金现值系数,可通过年金现值系数表查得,是将今后一定时期内每年等额资金折算为现值的系数。

6.5 企业资产综合评估

6.5.1 企业资产综合评估与单项资产评估的区别

本章前几节所讲的流动资产、固定资产以及无形资产的评估,都是按资产构成分项进行评估的。例如固定资产评估,就是将构成固定资产的所有机械设备、建筑物等逐一进行评估,然后加总起来,就得出固定资产的评估价值。这种按资产构成以单项资产作为评估对象的评估工作,叫作单项资产评估。单项资产评估无论采用哪种计算方法,都具有一个共同特点,就是最终评估结果都是根据被评估资产在评估时价格水平计算的,它没有考虑企业资产的综合获利能力,也没有考虑企业资产在企业施工生产经营活动中的预期利润。所以单项资产评估只是静态地反映某个时期内企业重新购建这批资产的成本。

但是,当企业的资产在产权交易时被作为资本对待时,它可能增值,也可能减值。因为它不仅会受资产数量和负债数额的影响,还会受企业素质、资产结构、地区经济环境等诸多因素的影响。

为了综合考虑这些因素并动态地对企业资产进行评估,就要应用综合评估方法。综合评估,就是根据企业占有的全部资产及其整体获利能力和所在地区经济环境等因素进行综合性评估。

由于单项资产评估和企业资产综合评估的经济含义不同,单项资产评估方法和企业资产综合评估方法的应用范围也不相同,单项资产评估方法应用于以下经济行为的资产评估。

一是单项资产出售时的评估,即企业不是将全部资产用于投资或产权交易,而是将某项资产、某一部分资产出售时所做的评估。如企业将多余、闲置的机械设备出售转让,或在破产时将部分尚有使用价值的机械设备作为生产要素出售时所做的评估。

二是企业自身或国家对国有企业所进行的资产评估。如企业以摸清自己家底为目的的资产评估,企业自身或国家对国有企业以资产保值、公平税负、考核经营者为目的的资产评估,国有资产管理部门对国有资产全面普查、界定时的评估。

企业资产综合评估方法以企业整体资产作为资本进行评估,所以它适用于企业或其所属生产单位整体资产以产权变更为目的的资产评估。对破产企业,如其所属生产单位能够正常生产经营,也可采用综合评估方法。此外,企业资产综合评估方法也可用于对企业商誉价值的评估。因为商誉内含于企业整体资产的组合之中,必须根据企业整体资产进行综合评估。

6.5.2 企业资产综合评估应考虑的因素

在对企业资产进行综合评估时,应考虑以下主要因素。

1. 企业拥有的资产及其结构

一般来说,企业拥有的资产数量与企业的获利能力成正比,即企业的资产越多,企业获利的可能性越大。因此,企业资产综合评估首先应考虑企业的资产数量。但是,只有资产数量,而没有合理的资产结构和配置,资产也难以发挥作用,使企业获利。资产的结构既包括固定资产和流动资产的结构,也包括固定资产内部的结构,如土方工程机械设备、混凝土工程机械设备、水平垂直运输设备的结构等。企业的施工能力,是指企业资产所形成的综合生产能力,只有资产的结构合理、相互配套、技术状况良好,才能充分发挥作用。

2. 企业素质

企业素质是指决定企业施工生产经营活动能量或决定企业生存和发展能力的各种内在因素的综合。决定企业施工生产经营活动能量的内在因素很多,主要有人员素质、技术素质、管理素质等。

人员素质包括领导班子的素质和职工队伍的素质。领导班子素质包括领导集团素质和领导者个人素质。领导集团素质是指领导集团的专业结构、年龄结构、知识结构、智能结构。领导者个人素质是指领导者个人的政治思想水平、政策水平、文化水平、业务能力、领导能力,以及年龄、健康状况等。职工队伍素质包括职工队伍的比例结构,职工的政治、文化、技术、专业知识水平和业务、技术能力。

技术素质包括施工、生产工艺水平和技术开发能力。

管理素质包括企业施工生产经营管理科学化、现代化的程度和企业施工生产经营管理基础工作的质量。

以上各项内在因素本身的质量状况及其组合水平,构成企业施工生产经营能力的基础,反映企业适应外部经营环境变化的能力,企业在质量、工期、标价、信誉竞争中取胜并赢得市场的能力,企业不断进行技术创新的能力,企业自我改造、自我发展的能力。因此,企业素质的好坏,直接影响着企业的获利能力和经济效益。

3. 地区经济环境

地区经济环境主要指地区经济发展情况和地区施工力量情况。地区经济发展情况,特别是地区固定资产投资规模,与企业施工能力能否充分发挥有着密切的关系。因为地区固定资产投资规模如能保持持续增长态势,建筑产品需求不断增长,企业的施工能力容易发挥,就能够获得较好的经济效益;反之,如果地区经济发展停滞,建筑产品需求不能增长或呈减少态势,企业施工能力特别是附属生产企业的生产能力就不易发挥,较难获得经济效益。在地区建筑产品需求一定的情况下,地区施工力量大,建筑市场竞争激烈,工程标价就会低,企业利润也会减少。因此,地区固定资产投资规模和地区施工力量的大小,也会影响企业的获利能力和经济效益。

6.5.3　企业资产综合评估方法

(1)利润资本化法就是将企业预期年利润,通过平均资金利润率加以资本化,算得资本评估值,再加上企业负债,求得企业资产评估总值的方法,计算公式为:

$$企业资产评估总值 = \frac{企业预期年利润}{平均资金利润率} + 企业负债$$

企业预期年利润,可根据被评估企业预期年度净利润或近几个年度平均净利润率计算。

平均资金利润率一般应按建筑行业平均资金利润率计算。行业平均资金利润率也叫资本利润率或自有资金利润率。它根据行业利润总额与行业资本总额求得。如已知行业基准投资收益率,也可采用行业基准投资收益率计算。但如行业平均资金利润率低于市场利率,应按市场利率计算。因为在产权交易时,投资者如不能获得按市场利率计算的利润,对算得的资本额是不愿接受的。

在计算企业资产评估总值时,之所以要加企业负债,是因为按企业预期年净利润和平均资金利润率算得的是企业资本评估值,企业资本评估值加上企业负债,才是企业资产评估总值。当然,如果能求得平均资产利润率,也可根据企业预期年净利润和平均资产利润率来算得企业资产评估总值。但平均资产利润率受企业资金结构(即借入资金与资本的比例)的影响。因为借入资金的利息是计入成本的,借入资金的比例越大,成本越高,利润越少。借入资金和资本的比例不同,企业的资产利润率也就不同。所以无法求得一个适合于各个不同资金结构企业的平均资产利润率。因此,在实践中是无法采用平均资产利润率来计算企业资产评估总值的。

(2)如果企业的资金利润率高于行业平均资金利润率,也可先计算企业商誉评估价值,然后将其与单项资产评估价值之和相加,来确定企业资产评估总值。

商誉是指企业在其拥有资产的基础上,能获得高于行业平均资金利润率所形成的价值。在评估时,可先以行业平均资金利润率作为计算年利润额的基数,然后计算企业年超额利润,并加以资本化。商誉评估价值的计算公式为:

$$商誉评估价值=\frac{企业预期年利润-(企业资产净值×平均资金利润率)}{平均资金利润率}$$

企业资产净值=企业单项资产评估价值之和-企业负债

将商誉评估价值与企业单项资产评估价值之和相加,就可确定企业资产评估总值,计算公式为:

企业资产评估总值=企业单项资产评估价值之和+商誉评估价值

如果企业的资金利润率低于行业平均资金利润率,则这个企业的商誉评估价值就是负值。企业资产评估总值就小于企业单项资产评估价值之和。

必须指出,以上两种评估方法计算出的企业资产评估总值是相同的。因为:

企业资产评估总值=企业单项资产评估价值之和+商誉评估价值

=企业单项资产评估价值之和+[企业预期年利润-(企业资产净值×平均资金利润率)]/平均资金利润率

=企业单项资产评估价值之和+企业预期年利润/平均资金利润率-[(企业单项资产评估价值之和-企业负债)×平均资金利润率]/平均资金利润率

=企业单项资产评估价值之和+企业预期年利润/平均资金利润率-企业单项资产评估价值之和+企业负债

=企业预期年利润/平均资金利润率+企业负债

第7章　财务预算、控制与分析

7.1　财 务 预 算

企业财务预算是企业采用应收应付制测算预算期内经营活动的净利润和资本利润率，用以评估企业财务活动是否有效合理、能否完成财务管理目标。

施工企业要测算预算年度的净利润，必须先预测工程结算利润、其他业务利润、营业利润和利润总额。

7.1.1　工程结算利润的预测

施工企业预测的工程结算利润，由预测的工程结算收入减去工程结算成本、工程结算税金和附加算得。

1. 工程结算收入

施工企业预测的工程结算收入，是指企业在预算期内与发包单位结算的应收工程款。对按月结算工程款的工程，应按月终已完工程结算；对分段结算工程款的工程，应按工程形象进度已完部位结算；对竣工后一次结算的工程，应在全部工程完工后结算。各项已完工程应收的工程款，一般根据各项工程合同价格计算。但结算的应收工程款中不得计入预收工程款，也不得在应收工程款中扣除预收的工程款。

2. 工程结算成本

施工企业预测的工程结算成本，是指企业在预算期内各项已完工程为取得当期工程结算收入而可能发生的工程成本，包括工程材料费、人工费、机械使用费、其他直接费和分摊的间接费用。

在企业根据地区预算定额编制工程预算成本的基础上，分析预算年度各项工程任务和施工技术、施工管理情况，测算预算年度各项工程成本的降低额，再算得各项工程的结算成本(即工程预算成本减去工程成本降低额后的工程成本),另外,各预算期的工程结算成本往往是项目工程总成本的一部分,所以预算期某项工程结算成本的计算公式为:

$$预算期某项工程结算成本 = 该期该项工程结算收入 \times \frac{该项工程预算成本 - 该项工程成本降低额}{该项工程合同价格}$$

如某施工企业承包的某项工程的合同价格为1000万元,工程预算成本为750万元,经测算该项工程成本降低额为50万元,2008年5月份的已完工程结算收入为100万元,则该月已完工程的结算成本为:

$$100\text{万元} \times \frac{750\text{万元} - 50\text{万元}}{1000\text{万元}} = 70\text{万元}$$

企业如不采用编制工程预算成本的方法,也可根据企业施工定额和相同结构类似工程成本资料,对预算期各项工程结算成本加以测算。

3. 工程结算税金及附加

在算得预算期工程结算收入和结算成本后,就可计算工程结算税金及附加和工程结算利润。

工程结算税金及附加是指按工程结算收入和税率计算应缴的增值税,以及按增值税及税费率计算应缴的城市维护建设税和教育费附加。按照现行税费率,增值税应按工程结算收入的3%缴纳,城市维护建设税应按增值税的7%缴纳,教育费附加应按增值税的3%缴纳。这样,如上述税费不变,工程结算税金及附加为工程结算收入的3.3%[工程结算税金及附加=工程结算收入×3%×(1+7%+3%)=工程结算收入×3.3%]。

4. 工程结算利润

工程结算利润是企业在预算期内工程结算收入减去工程结算成本和工程结算税金及附加后的余额,计算公式为:

工程结算利润=工程结算收入-工程结算成本-工程结算税金及附加

为了便于对工程结算收入、成本、利润的考核,在编制企业财务预算时,对各项工程的结算收入、结算成本、结算利润应分别测算和反映。

7.1.2 其他业务利润的预测

施工企业预测的其他业务利润,由预测的其他业务收入减去其他业务成本和经营税金及附加算得。

1. 其他业务收入

施工企业预测的其他业务收入,是指企业在预算期内除了工程结算收入以外的其他业务收入,包括产品销售收入、材料销售收入、固定资产出租收入等。

产品销售收入主要是指企业在预算期内生产产品而取得的销售收入。对已在产销的产品销售收入,可根据报告年度售价或按预算年度供求情况和产品成本变动调整后的售价以及预算年度预计销售量计算。对新产品的销售收入,可根据按产品生产成本和摊销管理费用、利润、所得税计算的售价以及预算年度预计销售量计算。要注意的是,产品销售收入的形成和工程结算收入的形成是不同的,产品销售时收取的增值税是价外税,工程价款结算时收取的增值税是包括在工程价款内的价内税,价外税是不计入工程结算收入的,所以在计算产品售价时不能将增值税包括在内。

材料销售收入是指企业在预算期内将施工生产多余材料进行销售的收入,材料销售价格可按市场价格估算。

固定资产出租收入是指企业在预算期内将机械设备等固定资产出租的租金收入,租金收入可按经营租赁合同的规定计算,一般由固定资产的折旧费、修理费、保险费、增值税、利润、所得税构成。

2. 其他业务成本

施工企业预测的其他业务成本,是指企业在预算期内除了工程结算成本以外的其他业务成本,包括产品销售成本、材料销售成本、固定资产出租成本等。其中产品销售成本是指企业在预算期内生产产品的成本,可根据报告年度生产成本和预计销售量计算。材料销售成本是指企业在预算期内将施工生产多余材料进行销售的成本,可根据材料采购成本和预计销售量计算。固定资产出租成本是指企业在预算期内将机械设备等固定资产出租的成本,一般包括固定资产的折旧费、修理费、保险费等。

3. 其他业务税金及附加

其他业务税金及附加是指企业按其他业务收入的3%应缴的增值税,和按增值税的7%应缴的城市维护建设税,以及按增值税的3%应缴的教育费附加。

4. 其他业务利润

其他业务利润是企业在预算期内其他业务收入减去其他业务成本和其他业务税金及附加后的余额,计算公式为:

其他业务利润＝其他业务收入－其他业务成本－其他业务税金及附加

7.1.3 营业利润的预测

施工企业预测的营业利润,由预测工程结算利润加其他业务利润、投资净收益,减去管理费用、财务费用算得。至于应计入营业利润的公允价值变动损益和资产减值损失,由于很难在财务预算中估计,一般可不考虑。

1. 投资净收益

施工企业预测的投资净收益,是指企业在预算期内对外股权投资、债权投资所获得的投资收益减去投资损失后的净额。

投资收益按被投资单位可分配的利润、股利、债券利息、投资收回或者中途转让取得款项多于账面价值的差额等计算。

投资损失按企业对被投资单位分担的亏损、投资到期收回或者中途转让取得的款项少于账面价值的差额等计算。

2. 管理费用

施工企业预测的管理费用,是指企业在预算期内因管理和组织经营活动所发生的行政管理人员工资、职工福利费、折旧费、修理费、低值易耗品摊销额、办公费、差旅交通费、工会经费、职工教育经费、劳动保护费、董事会费、咨询费、审计费、诉讼费、土地使用费、技术转让费、技术开发费、无形资产摊销额、开办费、业务招待费,以及近年政府和有关部门规定必须缴纳的工程排污费、社会保险费(包括为职工缴纳的基本养老保险费、失业保险费、基本医疗保险费、生育保险费、意外伤害保险费)、住房公积金、工程定额测定费等。

行政管理人员工资按预算年度公司总部管理人员的工资、工资性津贴、补贴等计算,但不包括公司总部医务人员、脱产工会人员的工资。

职工福利费按预算期内行政管理人员工资总额与提取比率计算。

工会经费、职工教育经费、住房公积金分别按预算期内职工工资总额和规定比率计算。

折旧费、修理费分别按预算期内行政管理部门使用的固定资产的原值和折旧率,大修理费用提存率及经常修理费计算。

工程排污费指预算期内各施工现场按规定应缴纳的工程排污费。

社会保险费指企业在预算期内按规定标准及费率为职工缴纳的基本养老保险费、失业保险费、基本医疗保险费、生育保险费,以及按照建筑相关法规规定为从事危险作业的建筑安装施工人员支付的意外伤害保险费。

其他费用参照报告年度支出数计算。

3. 财务费用

施工企业预测的财务费用,是指企业在预算期内为筹集施工生产经营所需资金而发生的各项费用,包括施工生产经营期间的利息净支出、汇兑净损失、金融机构手续费,以及企业筹资时发生的其他财务费用。但在预算期内,不得将与购建固定资产有关的借款利息支出和汇兑损失计入财务费用,因为这些利息支出和汇兑损失应计入固定资产或专项工程支出。

利息净支出按预算期内因施工生产经营而向金融机构借款发生的利息支出减去同期存款利息收入后的差额计算。

汇兑净损失按预算期内因施工生产经营而发生的汇兑损失减去同期汇兑收益后的差额计算。

金融机构手续费按预算期内因施工生产经营发生的金融机构手续费等计算。

4. 营业利润

营业利润是企业在预算期内工程结算利润加上其他业务利润、投资净收益,减去管理费用、财务费用后的余额,计算公式为:

营业利润＝工程结算利润＋其他业务利润＋投资净收益－
管理费用－财务费用

7.1.4 利润总额的预测

施工企业预测的利润总额,由预测的营业利润加营业外收入,减营业外支出算得。

1. 营业外收入

施工企业预测的营业外收入,是指企业在预算期内发生的与企业施工生产经营活动没有直接因果关系,但与企业又有一定联系的收入,包括固定资产盘盈、处置固定资产净收益、处置临时设施净收益、非货币性交易收益、罚款收入等,按确有可能发生并能估算其金额的收入计入。

2. 营业外支出

施工企业预测的营业外支出,是指企业在预算期内发生的与企业施工生产经营活动没有直接关系的各项支出,包括固定资产盘亏、处置固定资产净损失、处置临时设施净损失、债务重组损失、非常损失、罚款支出、捐赠支出等。按能基本确定并可估算其金额的支出计入。

3. 利润总额

利润总额是企业在预算期内营业利润加营业外收入,减营业外支出后的余额,计算公式为:

$$利润总额 = 营业利润 + 营业外收入 - 营业外支出$$

7.1.5 净利润的预测

施工企业预测的净利润,由预测的利润总额减去所得税算得,计算公式为:

$$净利润 = 利润总额 - 所得税$$

其中,所得税根据《所得税法》及税率计算。

7.1.6 资本利润率的计算

施工企业在编制企业财务预算时,除了测算预算年度净利润外,还应计算预算年度资本利润率。资本利润率又称净资产收益率。它是企业净利润与资本总额(即所有者权益或净资产)的比率,反映每元资本所能获得的净利润。其计算公式为:

$$资本利润率 = \frac{净利润}{资本总额} \times 100\%$$

之所以还要计算预算年度资本利润率,是因为净利润只是绝对额指标,没有说明所得净利润与资本额之间的投入产出关系,不能科学地说明企业经营效益水平的高低,不利于不同资本规模企业和同一企业不同资本规模年度之间的比较。

计算资本利润率时企业预算年度的资本总额,可按报告年度的资本总额,加上预算年度确有可能增加的资本金(包括发行新股、配股、收购等增加的资本金),减去减少的资本金算得。

7.2 财务控制

财务控制是指企业对财务活动进行约束和调节,使之按照财务预算设定的目标运行的过程。

7.2.1 财务控制及其基本程序

企业为了有效地对财务活动进行内部各单位各部门的协调和控制,应按照统一领导、分级管理的原则,在内部划分责任单位,成立责任中心,明确各责任单位应承担的经济责任、应有的权力和利益,促使各责任单位完成其在预算中确定的目标。因此,建立责任中心制度是落实财务预算目标,实现财务控制的保证。

第一,要确定责任单位,根据企业施工经营管理组织形式划分责任层次,按照分层负责的原则,明确各层责任划分,组成一个上下左右纵横连锁的责任体系。即根据分权原则和授权原理,确定责任目标层次和层次间联系的内容。根据施工企业内部责任中心的权责范围及业务活动的特点不同,可分设成本中心、利润中心、投资中心等。

第二,要确定责任中心所承担的责任内容,在财务预算的目标下,按照责任中心的权责范围、财务活动的内容,确定可以衡量的责任目标和考核范围,所有责任中心都要对自己经济活动中所发生的财务活动负责,并分清自己的责任。责任对责任者来说,应是可控的。可控是指:①有办法知道发生什么耗费、收益或投资;②有办法计量发生多少耗费、收益或投资;③在发生偏差时有办法控制。具备以上三个条件的,则为可控。可控与不可控是相对的,这个单位、部门不可控,那个单位、部门却可控;下级不可控,上级却可控。责任认定的可控、不可控,是按已确定的经济责任分管的范围来确定责任归属的。可控解决归属问题,使其形成一个分管体系,做到责任分工具体化、数量化,并可考核。

第三,在确定责任中心和责任内容的同时,还要按责任归属原则形成一套完整的计算、记录和报告程序,提供及时可靠的财务信息,以反映和衡量责任单位的行动是否与预算目标一致,以便考核有关责任层次在财务管理中的成绩和问题,确定责任功过的原因。

此外，还应建立内部价格结算体系，健全企业内部经济合同制度和建立奖罚制度等。

7.2.2 工程成本的控制

工程成本控制是指企业在施工经营过程中，按照预定的工程结算成本目标，对构成工程成本的一切耗费进行严格的计算、考核和监督，及时发现偏差，并采取有效措施，纠正不利偏差，发展有利偏差，使工程成本被限制在预算的目标范围之内。科学地进行工程成本控制，可以用较少的物化劳动和活劳动耗费，取得较大的经济效益，不断降低工程成本。

要有效地控制工程成本，必须建立健全的责任成本制度，对施工企业来说，特别要确定项目经理部一级的权限和责任成本。因为项目经理部一级是企业与社会的结合部，也是企业内部人、财、物的结合部。对外代理企业履行工程合同，对企业的社会效益负责；对内对工程成本的绝大部分负责，直接影响企业的综合效益。因此，为了保证其顺利地履行责任，必须赋予其相应的权力，包括有关的人员聘用权、奖金分配权、材料采购选择权、施工队伍选择权、施工方案选择权、施工生产工艺的决定权和施工指挥权等。当然，这些权限赋予必须建立在遵守国家有关政策、法令、规定以及企业有关规定的基础上。

项目经理部一级的责任成本包括以下内容：①按劳动定额、人工结算单价和工程量计算的工程人工费；②按材料消耗定额、材料结算价格和工程量计算的工程材料费；③按机械台班定额、机械台班结算价格和工程量计算的工程机械使用费；④按工程人工费、材料费、机械使用费和其他直接费定额计算的工程其他直接费；⑤间接费用、管理费用和财务费用中的可控部分。

为了正确评价责任单位的工作业绩和成果，消除客观因素的影响，必须建立内部统一的价格体系，使责任成本的预算具有更好的可比性和可控性。除了责任单位直接向市场采购的材料、构件按实际价格核算外，企业内部各单位供应的构件、劳务、机械一律要用内部结算价格计算，并据此签订内部经济合同。

规定内部结算价格是一项比较复杂的工作，它关系到企业内部各单位经营成果的比较和考核。规定不当，容易产生内部矛盾，不利于调动各方面的积极性。如对内部劳务价格的取定，定高了，项目经理部不愿接受；定低了，劳务供应单位又没有积极性。为了尽可能合理地确定内部结算价格，对材料、构件、机械租赁等，可采用不同的定价方法。对供应部门供应的材料，按市场价格加运杂费定价；对构件、机械租赁等，按预算定额单价加上材料价差、人工费调整因素，再考虑一定比例的内部利润定价,使结算价格略高于预算价格又低于市场价格,这样就容易被双方接受。

采用责任成本进行成本控制,必须严格划清各责任单位的成本责任。成本责任划分不清,责任成本就很难计算,也就会影响各个责任单位的经济利益,久而久之,责任成本就不能很好地控制成本。因此,必须健全企业内部的经济合同制度,使各责任单位之间的经济往来均按合同进行。经济合同条款必须写明双方责任,规定计价标准、质量、工期要求以及违约索赔条款等。一旦发生纠纷,可根据合同条款进行仲裁。为此,还必须明确企业内部的仲裁部门,按仲裁结果执行。为了减少经济纠纷的发生,应先将有关责、权、利关系和可能发生的经济责任的仲裁办法列入规章制度,使各单位在实际工作中遵循,不致在发生纠纷时相互扯皮、影响工作。

为了落实经济责任,保证责任成本制度的推行,充分调动各个责任层次的积极性,必须健全内部责任承包办法,建立并完善奖罚制度。首先,要在承包指标中突出成本指标,将责任单位管理人员的收益直接与其责任成本完成的业绩挂钩,将奖罚标准与其责任成本完成情况,以比例形式确定。其次,在奖罚办法中,必须使利益与风险并存、奖罚基本对等,即对该奖什么、该罚什么、奖到什么程度、罚到什么程度,都要在承包合同奖罚条款中明确规定。在具体实施中,也可考虑逐步推广并不断完善风险抵押金制度,使风险抵押金真正起到应有的作用。

必须指出,责任成本中心是对成本负责控制和保证完成的责任单位。如果责任单位只提供一定的服务,不从事工程施工生产,如研究开发部门、一般行政管理部门等,就称为费用中心。

考核责任成本中心的主要指标是责任成本。考核费用中心的主要指标是责任费用限额,也就是这些部门的可控费用。

7.2.3　利润的控制

利润控制是指企业在施工经营过程中,按照预定的企业利润目标,对形成利润的有关经营活动进行记录和考核,并对存在的问题及时提出解决措施,保证利润目标的完成。

要完成企业的利润目标,除了控制好工程成本外,还必须完成一定数量的工程,并在工程价款中保留一定的利润空间。在采用投标方式后,既要选择好投标工程项目,又要讲求投标策略,采用最优标价。在选择投标工程项目时,首先要从企业自身的实际情况出发,考虑能否发挥本企业的技术优势、装备优势,保证均衡施工和连续施工,做到扬长避短,充分利用企业的人力、物力。其次,要了解工程项目的建设资金是否落实,业主的资信条件是否较好,以免中标后由于资金不落实而引起工程中途停工,或者拖欠工程款给投标企业带来经济损失。最后,要根据企业的近期利润目标和远期利润目标,预测该工程项目能否给企业带来近期利润;或虽无近期利润,但能在该地区打开新局面,争取更多的后续工程,给企业带来远期利润。

在工程投标选用标价时,要以谋求获得最大的利润为出发点,采用最优标价策略。一般来讲,标价高,中标的概率小,承包工程少,工程成本高,企业利润少;标价低,中标的概率大,承包工程多,工程成本低,企业利润多。所以标价、工程量和成本、利润之间存在着函数关系,从这关系中就可找出企业获得最大利润的最优标价。

当企业工程任务比较饱和、竞争对手较少时,应采用高标价策略;当企业生产能力过剩、竞争对手较多时,应采用低标价策略。

施工企业要提高企业的盈利水平,可以成立利润中心。利润中心,是指既对企业利润承担责任,又对收入和成本承担责任的企业所属单位。这些单位能通过工程投标和施工生产经营决策,对本单位的盈利产生影响,为企业增加利润。利润中心是在建筑市场竞争加剧、施工企业规模不断扩大以后,给分布在各个地区的分公司以较大工程投标和施工经营权的产物,为了促使分公司从经济利益方面关心投标标价和工程施工成本,企业应用工程结算收入利润率等指标来考核公司经营管理的业绩。这种分权管理形式既有利于企业的日常经营管理决策,又能激励利润中心主管人员,并有利于培养经理人才。

7.2.4 投资的控制

施工企业投资的控制,主要是指企业对固定资产等项目进行投资时,按投资项目财务预算和项目可行性研究报告,对项目筹资成本、投资利润率等进行计算、考核,及时发现偏差,并采取有效措施回避筹资风险,提高项目投资经济效益。

施工企业的固定资产等投资项目,如果投资额较大、建设周期较长,投产以后生产单位生产的产品除供给企业的施工单位使用外,还在市场上销售给其他企业,则这个生产单位往往实行独立核算,并采用设立投资中心这种分权管理形式。投资中心,是指既对投资收益负责,又对利润、收入、成本负责的单位。投资中心不仅能根据企业生产能力和市场需求进行生产经营决策,而且能对投资进行决策。因此，它比利润中心和成本中心权力更大、责任更重。特别是在一些施工企业走向多元化经营路线以后，给一些不参与施工生产经营的单位以较大的经营、投资权，为了促使企业快速发展，便对这些单位采用了设立投资中心这种分权管理形式，但采用这种分权管理形式的一个前提是，企业要将该中心的产、供、销生产经营决策和投资决策权下放给投资中心主管人员，不干预日常生产经营，同时要从以下两个方面对投资中心严加考核：一方面要用资本利润率等指标，考核投资中心的经营成果；另一方面要用净现值和内部收益率等指标，考核投资中心新增的投资经济效益，以免陷入投资风险。

施工企业的固定资产投资项目，如建成投产后的生产单位，只生产专供企业的施工单位使用的产品，则与其他施工单位一样，只有生产经营权，没有投资权，一般实行内部独立核算，并采用设立利润中心这种分权管理形式。

7.3 财务分析

财务分析是以企业会计报表和有关资料为依据，采用专门的方法，系统分析评价企业过去和现在的施工经营成果、财务、成本状况及其变动趋势，用于了解过去、评价现在、预测未来，为报表使用人提供决策信息。

7.3.1 财务分析的内容

企业会计报表是根据报表使用人的一般要求进行设计的，并不符合特定报表使用人的要求。报表使用人要从中选择自己需要的信息，对企业的经营理财状况进行分析、评价，因而不同的报表使用人对财务分析的内容各有侧重点。

1. 所有者或股东

企业所有者或股东作为投资者，在财务分析时必然高度关心企业的盈利能力及其资本的保值增值，对投资的回报有强烈的要求。但拥有控股权的投资者和一般投资者的分析内容并不完全相同。拥有控股权的投资者侧重于分析企业在建筑市场的竞争实力，追求企业的持续发展。一般投资者则侧重于分析企业短期的盈利能力，以及企业分配的利润或股利，追求当年利润及股利的分配和企业股票的市场价值。

2. 债权人

债权人投入的资金具有利息固定、支付优先，但不分享企业剩余利润的特点。这决定了债权人在进行财务分析时,必然首先关注其贷款的安全性。但短期债权人和长期债权人的分析内容也不相同。短期债权人特别关注企业资产的流动性,以及在短期内能否将流动资产变现以偿还流动负债。长期债权人特别重视企业资金结构和盈利能力,关注企业资本的实力和长期负债所形成的长期资产能否有效地产生作用,以及企业的盈利能力能否增强,来保障长期债务本息的偿还。

3. 政府经济管理机构

政府经济管理机构必然关注企业对社会贡献的能力,即是否依法纳税,履行法定的社会责任;是否在谋求资本保值增值的前提下,带来财政收入的增加。政府经济管理机构分析、评价企业财务状况,不仅要了解企业占用资金的使用效率,预测财政收入的增长情况,有效地组织和优化社会资金、资源配置;还要借助财务分析,检查企业是否有违法乱纪行为,促使社会主义经济基础的巩固。

4. 企业经营者

企业经营者作为自主经营、自负盈亏的独立法人,其施工经营理财的基本动机是追求企业价值最大化,因而必然对企业经营财务成本的各个方面,包括营运能力、盈利能力、偿债能力、对社会贡献能力以及成本降低能力等全部情况进行详尽的分析和评价,以便及时发现问题,采取对策,规划和调整市场定位及目标,消除影响企业经营效益增长的不利因素,进一步挖掘潜力,降低工程、产品成本,为经济效益的增长奠定基础。

从上可知,不同利益主体对企业财务、成本分析虽各有侧重点,但就企业总体来说,财务分析的内容,可归纳为以下四个方面,即营运能力分析、盈利能力分析、偿债能力分析和社会贡献能力分析。其中营运能力是实现财务目标的物质基础;偿债能力是实现财务目标的条件;盈利能力既是营运能力和偿债能力共同作用的结果,又是营运能力和偿债能力不断增强的保证。三者相辅相成,构成企业财务分析的基本内容。对社会贡献能力是连接企业目标与社会责任,评价企业经济效益与社会经济是否协调增长的重要经济指标,也是促使社会主义市场经济持续发展的保证。

7.3.2 财务分析的方法

财务分析的方法,主要有比较分析法和因素分析法。

1. 比较分析法

比较分析法又称对比分析法。它将两个或两个以上可比财务数据进行对比,发现差异和矛盾,是财务分析中最基本的分析方法。比较分析法按其比较对象和比较内容,可进一步加以分类。

(1)按比较对象的不同分类。

①与本企业历史不同时期可比财务数据对比,也叫趋势分析。

②与同行业企业的平均数或竞争对手可比财务数据对比,也叫横向比较。

③与报表中对应或相关项目数据对比。会计报表各项目之间,有的存在对应关系,如资产负债表中的流动资产与流动负债,现金流量表中的经营活动产生的现金流量净额与资产负债表中的负债总额,都可用来分析企业的短期偿债能力和用现金流量偿付债务的能力。

(2)按比较内容的不同分类。

①比较会计要素总量。总量是指会计报表中各项目的总额,如资产总额、负债总额、利润总额等。总量比较主要用于时间序列分析,如根据企业各年利润总额的变动趋势,分析企业盈利能力的增长潜力。有时也可用于与同行业企业的比较,如通过与同行业企业工程结算收入总额的对比,分析企业在建筑市场所占建筑安装工程份额和竞争实力,等等。

②比较财务比率。财务比率与总量不同,它是相对数,能消除企业规模等因素的影响,使不同比较对象具有可比性。因此,它是比较分析中最重要的分析指标。如将企业历年资本利润率进行对比,分析所有者(股东)投入资金的收益的增长情况;通过与同行业企业工程结算收入利润率的对比,分析企业在建筑市场工程投标竞争中,是否有较大的优势,等等。

在采用比较分析法时,必须选择合适的比较基础,作为分析评价企业当期实际财务数据的对比标准。在采用趋势分析将历史财务数据作为对比标准时,必须注意各个年度财务数据的可比性。因为企业经营的多元化,企业经营规模的扩大,以及企业施工经营环境(特别是建筑市场景气度)的变化等,都会使当年与历史财务数据不可比。同样,在采用横向比较将同行业企业财务数据作为对比标准时,也要注意与同行业企业财务数据的可比性。同行业企业财务数据的平均数,只能代表行业的一般情况,不一定有代表性或可比性。因而不如选择与本企业施工经营规模相似的企业,或行业中竞争对手作为对比标准。

2. 因素分析法

因素分析法是依据分析指标和影响因素的关系,从数量上确定各因素对指标影响程度的分析方法,主要有连环代替法、差额分析法、指标分解法。

(1) 连环代替法。

连环代替法是分析某一指标的完成情况受哪些因素的影响及其影响程度的方法。企业各项指标的完成情况,通常是许多因素综合影响的结果。在这些因素中,有的因素起促进作用,有的因素起阻碍作用。各个因素所起的促进和阻碍作用,也有主次之分。因素分析有助于了解各个因素对指标完成情况的影响及影响的程度,从而进一步查明具体原因,以便采取改进措施。

进行因素分析时,首先要将影响某一预算指标(或计划指标,下同)完成情况的有关因素进行适当的分类,即根据各项指标的经济内容确定其受哪些因素的影响;再根据有关数据来分析各个因素对计划指标的完成情况所产生的影响,以及影响的程度。要测定各个因素对计划指标完成结果的影响程度,只有在假定其中一个因素可变、其他因素不变的情况下才有可能。马克思在分析劳动日长度、劳动生产力和劳动强度对劳动力价格和剩余价值相对量的影响时曾写道:"很明显。在这里可能有许多种组合。可能两个因素变化,一个因素不变;或者三个因素同时发生变化。它们可能在同一程度上或在不同程度上变化,可能向同一方向或向相反的方向变化,以致它们的变化可以部分地或全部地互相抵消……只要顺次地把其中一个因素视为可变,把其他因素视为不变,就会得到任何一种可能的组合的结果。"

如将影响材料费总额的因素按其性质进行分类,可分为工程量、单位工程量材料耗用量和材料单价3个因素,这3个因素对材料费总额的影响,可用下列公式表示:

$$材料费总额 = 工程量 \times 单位工程量材料耗用量 \times 材料单价$$

(2) 差额分析法。

凡指标金额变动是由各个因素增减额引起的,可计算各个因素的增加、减少额来确定各个因素对指标的影响程度。如固定资产净值的增减,是固定资产原值和累计折旧额增减的结果。在分析固定资产净值增减时,只要计算固定资产原值和累计折旧额的差,就可分析出固定资产原值和累计折旧额因素对固定资产净值增减的影响程度。

(3) 指标分解法。

指标分解法是通过分析财务、成本指标间的内在联系,对指标逐一分解,从指标间的依存关系,揭示指标形成的前因后果的一种分析方法。

不论采用哪种财务分析方法,在分析时,都必须研究各项经济指标,由此及彼、由表及里地指出影响指标完成的主要因素,并提出解决矛盾的措施。施工企业的财务指标受多方面因素的影响,并且施工、经营、管理等方面因素相互联系、相互制约。如利润总额的增加是在已完工程数量、工程预算造价、工程成本、其他业务经营、管理费用、财务费用开支、对外投资经济效益等因素的影响下形成的,并且这些因素是彼此相关、相互依存的。企业经营者在进行分析时,必须将相互关联的各项因素加以分类、排列,指出哪些是主要因素,哪些是次要因素,它们之间因果关系怎样,从而找出矛盾所在,提出切实的措施。

7.3.3 营运能力分析

施工企业的营运能力是指在外部建筑市场环境下,企业通过合理配置内部人力资源和生产资料资源,对财务目标产生作用的能力。营运能力的大小,对企业盈利能力的持续增长和偿债能力的不断提高有着极大的影响。

1. 人力资源营运能力分析

人力资源是企业最积极的生产要素,其素质水平的高低,对企业营运能力起着决定性的作用。分析评价企业人力资源,有利于充分调动职工的积极性和创造性,提高企业施工经营效益。

人力资源营运能力分析,通常可采用劳动生产率指标。

劳动生产率是指职工在施工经营中的劳动效率,一般用一定时期内每一职工完成的产值或营业收入来表示。在市场经济下,只有将承包工程完工结算和将产品销售出去,才能为企业带来经济效益,因此常用工程结算收入和其他业务收入之和与职工平均人数的比值来计算劳动生产率。其计算公式为:

$$劳动生产率 = \frac{工程结算收入 + 其他业务收入}{职工平均人数}$$

式中,职工平均人数是指年度或季度内各日职工人数的平均数。

对施工企业劳动生产率的分析和评价,可采用比较分析法,即将实际劳动生产率与本企业预算水平、历史水平或同行业先进企业水平的指标加以对比,进而确定差异程度,分析产生差异的原因,采取相应的措施,进一步提高企业人力资源的效率。但在对比分析时,必须注意可比性。因为目前有的施工企业承包工程,不一定自行施工,企业可能将部分工程分包给其他企业施工。在这种情况下,将承包工程部分分包出去的施工企业的劳动生产率,就比全部自行施工的企业的劳动生产率高,这是在分析、评价时必须注意的。

2. 生产资料营运能力分析

如何合理地利用生产资料,考核它的营运能力,是施工企业财务管理中另一个极为重要的内容。施工企业拥有的生产资料,表现为对各项资产的占用。因此,生产资料的营运能力,实际上就是企业总资产及其各个构成要素的营运能力。

(1)总资产营运能力分析。

施工企业的总资产营运能力集中反映在利用企业资产完成营业收入的水平,即总资产周转率方面。总资产周转率是工程结算收入和其他业务收入之和与资产平均总额的比值,通常以周转次数来表示。其计算公式为:

$$总资产周转率(次数) = \frac{工程结算收入 + 其他业务收入}{资产平均总额}$$

式中,资产平均总额是年度或季度内各月资产平均总额的平均数,各月资产平均总额是月初、月末资产总额的平均数。

年(季)资产平均总额的计算公式为:

$$年(季)资产平均总额 = \frac{\sum \left(\frac{月初资产总额 + 月末资产总额}{2} \right)}{12(或3)}$$

为了深入分析影响总资产周转率的原因,还要进一步分析流动资产和固定资产的周转状况。需要指出的是:流动资产和固定资产对完成营业收入的作用是不同的。营业收入直接来源于流动资产的周转额,而固定资产只对流动资产周转和周转速度起推动和保证作用。没有对固定资产的有效利用,流动资产是完不成营业收入的。所以,对企业流动资产的考核应着眼于营业收入的完成额,而对固定资产的考核应侧重其利用率。

(2)流动资产营运能力分析。

施工企业流动资产营运能力的大小,主要体现在完成的营业收入,即流动资产周转率方面。流动资产周转率是工程结算收入和其他业务收入之和与流动资产平均占用额的比值,通常以周转次数表示。其计算公式为:

$$流动资产周转率(次数) = \frac{工程结算收入 + 其他业务收入}{流动资产平均占用额}$$

式中,流动资产平均占用额是年度或季度内各月流动资产平均占用额的平均数,各月流动资产平均占用额是月初、月末流动资产余额的平均数。

流动资产周转率(次数)指标说明流动资产周转的速度。企业在一定时期内占用流动资产越少,完成的营业收入越多,表明流动资产的周转越快,周转次数越多,也就意味着以较少的流动资产完成了较多的营业收入,对财务目标的贡献程度越大。

流动资产周转率除了用周转次数表示外,也可用周转一次所需的天数来表示。因为在预算工作中,通常是以年度或季度为预算期或报告期的,而年、季的时间长度总是固定的。在时间长度固定的条件下,流动资产周转率就可用周转一次所需的天数(周转天数)来表示。其计算公式为:

$$流动资产周转率(天数) = 360(或90) \div \frac{年度(季度)工程结算收入 + 年度(季度)其他业务收入}{年度(季度)流动资产平均占用额}$$

$$= \frac{年度(季度)流动资产平均占用额}{年度(季度)工程结算收入 + 年度(季度)其他业务收入} \times 360(或90)$$

流动资产周转天数短,表明周转速度快;反之,表明周转速度慢。

为了对流动资产周转状况进行更详尽的分析,进一步揭示影响流动资产周转速度的原因。企业还可在分析流动资产周转率的基础上,对其构成要素,如应收账款、存货等的周转率进行分析,以说明流动资产周转率升降的原因。

①应收账款周转率分析。

应收账款周转率又称收账比率,是企业工程结算收入和其他业务收入之和与应收账款平均余额的比值,通常以周转次数表示。其计算公式为:

$$应收账款周转率(次数) = \frac{工程结算收入 + 其他业务收入}{应收账款平均余额}$$

式中,应收账款应为扣除坏账准备后的净额,有应收票据的,也应包括在内;应收账款平均余额为各月应收账款平均余额的平均数,各月应收账款平均余额是月初、月末应收账款余额的平均数。

应收账款周转次数多,说明企业结算资金占用少,收账速度快,账龄期限短,资产流动性大,短期偿债能力强,可以减少收账费用和坏账损失,从而减少流动资产占用资金。

坏账损失较多的施工企业,还可计算应收账款损失率。应收账款损失率是企业本期坏账损失与期初应收账款余额的比率,即每元应收账款发生的坏账损

失,它的计算公式为:

$$应收账款损失率=\frac{本期坏账损失}{期初应收账款余额}\times100\%$$

应收账款损失率如高于行业规定提取坏账准备的比例,应分析发生坏账损失的原因。

②存货周转率分析。

存货周转率是工程结算成本和其他业务成本之和与存货平均余额的比值,通常以周转次数表示。其计算公式为:

$$存货周转率(次数)=\frac{工程结算成本+其他业务成本}{存货平均余额}$$

式中,存货包括在库、在用、在途、在加工和在建的库存材料、低值易耗品、周转材料、委托加工材料、在建工程、在产品、产成品;存货平均余额为各月存货平均余额的平均数。各月存货平均余额是月初、月末存货余额的平均数,有存货跌价准备的,应减去存货跌价准备。

式中分子之所以是工程结算成本和其他业务成本之和,而不是工程结算收入和其他业务收入之和,是因为存货是按成本计价的,只有按工程结算成本和其他业务成本之和计算,才能使分子、分母的口径一致,较真实反映存货的周转速度。

存货周转速度的快慢,不仅反映施工企业采购、施工、工程结算、产品营销各个环节营运水平,而且对企业偿债能力有决定性的影响。一般来讲,存货周转次数多,表示存货流动性大,存货管理水平高,有利于减少存货占用资金,提高企业资本利润率。

(3)固定资产营运能力分析。

施工企业的营业收入是流动资产周转额的体现。但是只有流动资产,而没有固定资产的作用,流动资产是完不成其周转额的。

流动资产周转速度及其周转额的大小,很大程度上取决于固定资产的营运能力及利用效率,只有将与流动资产周转额规模相适应的固定资产充分加以利用,才能保证流动资产的快速周转。所以,在分析企业流动资产营运能力同时,还要分析企业固定资产的营运能力。

固定资产营运能力分析,通常采用固定资产利用率指标。

固定资产利用率,也称固定资产周转率。它是企业工程结算收入和其他业务收入之和与固定资产平均占用额的比值。其计算公式为:

$$固定资产利用率 = \frac{工程结算收入 + 其他业务收入}{固定资产平均占用额}$$

式中,固定资产平均占用额为各月固定资产平均余额的平均数,各月固定资产平均余额为月初、月末固定资产余额的平均数。

固定资产利用率高,说明固定资产利用效率高,其营运能力强,企业能以较少的固定资产推动流动资产完成其周转额。因为流动资产要完成一定的周转额,虽要有一定数量的固定资产来保证,但这个量不是绝对不变的。企业如果配置合适、高效的机械设备,有计划地进行维修保养,不断地进行技术改造,并加以充分利用,就可以适度地减少固定资产。

固定资产利用率低,说明固定资产利用效率低,其营运能力弱,企业要用较多的固定资产才能推动流动资产完成其周转额。

利用固定资产利用率指标,可以将不同年度的指标加以比较,以了解企业固定资产的利用状况;也可以将本企业的水平,同先进施工企业的水平相比较,以找出差距、分析原因,寻求不断提高固定资产营运能力的途径。

不过固定资产利用率指标,会受企业专业化程度和企业承包工程是否全部自行施工等的影响。一般来说,建筑生产专业化程度高、向建筑制品企业购买建筑构件的施工企业和承包工程大部分分包出去的施工企业,其所需的固定资产比建筑生产专业化程度低、建筑构件大多自行制造的施工企业和承包工程大多自行施工的施工企业少,固定资产利用率也就较高。这是在用固定资产利用率指标评价企业固定资产营运能力时,必须加以注意的。

固定资产利用率指标能综合反映施工企业所有固定资产的利用水平和营运能力,但不能反映各种施工机械的利用情况。对于各种主要施工机械,要用单位能力年(季)产量指标来反映它们的利用情况。单位能力年(季)产量指标的计算公式为:

$$单位能力年(季)产量 = \frac{年(季)度实际产量}{年(季)度机械平均能力}$$

式中,机械平均能力是指企业在年度或季度内平均拥有的机械能力,它是根据年度或季度内每天的机械能力数之和,除以日历日数计算出来的。

7.3.4 盈利能力分析

施工企业的盈利能力是指企业的资金增值能力。它通常表现为企业利润数额的大小和盈利水平的高低。利润是各会计要素共同作用的结果,是企业经营理财的核心。施工企业盈利能力分析,一般可按会计要素设置收入利润率、资本利润率、资产利润率和资本保值增值率等指标来进行。

1. 收入盈利能力分析

从利润表来看,施工企业的利润可以分为工程结算利润、营业利润、利润总额和净利润。其中利润总额和净利润包含非营业利润因素,所以能够直接反映收入盈利能力的指标是工程结算收入利润率和营业收入利润率。

(1)工程结算收入盈利能力分析。

对施工企业来说,工程施工经营是企业的主营业务,工程结算利润水平的高低,对施工企业盈利能力有着举足轻重的影响。只有保持较高的工程结算利润水平,才能使企业持续发展和保持良好的财务状况。因此,工程结算收入利润率是反映企业盈利能力的主要指标。

工程结算收入利润率是工程结算利润与工程结算收入的比率。其计算公式为:

$$工程结算收入利润率 = \frac{工程结算利润}{工程结算收入} \times 100\%$$

工程结算收入利润率高,表示企业在建筑市场中的竞争能力较强,工程施工成本较低。如企业的工程结算收入利润率高于同行业其他企业,在建筑市场中,必要时可用较低的标价参与市场竞争,获得较大市场份额。

(2)营业收入盈利水平分析。

施工企业如进行多元化经营,除了工程施工经营外,还有其他生产经营业务,要分析计算营业收入利润率。因为在这种情况下,只有计算营业收入利润率,才能综合评价企业总体经营盈利能力。

营业收入利润率是企业营业利润(包括工程结算利润和其他业务利润)与工程结算收入和其他业务收入之和的比率。其计算公式为:

$$营业收入利润率 = \frac{营业利润}{工程结算收入 + 其他业务收入} \times 100\%$$

在一般情况下,营业收入利润率越高,企业总体的经营盈利能力越强,越有能力抵御建筑市场风险,在市场竞争中越占据优越地位。

2. 资本盈利能力分析

施工企业筹资、投资的最终目的,是实现所有者利润最大化,促使企业净利润不断增长。因此,反映资本盈利能力的资本利润率不仅是企业盈利能力指标的核心,也是整个企业财务指标的核心。

资本利润率又称净资产收益率、主权资本净利率。它是企业净利润与资本总额的比率,即每元资本所能获得的净利润。其计算公式为:

$$资本利润率 = \frac{净利润}{资本总额} \times 100\%$$

式中,资本总额作为所有者权益的总体,包括实收资本(或股本)、资本公积金、盈余公积金和未分配利润,即资产总额减去负债总额后的净资产。

对企业投资者或股东来说,资本利润率越高,说明投资收益越多,投资风险越小,越值得投资。对企业经营者来说,如果资本利润率高于债务资金成本率,由于财务杠杆的作用,适度负债经营对企业利润的增长是有利的;反之,如果资本利润率低于债务资金成本率,过度负债经营,就不利于企业利润的增长,并且可能使利润滑坡,导致企业陷入财务困境。从这个角度来说,债务资金成本率也是资本利润的最低限制。

企业增加资本金或股份制企业通过增发新股或配股来增加股本和资本公积金以后,会使企业资本总额增加,在这些新增资本还没有投入项目发生经济效益时,资本利润率会随着资本总额的增加而相应下降,这是正常的现象。但当这些资本投入项目发生经济效益以后,还没有达到原有资本利润率时,就要对所投资项目的经济效益进行分析,反思增加资本和项目投资决策是否正确。

在股份制企业,还要计算每股收益。每股收益也叫每股净利润。它也是反映资本盈利能力的指标。其计算公式为:

$$每股收益 = \frac{净利润}{股份总额}$$

如果施工企业发行优先股,则要计算普通股每股收益。因为优先股的股利是按事前约定的股利支付的,普通股分享的利润是扣除优先股股利后的净利润。普通股每股收益的计算公式为:

$$普通股每股收益 = \frac{净利润 - 优先股股利}{普通股股份总额}$$

每股收益或普通股每股收益与上市公司股票股价的比率,即投资者在二级市场购买股票的投资收益率。每股收益除以股票股价,即市盈率。这两个指标都能直接或间接地反映股票投资的盈利水平。

3. 资产盈利能力分析

施工企业资产盈利能力的大小,主要反映为总资产利润率的高低。总资产利润率分析,有助于评价企业资产营运的业绩。

总资产利润率又称总资产息税前利润率、总资产收益率。它是企业息税前利润总额与资产平均总额的比率。其计算公式为:

$$总资产利润率=\frac{息税前利润总额}{资产平均总额}\times 100\%$$

式中,息税前利润总额是包括利息支出的利润总额,利息支出包括银行借款利息、企业应付债券利息等;资产平均总额为各月资产平均余额的平均数,各月资产平均余额为月初、月末资产总额的平均数。

总资产利润率计算公式的分子是利润总额加上利息支出,是因为企业的资产有的是用投资者的资金购建的,有的是用向债权人借入的资金购建的,而后者是要支付利息的。

按照现行财务制度的规定,利息支出列入当期财务费用,从实现利润中扣除。但这笔利息支出也是企业利用资产产生的经济效益,只有将它与本期利润一起计算,才能使不同资金构成的企业的总资产利润率具有可比性,能够全面反映企业全部资产的盈利能力。

总资产利润率计算公式的分子之所以是利润总额加上利息支出,而不是净利润加上利息支出,是因为净利润会受企业所得税税率高低的影响,而不同施工企业或同一施工企业不同时期的所得税税率不一定是相同的,资产盈利能力不应受所得税税率高低的影响,只有按利润总额计算,才能使不同所得税税率企业和企业不同所得税税率时期的总资产利润率具有可比性。

总资产利润率越高,表明企业资产的营运业绩越好,盈利能力越强。

对于总资产利润率,不仅投资者非常关心,债权人在评价企业资产盈利能力时也非常关心。因为在债权人看来,只要企业的总资产利润率大于债务利息率,其债务本息的偿付是能够得到保证的。但对投资者来说,企业仅仅提高总资产利润率是远远不够的。因为较高的总资产利润率,只能保证降低或回避企业不能偿付债务本息的风险,但不能保证使资本得以保值增值以及反映保值增值程度如何。从投资者角度,在分析资产盈利能力时,除了计算总资产利润率外,还要对总资产净利率加以分析。

总资产净利率是指企业净利润与资产平均总额的比率。其计算公式为:

$$总资产净利率=\frac{净利润}{资产平均总额}\times 100\%$$

总资产净利率越高,表明企业资产的总体盈利能力越强,越能为投资者带来较多的利润。

必须指出,总资产利润率和总资产净利率的高低,与施工企业的专业化程度和企业承包工程是否全部自行施工有着很大的关系。建筑生产专业化程度较高、向建筑制品企业购买建筑构件和承包工程大多分包出去的施工企业,其所需的固定资产、建筑材料储备资金和在建工程较少,资产平均总额较小,计算出的总资产利润率和总资产净利率必然相应较高;反之,建筑构件和承包工程大多自行制造和施工的施工企业,其所需的固定资产、建筑材料储备资金和在建工程较多,资产平均总额较大,计算出的总资产利润率和总资产净利率必然相应较低。这是在分析对比评价施工企业资产盈利能力时必须加以注意的。

4. 资本保值增值能力分析

不论从投资者还是从债权人角度来说,企业的经营者都必须尽可能使投资者的资本得以保值并不断增值。只有这样,才能使所有者的权益得以维护,债权人的债权有所保障,企业的市场价值得以提高。

资本的保值增值能力,一般用资本保值增值率指标来评价。

资本保值增值率是企业期末所有者(股东)权益总额与期初所有者(股东)权益总额的比率。其计算公式为:

$$资本保值增值率 = \frac{期末所有者(股东)权益总额}{期初所有者(股东)权益总额} \times 100\%$$

式中,期末所有者(股东)权益总额包括本期已分配现金利润和股利[因为已分配现金利润和股利是所有者(股东)已获得的收益]。

所有者(股东)权益总额为投资者所有,期末所有者(股东)权益总额大于期初所有者(股东)权益总额,资本保值增值率大于100%,表示资本增值。期末所有者(股东)权益总额等于期初所有者(股东)权益总额,资本保值增值率等于100%,表示资本保值。将资本保值增值率和资本利润率指标结合使用,就能反映投资者(股东)权益的保障程度。

影响资本保值增值率指标的情况有多种,主要有:①企业经营的盈亏;②留存收益的分配;③通过增减资本调整资金结构。在前两种情况下,通过对期末、期初所有者(股东)权益总额的比较,可以评价企业资本的保值增值能力。但在第三种情况下,用期末、期初所有者(股东)权益总额的增减来评价资本的保值增值能力存在一定程度的不可比性。因为在企业通过增减资本金调整资金结构以后,期末、期初所有者(股东)权益总额随着资本金的增加或减少会发生较大的变化。所以在股份制施工企业,还要考虑每股净资产和调整后的每股净资产的增减。

每股净资产是将企业期末股东权益总额除以期末普通股股份总数而得的商,调整后的每股净资产是将企业期末股东权益总额减去3年以上的应收账款、待摊费用、待处理财产净损失、长期待摊费用的净权益,除以期末普通股股份总数而得的商,它们的计算公式为:

$$每股净资产 = \frac{期末股东权益总额}{期末普通股股份总数}$$

调整后的每股净资产=

$$\frac{期末股东权益总额 - 3年以上的应收账款 - 待摊费用 - 待处理财产净损失 - 长期待摊费用}{期末普通股股份总数}$$

之所以除了计算每股净资产外,还要计算调整后的每股净资产,是因为企业的资产很多,但其流动性和变现价值是各不相同的。其中有一部分是不良资产,即费用或损失,它们没有变现价值或者市场价值极低。例如,待摊费用虽然也属于资产,但只能在今后陆续分期摊入成本、费用,而不能流动和变现。3年以上的应收账款,不太可能收回来,只能作为坏账损失注销。待处理财产净损失,是因盘亏、毁损、报废等已经损失了的财产,只是未查明损失的原因而在等待处理,绝大多数被计入营业外支出或管理费用,是无法挽回的损失,对投资者来说已是毫无意义的了。把它们从股东权益中减掉,可使计算出的每股净资产更实在可靠,准确程度更高。将期末每股净资产、调整后的每股净资产与期初每股净资产、调整后的每股净资产进行比较,就可了解资本的保值增值情况。如每股净资产逐年增加,说明企业的盈利能力较强,股东权益能够得到保障,有利于投资者长期投资。必须指出,如果企业在资本扩张、发行新股和配股时的股价高出每股净资产很多,在发行新股和配股后的每股净资产,不论企业有无盈利,都会较年初有所增加。

7.3.5 偿债能力分析

施工企业是施工生产周期较长、占用资金较多的企业,除了所有者投入的资金外,还必须经常向银行等债权人举债。企业保持良好的偿债能力,及时清偿到期债务,是获得债权人资金支持、保证企业持续发展的前提之一。

企业的偿债能力是指企业对债务清偿的承受能力和保证程度。按照债务偿付期限的不同,企业的偿债能力分为短期偿债能力和长期偿债能力。

1. 短期偿债能力分析

短期偿债能力是指企业流动资产对流动负债及时足额偿还的保证程度,反映企业当前的财务能力,特别是流动资产变现能力。较之长期偿债能力,短期偿债能力分析是以流动资产与流动负债的关系为基础的,它往往不涉及企业盈利能力对企业的影响。

流动资产在短期内可以变现为现金和银行存款,用于偿还流动负债,与企业盈利能力的大小没有直接的联系。因此,短期偿债能力分析不太注重企业盈利能力分析,而是强调一定时期流动资产变现能力分析。短期偿债压力是企业日常理财中所面临的财务风险,消除或回避这种风险必须依靠短期偿债能力分析和现款筹措的能力,这与企业一定时期的盈利能力关系不大,而与企业资产的变现能力及企业的筹资能力密切有关。

企业短期偿债能力的衡量指标,主要有流动比率、速动比率和现金比率。

(1)流动比率。

流动比率是流动资产与流动负债的比率。其计算公式为:

$$流动比率 = \frac{流动资产}{流动负债} \times 100\%$$

流动比率指标的含义,在于通过流动资产与流动负债的对应程度,揭示短期债务偿还的安全性,谨防不能及时偿还短期债务,危及企业财务信誉。流动比率越大,企业的短期偿债能力越强。

从理论上讲,只要流动比率等于100%,企业便具有偿还短期债务的能力。因为流动资产的变现能力与短期债务的偿还速度是大致相互对应的,只要流动资产都能及时足额地实现其周转价值,流动负债的清偿就可得到保证。如流动比率小于100%,企业可通过借新债、还旧债,变卖部分长期资产来偿还短期债务。

但如果流动比率长期小于100%,债权人会因对企业偿债能力信心不足而拒绝提供短期贷款。同时,若企业依靠变卖长期资产或增加长期负债来偿还短期债务,不仅会影响企业盈利能力的提高,增大资金成本,长此以往必然导致企业持续发展乏力,经营状况和财务状况恶化。事实上,流动资产变现的不确定性以及呆滞材料、呆账风险的客观存在,决定了企业想保持良好的短期偿债能力,同时不影响企业的营运能力和盈利能力,就必然要使流动比率大于100%,尽量达到200%。这样,即使未来半数流动资产变现受阻,企业也有一定的缓冲余地来保证流动负债如期足额偿付。

用流动比率来衡量资产流动性和短期偿债能力的大小,要求企业的流动资产在清偿流动负债后还有财力满足日常施工经营活动的需要。所以对债权人来说,流动比率越大越好。比率越大,债权的回收越有保障。但对企业经营来说,在施工生产经营正常的条件下,过大的流动比率,通常意味着企业闲置货币资金的持有量过多,必然会造成企业机会成本的提高和盈利能力的降低。因此,应尽可能将流动比率维持在不使货币资金闲置、又不影响流动负债及时偿还的水平。至于应将流动比率保持在什么水平,要根据各个企业、各个时期的实际情况而定。对施工企业来说,流动资产的变现与建筑市场的景气度密切有关。在建筑市场景气时期,不但对发包单位信用有选择的余地,工程款回收快,而且容易销售生产建筑制品并收回资金,流动比率可以小些;反之,在建筑市场不景气时期,流动比率就要大些。不能采用统一的标准来评价企业流动比率合理与否。

(2)速动比率。

速动比率是速动资产与流动负债的比率。速动资产,是指从全部流动资产中剔除变现能力较差或无法变现的存货、待摊费用、待处理流动资产损失后的流动资产,包括货币资金、短期投资、应收票据、应收账款、其他应收款等。由于从流动资产中剔除了存货等变现能力较差或根本无法变现的资产,速动资产较之流动资产更能真实地反映、评价企业流动资产的流动性及偿还短期债务的能力。速动比率的计算公式为:

$$速动比率=\frac{速动资产}{流动负债}\times 100\%$$

速动资产＝流动资产总额－存货－待摊费用－待处理流动资产损失

同流动比率一样,速动比率究竟应保持在什么水平才算合理,并没有绝对的标准。西方企业传统经验认为,速动比率为100%时是安全边际。因为100%的速动比率表示即使不变现存货,仅出售有价证券、收回应收账款加上已有的货币资金,也能偿付到期短期债务。

如果速动比率小于100%,可能使企业面临较大的偿债风险。如果速动比率大于100%,尽管短期债务偿还的安全性得到保证,但会因货币资金等占用过多,而大大增加企业的机会成本。

在实际工作中,要结合债务人特别是工程发包单位的信用状况、建筑市场景气度等来确定企业的速动比率水平。如果债务人信用好,应收账款收现率高,即使速动比率小于100%,也能通过及时收回应收账款按期清偿短期债务。相反,如果债务人信用差,应收账款收现率低,即使速动比率大于100%,也仍然可能无法及时偿还短期债务。

(3)现金比率。

现金比率是现金与流动负债的比率。这里的现金,是指现金流量表中所说的现金,包括现金、银行存款、其他货币资金等货币资金和 3 个月内可变现的短期投资。现金比率的计算公式为:

$$现金比率=\frac{货币资金+3\ 个月内可变现的短期投资}{流动负债}\times100\%$$

在企业的流动资产中,货币资金和 3 个月内可变现的短期投资,是变现能力最强的,如无意外,可以如数保证等额短期债务的偿还。因此,较之流动比率和速动比率,用现金比率来评价企业流动负债的偿还能力更加保险,特别是在已有迹象表明应收账款、存货的变现能力存在较大问题的情况下,计算现金比率就更有现实意义。因为在这种情况下,流动比率和速动比率均带有不确定性,容易导致报表使用者盲目乐观。所以,现金比率是评价企业短期偿债能力最可信的指标。

现金比率的水平受偿债风险和机会成本的约束,即既要保证偿还短期债务的现金需要,又要尽可能降低因过多持有现金而增加的机会成本。

企业除了货币资金和 3 个月内可变现短期投资外,应收账款、应收票据等也会给企业带来一定数量的现金,可用于偿还短期债务,现金比率理应小于速动比率。对一般施工企业来说,可将现金比率、速动比率、流动比率分别定为 50%、100%、200%。

2. 长期偿债能力分析

长期债务是偿付期限在一年以上的债务。企业对于长期债务负有两种责任,即偿还本金和支付利息的责任。分析一个企业的长期偿债能力,主要是为了评价该企业偿还本息的能力。较之短期偿债能力,长期偿债能力分析不仅仅取决于届时的现金流入量,而且与企业的盈利能力息息相关。一般来说,长期偿债能力受以下三个方面的制约。一是必须以合理的资金结构为基础,只有雄厚的资本实力,才能确保长期债务偿还的安全性。二是必须以长期资产为物质保证。在正常情况下,作为长期债务物质保证的资产,除了一部分流动资产外,都是长期资产。长期债务能否偿还,最终取决于资产的变现收入。三是与企业的盈利能力密切有关。企业能否有足够的现金流入量偿还长期债务本息,取决于营业收支配比的结果。一个长期亏损的企业,要保全资本都非常困难,而保持长期债务的偿还能力就更加不易;相反,长期盈利的企业,营业利润和现金净流量的不断增加,必然为及时足额地偿还各项债务本息提供物质基础。

企业长期偿债能力的衡量指标,主要有资产负债率、资本负债率、有形资产负债率和已获利息倍数。

(1)资产负债率。

资产负债率是企业负债总额与资产总额的比率,即每元资产中有多少属于债权人提供的资金。其计算公式为:

$$资产负债率 = \frac{负债总额}{资产总额} \times 100\%$$

对债权人来说,他们最关心的是贷款的安全性,也就是能否按期收回贷款本息。如果所有者(股东)投入的资本与企业资产总额相比,只占较小的比例,则企业的风险将主要由债权人来承担,这对债权人来说是不利的。因此,他们希望资产负债率越低越好。资产负债率越低,企业偿债能力越有保证,贷款的风险越小。

对所有者(股东)来说,债务资金与所有者(股东)投入的资本在施工生产经营中发挥同样的作用,所以所有者(股东)关心的是总资产利润率是否超过债务资金成本率。在总资产利润率高于债务资金成本率时,所有者(股东)所得利润会增加;相反,如总资产利润率低于债务资金成本率,则对所有者(股东)是不利的,因为此时借入资金多付的利息,要用所有者(股东)应得的利润加以弥补。因此,对所有者(股东)来说,在总资产利润率高于债务资金成本率时,资产负债率越大越好;否则,越小越好。

企业如果举债过多,资产负债率很高,超出债权人心理承受程度,则会被认为是不安全的。这时,企业就可能借不到钱。如果企业举债过少,资产负债率很低,说明企业对负债经营没有信心,资本经营能力很差。一般来说,企业在资本利润率较高的情况下,由于财务杠杆利益的作用,负债经营能提高企业的资本利润率,但财务风险也会相应增加。如果企业工程项目经济效益不好或经营不善,利润就会滑坡,过度负债经营,就会遭到财务杠杆的惩罚,导致资本利润率和总资产利润率下降,甚至资不抵债而破产。因此,企业经营者应审时度势,全面考虑负债经营的财务杠杆利益和财务风险,权衡利弊,做出正确的决策。

(2)资本负债率。

资本负债率又称产权比率。它是负债总额与资本总额的比率。其计算公式为:

$$资本负债率 = \frac{负债总额}{资本总额} \times 100\%$$

资本负债率揭示了企业负债与资本的对应关系,即在企业清算时债权人权益的保障程度。按照各国惯例,无论是在正常经营情况下还是在解散、破产清算时,企业债权人均拥有利息的优先分配权和剩余财产的优先受偿权。因此,资本负债率越低,偿还债务的资本保障越大,债权人遭受风险的可能性就越小;反之,资本负债率越高,偿还债务的资本保障越小,债权人遭受风险的可能性越大。当然,资本负债率过低,尽管有利于企业长期偿债能力的提高,但企业不能充分地获得负债经营的财务杠杆效益。所以在评价资本负债率是否适度时,应从提高企业盈利能力和增强债务偿还能力两个方面综合考虑,即在保障债务偿还安全性的前提下,尽可能提高资本负债率。

从上可知,资本负债率与资产负债率对评价企业偿债能力的作用基本相同。主要区别在于资产负债率侧重分析债务偿还安全性的物质保障程度,资本负债率则侧重于揭示资本对偿债风险的承受能力。

(3)有形资产负债率。

有形资产负债率又称清算价值比率。它是企业负债总额与有形资产总额的比率。有形资产,是指资产总额剔除变现能力很差和无法变现的无形资产(不包括土地使用权)、长期待摊费用、待摊费用、递延税款借项、待处理资产损失后的资产。有形资产负债率的计算公式为:

$$有形资产负债率 = \frac{负债总额}{有形资产总额} \times 100\%$$

$$有形资产总额 = 资产总额 - 无形资产 - 长期待摊费用 - 待摊费用 - 递延税款借项 - 待处理资产损失$$

企业拥有的资产并非都可作为偿还债务的物质保证,不但在清算状态下,长期待摊费用、待摊费用、递延税款借项和待处理资产损失难以作为清偿债务的保证;而且在企业持续经营期间,上述资产摊销、转销的价值,也须依靠存货等资产的变现才能得以补偿或收回,其本身并无直接的变现能力。至于无形资产中的商誉、商标、专利权和非专利技术等能否用于偿债,也存在很大的不确定性。所以西方企业谨慎起见,都将无形资产视为不能用于偿债的资产,将它从资产总额中剔除。不过企业无形资产中如有土地使用权,仍应将其价值加以计算,因为它确实可以用于偿还债务。由于在资产总额中剔除了变现能力很差和无法变现的待摊费用、递延税款借项、待处理资产损失和不包括土地使用权的无形资产,有形资产负债率较之资产负债率,更能真实地评价企业资产的变现能力和偿还债务的能力。

(4) 已获利息倍数。

施工企业如果长期负债较多,还要计算已获利息倍数指标,来评价企业支付利息的能力。已获利息倍数又称利息备付率。它是息税前利润与债务利息的比值。其计算公式为:

$$已获利息倍数 = \frac{息税前利润}{债务利息}$$

式中,息税前利润是指利润表中未扣除利息费用和所得税之前的利润,即利润总额加财务费用中的利息支出和专项工程支出的利息支出(外部报表使用人只能利用利润总额和财务费用来估算);债务利息是指本期发生的应付债务利息,不仅包括财务费用中的利息支出,还包括计入专项工程支出中的债务利息(即资本化利息)支出。

专项工程支出中的债务利息,虽不从利润表的利润中扣除,但在没有专款用于支付时,仍要用生产经营资金偿付,所以也要包括在债务利息内。

7.3.6 成长能力分析

在施工企业中,施工生产经营处于主导地位,财务处于从属地位。施工生产经营决定财务,财务能促进施工生产经营的发展。只有施工生产规模扩大,工程生产成本降低,经营收入增加,才能增加盈利,保证企业扩大再生产所需的资金,促进企业高速发展。因此,施工企业的成长能力主要表现为经营收入和净利润的增长。具体的评价指标主要有经营收入增长率和净利润增长率。企业成长能力分析,有助于投资者、债权人了解企业发展前景,为投资、贷款提供决策依据。

1. 经营收入增长率

经营收入增长率是企业本期经营收入(包括工程结算收入和其他业务收入)较上期增加额与上期经营收入的比率。施工企业要持续发展,首先必须根据建筑市场需要,优选工程项目,扩大施工规模,为企业增加经营收入。只有经营收入增加了,才能相对降低单位工程的管理费用和财务费用,为企业增加利润。经营收入增长率的计算公式为:

$$经营收入增长率 = \left(\frac{本期经营收入}{上期经营收入} - 1\right) \times 100\%$$

为了观察企业一定时期(如 3 年、5 年)的经营收入增长趋势,还可计算该时期各年经营收入增长率。经营收入增长率越高(正数),表示企业经营收入增长越快,企业营运能力越强。为了分析经营收入增长与资产平均总额增长的关系,可以对比经营收入增长率与资产平均总额增长率$[(\frac{本期资产平均总额}{上期资产平均总额}-1)\times 100\%]$。如经营收入增长率大于资产平均总额增长率,说明资产利用率较好;反之,则较差。

2. 净利润增长率

净利润增长率是本期净利润较上期增加额与上期净利润的比率。净利润是企业施工生产经营管理的财务成果,也是企业经济效益的综合反映,只有净利润逐年增长,才能为企业持续发展提供所需的资金。净利润增长率的计算公式为:

$$净利润增长率=(\frac{本期净利润}{上期净利润}-1)\times 100\%$$

为了观察企业一定时期(如3年、5年)的净利润增长趋势,也可计算该时期各年净利润增长率。净利润增长率越高(正数),表示企业经营管理水平越高,能提供扩大施工经营规模所需的资金,企业有持续发展的能力,成长性较好。

7.3.7 对社会贡献能力分析

我国是社会主义国家,实行社会主义市场经济。一个企业或企业家,除了使企业保持良好的营运能力、盈利能力、偿债能力和成长能力,对投资者、债权人负责外,还要有社会责任感,对社会有所贡献。

企业对社会的贡献,主要表现在以下两个方面。一是依法纳税,这是企业获得法人资格和合法经营权利的前提,也是对国家应尽的义务。二是履行法定的社会责任,如不断提高职工生活待遇及社会福利保障等。具体的评价指标主要有社会贡献率和社会积累率。对社会贡献能力分析,有助于规范企业的市场行为,克服狭隘的局部利益观念,推动社会共同富裕。

1. 社会贡献率

社会贡献率是企业对社会贡献总额与资产平均总额的比率。企业对社会贡献总额,即企业为国家或社会创造或支付的价值总额,包括工资(含奖金、津贴等工资性收入)、劳保退休统筹及其他社会福利支出、利息支出净额、应交税金及附加、应交所得税、应交其他税金、净利润等。社会贡献率的计算公式为:

$$社会贡献率=\frac{企业对社会贡献总额}{资产平均总额}\times 100\%$$

社会贡献率反映了企业占用的社会经济资源所产生的社会经济效益,是社会进行资源有效配置的基本依据。企业使用同量经济资源为社会提供的社会经济效益越多,说明企业对社会的贡献越大;反之,则越小。将社会贡献率与企业总资产利润率的变动趋势进行动态比较,可以评价企业经济效益与社会经济效益是否同步增长,评价企业施工经营理财行为是否符合社会规范。

2. 社会积累率

社会积累率是企业上缴国家财政总额与企业对社会贡献总额的比率。企业上缴国家财政总额包括应交税金及附加、应交所得税、应交其他税金等,也就是通过税收形式上缴国家财政,用以满足社会需要的企业积累。社会积累率用于衡量企业对社会贡献总额中上缴国家财政总额的比例。其计算公式为:

$$社会积累率 = \frac{上缴国家财政总额}{企业对社会贡献总额} \times 100\%$$

社会积累率是国家衡量财政收入变动的重要指标,也是处理企业对社会贡献总额中社会消费与社会积累比例关系的基本依据。企业在施工生产经营过程创造的价值中用于满足全社会需要的积累越多,说明企业的社会效益越好;反之,则越差。为了分析企业经济效益增长是否与社会经济效益增长相协调,可以对社会积累率与社会贡献净利润率($\frac{净利润}{企业对社会贡献总额} \times 100\%$)进行比较。

7.3.8 财务综合分析

1. 财务状况综合分析评价

营运能力、盈利能力、偿债能力、成长能力和对社会贡献能力分析,都是从侧面对企业的财务状况提供信息,只有将各方面的信息纳入一个有机的整体,全方位对企业的施工经营状况、理财状况进行综合分析,才能对企业的财务状况做出正确的评价。

在进行财务分析时,一个主要难题就是在计算出财务比率、比值以后,无法判断它是偏高还是偏低,即使与本企业的历史数据比较,也只能看出其自身的变动,难以评价其在市场竞争中的优劣。因此亚历山大·沃尔在其出版的《信用晴雨表研究》和《财务报表比率分析》中提出了信用能力指数的概念,把若干个财务指标用线性关系表示,以此评价企业的信用水平。他选择了流动比率、资本与负债比率、资产与固定资产比率、存货周转率、应收账款周转率、固定资产周转率、资本周转率七个指标,分别给定其在总评价中所占的比重,总和为 100 分,然后确定七个指标各自的标准比率,并与实际比率相比较,评出各项指标的得分,最后求出总评分,从而对企业的信用水平做出评价。

根据上述思路,我们从施工企业的现状出发,参考 1995 年财政部规定的一套企业经济效益评价指标体系(包括销售利润率、总资产利润率、资本利润率、资本保值增值率、资产负债率、流动比率或速动比率、应收账款周转率、存货周转率、社会贡献率和社会积累率),规定综合评价施工企业财务状况的指标体系,确定各项指标在总评分中所占比重和标准比率,对企业财务状况进行综合分析和评价。

以财政部规定的企业经济效益评价指标体系为基础,结合施工企业应收账款较多的现状,对资产周转率仅选用应收账款周转率,再增加反映企业成长能力的净利润增长率,就可形成施工企业财务状况综合评价指标体系。在这个指标体系中,反映盈利能力的有资本利润率、经营收入利润率、总资产利润率和资本保值增值率;反映偿债能力的有资产负债率和流动比率;反映营运能力的有应收账款周转率;反映对社会贡献能力的有社会贡献率和社会积累率。对于各项指标的标准比率,可以施工经营行业平均数为基础,进行适当修正后确定。为了减少个别指标的异常变动对总评分造成的不合理影响,在对每项指标进行评分时,可考虑规定上限和下限,上限可定为标准比率的 1.5 倍,下限可定为标准比率的 1/2。各项指标在总评分中所占的比重即权数,可结合施工企业实际情况确定。

在进行财务综合分析时,还要根据各项指标的实际比率和标准比率算得评分比率,即实际比率与标准比率的比例。除资产负债率外,各项指标评分比率计算公式为:

$$评分比率=\frac{实际比率}{标准比率}$$

再将各项指标的评分比率乘以其在总评分 100 分中所占的比重(即权数),算出各项指标的评分。在求得各项指标的评分后,将它们加总,就可求得总评分。总评分超过 100 分,表明财务总体状况较好,总评分越高,财务总体状况越好。总评分低于 100 分,表明财务总体状况较差,总评分越低,财务总体状况越差。这样,就能对施工企业的财务状况做出较准确的综合评价。

综合评分法是评价施工企业财务整体状况的一种可取的方法。但这一方法的正确性,取决于指标选定、指标权数和标准比率的合理程度。

2. 杜邦财务分析体系

杜邦财务分析体系利用各财务指标间的内在联系,对企业施工生产经营活动及其经济效益进行综合分析评价。因其最初由美国杜邦公司创立并运用而得名。

杜邦财务分析体系的基本结构说明,资本利润率是最具有综合性的指标,在整个财务分析体系中处于核心地位,其他各项指标都环绕这一核心。分析各指标间的依存与制约关系,可以揭示企业盈利能力形成的前因后果。

资本利润率的高低受总资产净利率和资本乘数的影响。

总资产净利率体现企业资产的总体盈利水平,而总资产净利率的高低又是营业收入净利率与总资产周转率共同作用的结果。因此,对资本利润率具有决定性影响的因素包括营业收入净利率、总资产周转率和资本乘数。其关系式为:

$$资本利润率=营业收入净利率×总资产周转率×资本乘数$$

资本乘数又称权益乘数,是资产资本率的倒数,它表示企业负债经营的程度。在企业盈利情况下,负债经营可为企业资本带来财务杠杆效益,企业负债经营程度高,资产负债率大。资产资本率小,它的倒数即资本乘数大。由于一般不计算资产资本率,只计算资产负债率,所以用"1-资产负债率"来代替资产资本率。资本乘数的计算公式为:

$$资本乘数=1÷资产资本率=1÷(1-资产负债率)$$

营业收入净利率的高低,取决于企业净利润与营业收入的大小,而增加净利润的关键在于增加营业收入,降低工程结算成本、其他业务成本、管理费用、财务费用等。企业经营者还可根据工程、产品等内部核算资料进行更详尽的分析。

总资产周转率是反映企业运用资产完成营业收入能力的指标。对总资产周转率的分析,除了对资产的各构成部分占用量是否合理进行考察外,还可通过对流动资产周转率、应收账款周转率、存货周转率等有关各流动资产组成部分使用效率的分析,揭示影响总资产周转率的主要原因。

上述对资本利润率指标的分析,不仅可以揭示企业各项财务指标间的相互依存关系,查明各项主要指标变动的影响因素,而且可为决策者优化经营理财状况、提高企业经济效益提供思路。提高资本利润率的途径有扩大经营收入、降低工程产品成本、优化资金结构、适度负债经营、合理配置和使用资源、加速资金周转。

第8章 企业其他财务管理

8.1 企业合并的财务管理

8.1.1 企业合并及其类型

企业合并是指将两个或两个以上单独的企业合并成一个报告主体的交易或事项。它是企业扩大和发展的重要手段。从我国目前已出现的企业合并来看，主要有新设合并、吸收合并和控股合并。

新设合并又称创设合并。它是指两家或多家企业合并设立一家新企业，合并各方解散。新设合并后，原企业所有者将各自企业的全部净资产投入新企业，成为新企业的股东，原有企业不再作为单独的法人存在，只作为新企业的分部进行经营活动。新企业取得法人资格后，独立承担经济责任。

吸收合并又称兼并。它是指一个企业通过支付现金、转让非货币性资产、承担债务或发行权益性证券取得其他企业的股权或净资产而实现企业的合并。吸收合并后，被吸收的企业解散，不再是企业法人，即使被吸收合并的企业仍继续经营，也只是合并企业的分部。

控股合并是指一个企业通过支付现金、转让非货币性资产、承担债务或发行权益性证券取得其他企业的全部或足以控制该企业的部分有表决权的股份而实现的企业合并。控股合并后，合并各方仍作为单独的法人存在，控股公司与被控股公司形成母子公司关系。在财务上涉及长期股权投资初始投资成本的确定和合并报表的问题。

企业合并还可以按合并各方是否受同一方或相同的多方最终控制，分为同一控制下企业合并和非同一控制下企业合并。

同一控制下企业合并是指参与合并的各方在合并前后均受同一方或相同的多方最终控制的合并，如母公司将全资子公司的净资产转到母公司并注销子公司，母公司将其拥有的一个子公司的权益转移到另一个子公司等，由于这种合并由同一方或相同的多方控制,多数不是企业自愿的,其交易大多按账面价值计量,而不是按公允价值计量,在财务处理上采用权益结合法。

非同一控制下企业合并是指参与合并的各方在合并前后不受同一方或相同的多方最终控制的合并。这种合并都出于企业的自愿,为了合并各方各自的经济利益,在交易过程中,要采用公允价值计量,做到公平合理,在财务处理上采用购买法。

8.1.2 企业合并的动机

在市场经济环境下,企业作为独立的经济主体,其一切经济行为都受到利益动机驱使,企业合并行为也是为了实现企业价值最大化这一财务目标。在追求企业价值最大化的过程中,企业合并动机可细分为以下几个方面。

1. 市场份额动机

市场份额代表企业对市场的控制能力,企业市场份额的不断扩大可以使企业获得某种形式的垄断。企业规模不断扩大将导致市场份额扩大。在横向合并中可以提高行业中剩余企业"合谋"垄断利润的机会。这种垄断既能带来垄断利润又能保持一定的竞争优势,因而大多数的企业合并行为都是围绕着这一动机而展开的。

2. 协同经营动机

追求协同经营的动机实际上是寻求优势互补,也就是通过合并,使两个或两个以上的企业能够在一个新的主体下创造更多的财富和利润,简单地说,就是寻求"1+1>2"。有效的合并往往可以达到这个目标。从经济学的角度看,横向合并是由于规模经济的作用;纵向合并不但可以减少企业的联络费用、定价交易费用,降低成本,而且可以在生产经营管理上寻求各自的优势进行互补,获得协同效应。

3. 经营战略动机

在市场经济环境下,竞争是激烈和残酷的,企业除了不断调整产品的市场定位外,还可以制定较长期的发展战略,有意识地通过企业合并进行产品或行业的转移。这不仅隐含了规模经济的可能性,也包含了对未充分发挥作用的管理能力的利用。近年来,出于这种动机的合并行为越来越多,原因如下。首先,企业合并可以有效地降低进入新行业和新市场的壁垒。企业在进入一个新行业时，若以新建的方式进入，往往会引起现有企业的激烈反应，行业内部也可能出现过剩的生产能力，从而引起价格战，加大进入成本。而以企业合并的方式进入，不仅可以降低进入新行业的成本，而且可以减少重复投资所造成的社会资源的浪费。其次，企业合并可以实现生产技术、经营管理经验以及相关文化的互补和共享。在合并中，相似的企业文化，往往成为选择目标企业的一个重要的考虑因素。

4. 财务协同效应

财务协同效应，主要是指合并企业在财务方面所得到的种种利益。这种利益主要表现在享受优惠的税率或达到避税的目的；在一定的政策条件下，财务困难的企业可以通过合并获得某些资金供应方面的优惠，如较低利率的贷款、免除部分利息以及延迟归还贷款等。

5. 其他动机

如为获得土地资源而合并。土地是企业发展的重要资源，一些有实力的企业往往由于狭小的空间难以扩展，而另一些经营不善的企业却可能占有较多地理位置优越的土地。这时有实力的企业就可以兼并经营不善的企业以获取其优越的土地资源。

8.1.3　企业合并的可行性研究

企业合并前，要对企业的价值（即资产净值）进行评估，并对合并后的经济效益加以分析，以保证合并决策的正确性。

要对企业的价值进行评估，首先要对企业所处的外部环境、内部环境和财务状况加以分析。

1. 企业外部环境分析

企业外部环境分析，主要包括企业的行业特征、国家的产业政策和企业的经营环境。

对企业的行业特征，要分析该行业在整个国民经济中的地位，是朝阳产业还是夕阳产业。处于朝阳产业中的企业往往面临激烈的市场竞争和难以预料的变化因素，这种机遇和挑战对于企业的应变能力和后续的经营能力有很高的要求。

而处于夕阳产业中的企业,其生产经营虽较稳定,但缺乏新的利润增长点,企业产品随时面临老化和淘汰的危险。

在分析企业的外部环境时,国家的产业政策也是不可忽视的因素。如政府为了促进某行业的发展,可以对该行业采取低息贷款、降低税率等政策;反之,可以采取限制贷款、提高税率等政策。因此在评估时要对国家有关产业政策和政府有关机构的扶持举措进行分析,同时也要对政府已宣布的规划以及与企业及其行业相关的政策变动进行分析。

对企业经营环境的分析,主要应集中于企业在市场中的地位、竞争对手的状况以及整个市场竞争环境的优劣。其中企业在市场中的地位是一个重要的着眼点,可以根据企业历年的市场表现预测其未来的市场表现,也可通过观察和分析企业在市场竞争中采取的策略来分析企业的盈利能力和内在潜力。在分析施工企业经营环境时,要特别重视地区固定资产投资规模增长和地区施工力量的分布情况。因为地区固定资产规模如能保持持续增长态势,建筑产品需求就会不断增长,企业的施工力量就容易发挥,就能获得较好的经济效益。而在地区建筑产品需求一定的情况下,地区施工力量大,建筑市场竞争激烈,工程标价就会低,企业利润就会减少。

2. 企业内部环境分析

企业内部环境分析的主要着眼点是企业素质和企业资产结构。企业合并的目的在于实现资源共享和优势互补,因此,一般情况下企业的行政技术经济管理人员和各项资产都要继续留下为新企业服务,也就必须对目标企业的企业素质和资产结构加以重视。企业素质是指决定企业生产经营活动能量或决定企业生存和发展能力的各种内在因素的综合。决定企业生产经营活动能量大小的内在因素很多,主要有人员素质、技术素质、管理素质等。

各项内在因素本身的质量状况及其组合水平,构成企业生产经营能力的基础,反映企业适应外部经营环境变化的应变能力,企业在产品质量、价格、信誉方面竞争取胜、赢得市场的能力,企业不断进行技术创新的能力,企业自我改造、自我发展的能力。因此,企业素质的好坏,直接影响着企业的盈利能力和经济效益。

一般来说,企业拥有的资产数量与企业的盈利能力成正比。但只有资产数量,而没有合理的资产结构和配置,也难以使资产发挥作用,使企业盈利。资产结构既包括固定资产和流动资产的结构,也包括固定资产内部的结构。企业的生产能力,是指企业资产所形成的综合生产能力,只有资产结构合理、技术状况与生产任务相适应,资产才能充分发挥作用。

3. 企业财务状况分析

企业合并前,还要根据第7章所讲的财务分析方法,对目标企业的财务状况加以分析。在世界各国已发生的合并案例中,许多目标企业由于具有良好的财务状况和通畅的现金流量而身价陡增。在考察目标企业的财务状况时,一要计算其现金比率、速动比率和流动比率,分析其短期偿债能力;二要计算其资产负债率,分析资产中负债的比重和负债中高利率债务的比重;三要计算其应收账款周转率和存货周转率,估算近期流动资金的需求量。在评价目标企业财务状况时,不仅要对其过去几年的财务报告进行仔细分析,还要对企业合并以后若干年的现金流量以及资产、负债进行预测。若目标企业为上市企业,还要考察其在资本市场进行筹资的能力。

4. 合并各方企业价值评估

企业价值评估,应对合并各方企业同时进行,只有对合并各方企业价值进行评估,才能在合并合同中确定合并各方投资者的权益。

企业价值,即企业的净资产或资本,也就是企业资产评估总值减去负债的净值。所以要评估企业的价值,首先要评估企业的资产。企业资产包括流动资产、固定资产、无形资产和其他长期资产。关于企业资产评估方法,已在第6章中做了较详细的论述,以下只说明要注意的内容。

对应收账款,应在与客户一一联系并分析其账龄和收回的可能性后,确认剔除坏账后的应收账款净额。

对存货中的材料,要查清其属于可以用于生产经营的材料,还是属于变质或不适用、不需用的呆滞材料。对可用于生产经营的材料,应在成本与可变现净值中取较低值计算其价值;对变质、呆滞材料,应按清算价格计算其价值。对存货中的滞销产品,也要按清算价格计算其价值。

对股票、债券投资,应按成本或可变现净值计算其价值。对其他股权投资,应按被投资单位的所有者或股东权益所占的股权比例计算其价值。

对固定资产,不但要考虑有形损耗和无形损耗,而且要考虑经济性贬值,即由于市场环境变化无法加以充分利用造成的价值损失。

对无形资产中的土地使用权,可按市场价格评估其价值。对无形资产中的商誉,可先以行业平均资本利润率作为计算年利润的基础,再计算企业年超额利润,然后对其进行资本化,最终确定商誉价值。在实际操作中,商誉的价值往往根据企业素质和单项资产评估价值之和,再考虑企业市场份额等因素,经过讨论后确定。

除了确定资产价值外,还要编制债务明细表,核对其有无漏列,对其他企业负债提供担保等或损失事项,必须一并列入负债,以防止合并结束后出现表外损失。

企业资产评估总值减去负债,就是企业价值。

5. 企业合并后经济效益分析

企业合并前,还要对企业合并后的经济效益进行分析。一般来讲,只有企业合并后的经济效益(通常指资本利润率)超过合并前的经济效益,合并才是可行的。

在分析企业合并后的经济效益时,除了估算合并过程中发生的策划、谈判、资产评估、法律鉴定、公证等中介费用和合并后发生的重新注册登记等更名费用外,还要估算整合改制支出和固定资产投资支出。

整合改制支出,指并入目标企业后进行重组或整合所发生的支出。因为并入目标企业后,小到调整人事结构、改善经营方式,大到整合经营战略和产业结构,重建营销网络,都会发生派遣人员进驻、建立新的领导班子、安置多余人员、剥离非经营性资产、淘汰陈旧设备、进行人员培训等费用。

固定资产投资支出,指企业整合以后需要注入优质资产时发生的机械设备等购建支出。

中介费用、更名费用和整合改制支出,可作为开办费,计入管理费用。对于固定资产投资支出,其损耗价值应按折旧费计入生产成本。

对企业合并后经济效益的分析,可以采用不考虑资金时间价值的静态分析法,也可以采用考虑资金时间价值的动态分析法。

采用静态分析法时,要估算企业合并后的年工程结算收入和产品销售收入(当施工企业并入建筑材料等生产企业时)、年工程结算成本和产品销售成本、年工程结算税金及附加、年管理费用、年财务费用、年投资收益,求得年利润总额、年应纳所得税和年净利润,将年净利润除以企业合并后的资本总额,算得资本利润率(即项目投资经济效益分析中的投资收益率)。一般情况下,如企业合并后的资本利润率大于企业合并前的资本利润率,则企业合并是有经济效益,值得进行的。

采用动态分析法时,要先估算合并后经济寿命期内各年的工程结算收入和产品销售收入,不包括借款利息、固定资产折旧、无形资产摊销的工程结算成本、产品销售成本、管理费用、工程结算税金及附加、应纳所得税、经济寿命期结束时收回的自有流动资金和资产余值,并将企业合并后的资本总额作为投资支出,列入第1年初的现金流出量。编制现金流量计算表,再以行业平均资金利润率作为折现率,计算各年净现金流量,进而计算净现值和内部收益率(即资本利润率),作为分析企业合并后经济效益的依据。

8.1.4 企业合并的财务处理

施工企业合并的财务处理,按照现行企业会计准则的规定,对同一控制下企业合并采用权益结合法,对非同一控制下企业合并采用购买法。

1. 同一控制下企业合并——权益结合法

权益结合是指参与企业合并的股东联合控制联合实体经营活动,以便继续对其分享利润和分担风险的合并。权益结合法,就是在企业合并时按照股权结合的方法来进行企业合并的财务处理方法。

权益结合法的要点如下。

(1)对采用新设合并和吸收合并形式的合并企业,在企业合并中取得的资产和负债,应按照合并日被合并企业的账面价值计量,按合并企业取得的净资产账面价值与支付的合并对价账面价值的差额调整资本公积,资本公积不足以冲减的,调整留存收益。

(2)对采用控股合并形式的合并企业,以发行权益性证券支付对价的,应在合并日按取得被合并企业账面净资产份额作为长期股权投资的成本,按发行股份面值总额作为股本或实收资本,按确认的长期股权投资成本与所发行股份面值的差额,调整资本公积和留存收益。

在同一控制下企业合并中,如被合并企业采用的会计政策与合并企业不一致,合并企业在合并日应当按照本企业会计政策对被合并企业的财务报表相关项目进行调整,然后按调整后的账面价值进行确认。

合并企业为进行企业合并发生的各项直接相关费用,包括为进行企业合并而支付的审计费、评估费、法律服务费等,应在发生时计入当期损益;为企业合并而发生的债券或承担的其他债务支付的手续费、佣金等,应当计入所发行债券及其他债券的初始计量金额。企业合并中发行权益性证券发生的手续费、佣金等费用，应抵减权益性证券溢价收入，溢价收入不足以冲减的，冲减留存收益。

2. 非同一控制下企业合并——购买法

非同一控制下企业合并的合并各方都能从企业自身利益出发，将合并看作一个企业购买另一个企业的交易行为。在财务处理上，采用购买法。为了使交易公平合理，在交易中采用公允价值计量。

在非同一控制下企业合并中，被合并企业总是希望多收回投资。合并企业总是希望通过合并做大企业并做强企业，获得更好的投资经济效益。因此，在合并之前，要通过财产清查和评估，确认被合并企业的资产、负债和净资产的公允价值。同时合并企业还要对合并前后的投资经济效益（即资本利润率）进行分析和预测。因为企业合并其他企业，主要是为了获得生产经营的协同效应，提高企业收入和盈利水平。如建筑公司合并装饰公司后，能提高企业资质，承包高级住宅、宾馆、饭店等工程，增加公司工程价款收入和利润。建筑公司合并混凝土构件公司后，可将混凝土构件公司作为一个车间，减少混凝土构件交易费用和流转税支出，降低工程成本，提高盈利水平。由于企业合并后能为合并企业带来生产经营协同效应，在合并过程中，被合并企业往往要求合并企业支付高于其净资产公允价值的对价（即买价），合并企业也愿支付高于被合并企业净资产公允价值的对价。当然，这个对价不能超过合并以后能给企业带来的投资经济效益，否则，合并行为就是不可行的。所以在企业合并时，商定一个合并双方都能接受的对价，是企业合并能否成功的关键，也是财会人员在合并过程中发挥财务监督作用的环节。在现行会计准则中，把上述合并对价称为合并成本，但本书从它内含合并双方商定买价的含义考虑，将它叫作合并对价。

企业合并双方确认合并对价和并入资产、负债、公允价值后，合并企业就可按购买法进行如下财务处理。

对并入企业的资产（包括能可靠地计量的可辨认无形资产），按其公允价值记入相关资产科目；对可辨认无形资产，按其公允价值记入"无形资产——专利权""无形资产——土地使用权"等科目的借方。

对并入企业的负债（包括能可靠地计量的预计负债等），按其公允价值记入相关负债科目的贷方。

对合并对价大于并入净资产（并入资产减并入负债）公允价值的差额，即能为合并企业带来生产经营协同效应的经济效益，应视同商誉记入"商誉"科目的借方。

如预测企业合并后不能为企业带来生产经营协同效应,反而会带来负效应,一般不应进行企业合并。如必须进行合并,可将合并对价小于被合并企业净资产公允价值的差额,计入当期损益或记入"商誉"科目的贷方(必须经过股东大会通过)。

8.2 企业分立的财务管理

8.2.1 企业分立及其类型

企业分立是指企业将现有部分所属单位或产品生产线从企业中划分出来,形成与原有企业相同的新企业,从而在法律上和组织上将所属单位或产品生产线从企业中分立出去。分立一般只涉及权益在两个或两个以上独立实体之间的划分,不存在股权向第三者转移的情况。因为企业股东或所有者对原有企业和分立出来的企业仍然拥有其权益。

企业分立按被分立企业是否存续,分为派生分立和新设分立。

派生分立是指企业以其部分财产按照法律规定的程序设立新企业的经济行为。这种分立,新设的企业须注册登记,原有企业继续存在,但须办理减少注册资本的变更登记。

新设分立是指将企业的全部财产分解为若干份,按照法律规定的程序,重新设立两个或两个以上的新企业,原有企业解散。

8.2.2 企业分立的动机

1. 适应经营环境变化,调整经营战略

任何企业都是在动态环境中经营的。企业经营环境的变化,特别是经济发展速度、产业结构调整、技术进步、国家有关法规和税收条例等变化,都可能使企业与所属单位目前的组合成为低效率的组合。如在地区经济发展较快、固定资产投资规模不断扩大时,施工企业通过合并进行联合经营是最佳选择。但当地区经济发展停滞、固定资产投资规模缩小时,施工企业规模过大,要将施工队伍远距频繁调动,进行联合经营就不是一种最佳选择。在这种环境下,将企业分立经营,可能比联合经营更为恰当。从这个意义上讲,企业分立与企业合并一样,都是为适应经营环境变化所采取的战略。

2. 谋求管理激励,提高管理效率

任何一个企业,管理层的能力总是有限的,不可能将所有业务都经营得十分出色。即使最优秀的企业家,在其企业经营范围扩展到一定程度时,也会遇到企业效益开始下滑的尴尬局面。因此,企业分立时通常宣称将不适应企业主营业务发展的部分加以分立,以使企业的经营重点集中于主营业务。对于多元化经营的企业,由于财务上统一核算与合并报表,往往无法体现各个单位的业绩,从而难以实现利益与责任的统一。当各单位目标与企业总体目标发生冲突时,问题将更为严重。这对发扬奋发向上的企业精神十分不利,而把个别单位分离出来成为独立企业,就可使各个单位更加集中于各自的优势业务,其经营业绩也能在报表中反映出来。这样,就有利于企业激励机制的建立,有利于管理效率的提高。

3. 弥补合并决策失误

企业出于各种动机进行合并,但不明智的合并决策会导致灾难性的后果。虽然被吸收或合并企业在合并以后具有盈利或较多盈利机会,但合并企业可能由于管理或实力等因素,无法实现或有效地利用这些盈利机会。这时,将这些被吸收或合并企业分立,就有利于有效发掘这些企业的盈利潜力。

另外,企业分立往往是企业合并一揽子计划的组成部分。因为从合并企业的角度来看,被吸收或合并企业中总会存在不适应企业总体发展战略,甚至可能带来不必要亏损的。只是在当时由于某些因素,不便立即将它分离出去。这样,在企业合并以后,将某些单位从合并企业分立,也是执行合并一揽子计划的组成部分。

8.2.3 企业分立的程序

(1)根据企业调整经营战略或提高管理效率等动机,在企业领导班子讨论以后,提出企业分立设想。
(2)寻求董事会或主管单位的支持。
(3)成立企业分立工作组,制定企业分立方案。

企业分立工作在获得董事会或主管单位的支持后,就应成立企业分立工作组，根据企业分立设想，制定企业分立方案。企业分立方案的主要内容包括：分立企业的名称；企业资产、人员、债权、债务的分割；因分立而引起存续企业章程更改的声明及新设企业的章程等。

（4）企业董事会或主管单位通过企业分立决议。股份有限公司的分立，还须经过国务院授权的部门或者省级人民政府批准。

（5）公告企业分立。企业作出分立决议并经有关部门批准后，应根据分立决议，确定新分立企业的资产、人员、债权、债务，编制资产负债表及财产清单。同时应公告企业分立，并自作出分立决议之日起10日内通知债权人，于30日内在报纸上至少公告三次。债权人自接到通知书之日起至30日内，有权要求企业清偿债务或者提供相应的担保。不清偿债务或者不提供相应的担保的，企业不得分立。企业分立前的债务，按所达成的协议由分立后的企业承担。

（6）新设企业的注册登记。企业分立后，新设企业要办理注册登记，存续企业要办理减少注册资本的登记。企业分立后存续企业减少资本后的注册资本和新设企业的注册资本不得低于法定的最低限额。

8.3　企业债务重组的财务管理

8.3.1　企业债务重组的意义

对陷入财务困境的企业进行重组，对债权人、濒临破产企业和整个社会都有重要的意义。

第一，债务重组可以减少债权人和投资者的损失。不能清偿债务的企业一般都是资不抵债的，即使资产勉强大于债务，但是宣告破产后拍卖资产，资产难免会大为贬值，破产债权往往只有很少的一部分能够得以实现，加上清算过程中还要发生诸多费用，因而债权人收回的债权往往十分有限，企业的投资者损失则更为严重。如果经过重组，企业能够改善内部经营管理并在一定时期内恢复经营，则债权人不仅可能如数收回债权，企业投资者亦会获益。

第二，对已面临破产的企业来说，债务重组可使企业背水一战，争取最后的生存机会。债务重组为企业提供了较为宽松的外部环境，企业与债权人达成和解协议，获得债务展期、减免部分债务、以资产偿还债务或将债务转为资本，就有了获得新生的可能性。

第三,债务重组能减少社会财富的损失和因企业破产而失业的职工人数。

8.3.2 企业债务重组的方式及其财务处理

企业债务重组的方式,主要有以下几种:

(1)以低于债务账面价值的现金清偿债务。即减免债务人偿还的本息,用现金清偿债务。

(2)以非现金资产清偿债务。即债务人转让其存货、短期投资、固定资产、长期投资、无形资产等非现金资产给债权人以清偿债务。

(3)债务转为资本。债务转为资本是站在债务人的角度讲的。如从债权人的角度讲,则为债权转为股权。债务转为资本时,对股份制企业来讲,即债务转为股本;对其他企业来讲,即债务转为实收资本。债务转为资本的结果是债务人增加股本或实收资本,债权人增加长期股权投资。

(4)修改其他债务条件。如延长债务偿还期限,延长债务期限并加收利息,延长债务偿还期限并减少债务本息等。

(5)混合重组方式,即以上两种或两种以上方式的重组。

因债务重组而获得的重组收益,应作为债务重组收益。因债务重组而发生的重组损失,应列入当期损失。债务重组收益和损失,应于债务重组日确认和计量。债务重组日为债务重组完成日,即债务人履行协议或法院裁定将相关资产转让给债权人,将债务转为资本(或修改后的债务条件)开始执行的日期。

以低于债务账面价值的现金清偿某项债务的,债务人应将重组债务的账面价值与支付现金之间的差额,确认为债务重组收益。

以非现金资产清偿某项债务的,债务人应将重组债务的账面价值与转让的非现金资产账面价值和相关税费之和的差额,确认为债务重组收益或当期损失。

将债务转为资本清偿某项债务的,债务人应将重组债务的账面价值与债权人因放弃债权而享有股权的份额之间的差额,确认为债务重组收益。

以修改其他债务条件进行债务重组的,如果重组债务的账面价值大于将来应付金额,债务人应将重组债务的账面价值减记至将来应付金额,减记的金额确认为债务重组收益;如果重组债务的账面价值小于或等于将来应付金额,债务人不进行账务处理。如果修改后的债务条款涉及或有支出(指未来某种不确定性事项出现而发生的支出),债务人应将或有支出计入将来应付金额。或有支出实际发生时,应冲减重组后债务的账面价值;结清债务时,或有支出如未发生,应将该或有支出的原估计金额确认为债务重组收益。

以现金、非现金资产方式的组合清偿某项债务的,债务人应先以支付的现金冲减重组债务的账面价值,再将现金冲减重组债务后的账面余额与转让的非现金资产账面价值和相关税费之和的差额,确认为债务重组收益或当期损失。

以现金、非现金资产、债务转为资本方式的组合清偿某项债务的,债务人应先以现金、非现金资产的账面价值冲减重组债务的账面价值,再将以现金、非现金资产账面价值冲减重组债务后的账面余额与债权人因放弃债权而享有股权的份额之间的差额,确认为债务重组收益。

以现金、非现金资产、债务转为资本方式的组合清偿某项债务的一部分,并对该项债务的另一部分以修改其他债务条件方式进行债务重组的,债务人应先以支付的现金、非现金资产的账面价值以及债权人享有的股权的份额冲减重组债务的账面价值。如果冲减后的重组债务的账面余额大于将来应付金额,债务人应将重组债务的账面余额减记至将来应付金额,减记的金额确认为债务重组收益;如果冲减后的重组债务的账面余额小于或等于将来应付金额,债务人可以不进行账务处理。

资产公允价值是指在公平交易中,熟悉情况的交易双方,自愿进行资产交换或债务清偿的金额。对于非现金资产,其公允价值的确定原则是如该资产存在活跃市场,该资产的市价即为其公允价值;如该资产不存在活跃市场,但与该资产类似的资产存在活跃市场,该资产的公允价值应比照类似资产的市价确定;如该资产和与该资产类似的资产均不存在活跃市场,该资产的公允价值按其所能产生的未来现金流量并以适当的折现率计算的现值确定。债权人因放弃债权而享有的股权,其公允价值的确定原则是如债务人为上市企业,该股权的公允价值即对应的股份的市价总额;如债务人为其他企业,该股权的公允价值按评估确认价或双方协议价确定。

8.3.3 协商进行债务重组的程序

企业债务重组按其是否通过法律程序,分为协商进行债务重组和法院裁定债务重组。

协商进行债务重组是指企业由于陷入财务困境,与其债权人协商达成协议后,按照法定程序对企业债务进行重组。当企业采用协商进行债务重组时,一般应按照下列程序进行。

(1) 由企业即债务人向有关管理部门提出申请,召开由企业和其债权人参加的会议。

(2)债权人任命一个由1~5人组成的小组,负责调查企业的资产、负债情况,并制订一项债务重组计划,就债务的展期、债务的减免、债务的偿还、债务的和解做出具体安排。

(3)召开债务人、债权人会议,对小组提出的债务重组计划,进行商讨并取得一致意见,达成最后协议,以便债务人、债权人共同遵循。

如采用债务转为股本重组方式时,由于账面资产价值已不符合其持续经营要求,应对有关资产重新估价,调低的数额应冲减留存收益,将留存收益的红字调整为零,同时要将债务转为股本方案提交给债权人和股东批准。

一般来说,债权人同意达成协议进行债务重组,表明债权人对债务人还有信心,相信债务人能够经过债务重组走出财务困境,不仅能够偿还债款,还能给企业带来长远效益。但是,在债务人履行债务偿还期间,由于企业经营的不确定性,随时都会发生新的问题而导致债权人的利益受损失,在实施债务展期期间,债权人也可对债务人采取一些保护自己利益的措施。

8.3.4 法院裁定债务重组的程序

法院裁定债务重组是指在法院受理债权人申请破产案件的时期内,经债务人及其委托人申请,与债权人通过会议达成协议,对企业债务进行重组。法院裁定债务重组一般应按下列程序进行。

(1)向法院提出债务重组申请。债务人在向法院申请债务重组时,必须阐明对企业实施重组的必要性,同时要满足一定的条件:企业发生财务危机或者债务到期时企业无法偿还,企业有三个或者三个以上债权人的债权合计达到规定的数额。

(2)法院任命债权人委员会。债权人委员会的权限与职责:挑选并委托若干律师、注册会计师或者其他中介机构作为其代表履行职责;就企业财产的管理情况向受托人和债务人提出质询;对企业的经营活动、财产及债务状况等进行调查;参与债务重组计划的制定,并就制定的债务重组计划提出建议,提交给法院。

(3)制定企业债务重组计划。债务重组计划既可能改变企业债权人的法定的或者契约限定的权利,也可能改变企业股东的利益,无财产担保的债权人则选择以牺牲其部分债权为代价而收回部分现金。经法院批准的债务重组计划,对企业本身、全体债权人及全体股东均有约束力。

(4)执行企业债务重组计划。即逐项落实债务重组计划所列的措施。

(5)经法院认定宣告终止债务重组。终止债务重组通常发生于:企业经过债务重组后,能按协议及时偿还债务,法院宣告终止债务重组;重组期满,不能按协议清偿债务,法院宣告破产清算而终止债务重组;重组期间,不履行债务重组计划,欺骗债权人利益,致使财务状况继续恶化,无法清偿债务,法院终止企业债务重组,宣告其破产清算。

8.4 企业解散、破产清算的财务管理

8.4.1 企业清算的类型

企业清算按其原因,分为解散清算和破产清算。

导致企业解散清算的主要原因:①企业章程规定的营业期限届满或者企业章程规定的其他解散事由出现时,如经营目的已经达到、无须继续经营,或目的无法达到、无发展前途等;②企业股东大会决议解散;③因企业合并或者分立而解散;④企业违反法律、行政法规被依法责令关闭;⑤投资一方不履行协议、合同、章程规定的义务,或因外部经营环境变化而无法继续经营等。

破产清算是因经营管理不善等造成企业严重亏损,不能清偿到期债务而进行的清算,包括以下两种情况:一是企业的负债总额大于其资产总额,事实上已不能支付到期债务;二是企业债务人的资产总额大于其负债总额,但因缺少偿付到期债务的现金,不能清偿到期债务,被迫依法宣告破产。

企业清算按其是否自行组织清算,分为普通清算和特别清算。

普通清算是指企业自行组织的清算,它按法律规定的一般程序进行,法院和债权人不直接干预。

特别清算是指企业依法院的命令开始,并且自始至终都在法院的严格监督之下进行的清算。

对实行普通清算还是实行特别清算,企业无选择的权利。

企业解散后,应立即进行普通清算。在普通清算过程中,当有下列情况之一发生时,法院可命令企业实行特别清算。

(1)当企业清算遇到明显障碍时。如企业的利害关系人人数众多,或企业的债权债务关系极为复杂,法院依债权人或投资者或清算人的请求进行特别清算时。

(2)当企业负债超过资产有不实的嫌疑时,即账面上企业负债超过资产,但

实际上是否真正超过尚有嫌疑时。如企业债务数额并非真实,或债权数额并非确定,或账面资产价值低于市场价值,等等,法院应清算人请求进行特别清算。

8.4.2 企业解散清算的程序

1. 成立清算组

企业终止经营活动进行解散清算时,应成立清算组。自成立清算组之日起,企业除了完成生产任务的收尾工作及结束原有业务外,即应对外停止一切新的业务活动,由清算组负责企业有关清算的对内对外一切事宜。清算期间任何人未经清算组的许可,不得处置企业财产。

清算组应在公布企业解散的15日内成立,有限责任公司的清算组由股东组成,股份有限公司的清算组由股东大会确定人选;逾期不成立清算组进行清算的,债权人可以向人民法院申请指定有关人员组成清算组。清算组在清算期间行使下列职权:清理企业财产,编制资产负债表和财产清单;通知或公告债权人;处理与清算有关的企业未了结的业务;清缴所欠税款;清理债权债务;处理企业清偿债务后的剩余财产;代表企业参与民事诉讼活动。

2. 清查财产、债权、债务,制定清算方案

(1)编制企业清算以前经营期间的会计报表。

企业的会计报表是清算组进行财产、债权、债务清查的重要依据。因此,要开展全面清查工作,首先就要编制企业自年初至清算日的会计报表,包括资产负债表、利润表等,以进行财产的盘点清查,核对账实是否相符。

(2)登记债权人债权。

清算组应自成立之日起10日内通知债权人,并于60日内在报纸上至少公告三次。债权人应自接到通知书之日起30日内,向清算组申报其债权。债权人申报其债权,应说明债权的有关事项,并提供证明材料。清算组应对债权进行登记。

(3)清查全部财产、债权债务,编制财产清单和债权债务明细表。

清查企业的财产包括宣布清查时企业的全部财产和清算期间取得的资产。已作为担保物的财产相当于担保债务的部分,不属于清算财产;担保物的价值超过所担保的债务数额的部分,属于清算财产。企业在宣布终止前6个月至终止之日的期间内,如有隐匿、私分或者无偿转让财产,非正常压价处理财产,给原来未提供财产担保的债务提供财产担保,提前清偿未到期的债务,放弃自己的债权等行为,按照规定属于无效,清算组有权追回其财产,作为清算财产入账在财产、债权(包括有权追回财产、债权)、债务中。清查过程中,要按会计账目逐项与实物核对,并将核对结果编制成财产目录和债权债务明细表。对短缺财产及呆账等,还应查明原因,提出处理意见。

(4)确定清查财产的价值,编制清算资产负债表并制定清算方案。

清查工作结束后,要确定清算财产的价值。由于企业清算前本着持续经营的假设,会计报表是按账面价值编制的。如果账面价值与实际价值基本相等,就可将账面价值作为清算财产的价值。但是,如果账面价值与实际价值相差较大,则应按市场价格或清算价格(即变现收入)重新评估财产价值,然后根据确认的财产价值重新编制清算资产负债表,并制定清算方案。清算方案包括清算的程序和步骤、财产定价方法和估价结果、债权收回和财产变卖的具体方案、债务的清偿顺序、剩余财产的分配以及企业遗留问题的处理等。清算组制定的清算方案应报股东会或者有关主管部门确认。

3. 执行清算方案

(1)确定清算损益。

企业清算中发生的财产盘盈、财产变价净收入,债务人确实无法归还的债务,以及清算期间的经营收益等,应计入清算收益。企业清算中发生的财产盘亏、确实无法收回的债权,以及清算期间的经营损失等,应计入清算损失。企业清算期间发生的清算组成员的工资、差旅费、办公费、公告费、诉讼费以及清算过程中所必需的其他支出,应计入清算费用。清算费用由企业现有财产优先支付。企业清算终了,清算收益大于清算损失、清算费用的部分,要依法缴纳所得税。

(2)清偿债务。

企业清偿债务的能力,以其注册资本为限。如企业实收资本少于注册资本,应补足各自认缴资本。企业以财产支付清算费用后,按照下列顺序清偿债务:①应付未付的职工工资和劳动保险费用;②应交未交税款;③尚未清偿债务。不足以清偿同一顺序债务的,按照比例清偿。也就是说,未支付完职工工资和劳动保险费用前,不得缴纳所欠税款;未交清应交未交税款前,不得清偿企业债务。

(3)分配剩余财产。

企业清偿债务后,要对剩余财产进行分配。剩余财产的分配,一般应按企业合同、章程的有关条款处理,充分体现公平、对等、照顾投资各方的原则。其中,有限责任公司按照股东的出资比例分配,股份有限公司按照优先股股份面值对优先股股东先行分配;对优先股股东分配后的剩余部分,按照普通股的股份比例进行分配;国有企业剩余财产要上缴国家财政。

(4)结束清算工作。

企业清算结束后,清算组应制作清算报告,报股东会或者有关主管部门确认,并报送企业登记机关,申请注销企业登记,公告企业终止。不申请注销企业登记的,由企业登记机关吊销企业营业执照,并予以公告。

因企业解散而清算,清算组在清查企业财产、编制清算资产负债表和财产清单后,发现企业财产不足以清偿债务的,应立即向人民法院申请宣告该企业破产,企业经人民法院裁定宣告破产后,清算组应将清算事务移交给人民法院。

8.4.3 企业破产和破产清算的程序

1. 破产的程序

(1)提出破产申请。

提出企业破产申请的既可以是债权人,也可以是债务人。当债务人不能清偿到期债务时,债权人可以向债务人所在地人民法院申请宣告债务人破产;债务人不能清偿到期债务的,经过上级主管部门同意,可以向当地人民法院申请自动破产。目前,我国多数企业的破产申请都由企业(即债务人)提出。

企业在提出破产申请前,应对其资产进行全面清查,对债权、债务进行清理,然后由会计师事务所对企业进行全面的审计,并出具资不抵债的审计报告。企业向法院提出破产申请时,要提交如下资料:请求破产的申请书,会计师事务所对企业进行审计后出具的审计报告,上级主管部门同意破产的批准文件,企业会计报表,企业对外投资情况,各项财产明细表,债权人的名单、地址、金额及其他法院认为需要的资料。

(2)法院接受申请。

人民法院接到破产申请后即进行受理与否的审查、鉴定。受理债权人破产申请案件后10日内应通知债务人,并发布破产案件受理公告。受理债务人破产申请案件后10日内通知债权人申报债权,直接发布债权申报公告。

(3)债权人申报债权。

债权人应在收到通知后30日内,未收到通知的债权人应自公告之日起90日内,向人民法院申报债权,说明债权的金额和有无财产担保,并且提交有关证

据、资料。

(4)法院裁定,宣布企业破产。

人民法院对于企业的破产申请进行审理,符合《企业破产法》规定的,即由人民法院裁定并宣告该企业破产。

2. 破产清算的程序

(1)组建清算组。

人民法院应自宣告企业破产之日起15日内成立清算组,接管破产企业。清算组的人员一般包括财政部门、企业主管部门、国有资产管理部门、审计部门、劳动部门、国土管理部门、社会保障部门、人民银行、工商管理部门等部门的人员。清算组可以依法进行必要的民事活动,清算组成立后,一般都在法院的指导下,设立若干个小组,分别负责财产保管、债权债务清理、财产处置、职工安置等工作。

(2)接管破产企业。

进行财产处置等工作的清算组应接管破产企业的一切财产、账册、文书、资料和印章等,并负责破产企业财产的保管、清理、估价、处理和分配。

(3)编报、实施破产企业财产分配方案。

清算组在清理、估算破产企业财产并验证破产债权后,应拟定破产企业财产分配方案,经债权人会议通过,并报请人民法院裁定后,按规定的债务清偿顺序进行分配。

(4)报告清算工作,注销破产企业。

清算组在破产企业财产分配完毕之后,应制作清算报告,向人民法院报告清算工作,并提请人民法院终结破产程序。

清算组在接到人民法院终结破产程序的裁定后,应及时办理破产企业的注销登记手续。

8.4.4 国有破产企业职工安置费的处理

按照现行政策规定,各级主管财政机关应协助政府其他部门做好国有破产企业职工的生活救济和就业安置工作。

破产企业被整体接收的,安置期间的职工生活费用由接收方企业发放,从企业管理费用中开支,其标准应不低于城市规定的最低生活救济标准。破产企业职工的社会保险费由接收方企业从接收破产企业之日起缴纳。接收方企业收到的安置费在资本公积金中单独反映。

鼓励破产企业职工自谋职业。对自谋职业的职工,清算组可从破产企业土地使用权等破产财产出售所得中,按规定拨付一次性安置费。破产企业离退休职工的离退休费和医疗费从企业土地使用权出售所得中支付,处理土地使用权所得不足以支付的,不足部分从处理其他破产财产出售所得中支付。

第9章 企业财务审计

9.1 固定资产审计

9.1.1 固定资产审计的意义

固定资产是施工企业进行施工生产必不可少的物质条件,也是发展国民经济的物质基础。随着我国科学技术的发展,施工机械化水平日益提高,固定资产的作用越来越重要。固定资产的特点是在施工生产过程中可以长期使用,并保持原有的实物形态,其价值随着磨损逐渐地以部分折旧的形式转移到产品中,并且从产品销售收入中得到补偿。为了延续和保持固定资产在施工中的工作效能,在使用过程中,要按时对其主体进行维修,对其主要部件进行更新,在报废时,要按照规定程序办理报废手续。

建筑安装工程施工是露天作业,施工地点不断变换,施工现场使用的固定资产移动、拆卸、装置频繁,损耗较大,容易散失,再加上管理上的漏洞,固定资产的被盗事件时有发生。因此,加强固定资产的管理,提高固定资产利用效率,对保证施工生产的顺利进行,提高经济效益,都具有十分重要的意义。

施工企业固定资产审计的目的,在于审查固定资产的增减变动是否正常,管理是否科学,有无漏洞和贪污、盗窃的不法行为,确保固定资产安全完整,促使被审计企业管好、用好固定资产,充分提高固定资产的利用率。

固定资产审计的内容,主要包括:固定资产实物数量的审计,固定资产增加的审计,固定资产减少的审计,固定资产折旧的审计,固定资产大修理的审计,固定资金利用效果的审计等。

9.1.2 固定资产实物数量的审计

为了管好、用好固定资产,企业会计部门应建立和健全固定资产管理制度,通过账册对固定资产价值进行管理,使用部门通过工地、车间对固定资产进行管理。为此，在对固定资产实物数量进行审计之前，应对固定资产的管理状况进行审计。

固定资产的管理应贯彻"谁用谁管"的原则。一般来说，在库储存的固定资产，应由仓库管理人员负责管理；使用中的固定资产，应由使用车间、工地主任或队组长负责管理，或由指定人员负责管理；房屋、建筑物由行政部门指定专人负责管理。

对于长期保管或临时保管固定资产的责任人员是否认真负责，要注意检查，要防止不负责任或无人负责的现象。此外，审计人员还要检查是否有健全、正确的固定资产总分类核算和明细分类核算。

审查固定资产的实物数量，对于保护国家和企业财产，提高企业管理水平有着重要的意义。固定资产实物数量的审计，一般采用实物盘查和对账的方法。在盘查之前，会计部门应根据核算资料提供固定资产清单。在清单中，应一一列明所有固定资产的名称、规格、购建年月、存放地点、磨损程度和保管人员，以便盘查实物时一一核对。

为了做好固定资产的盘查工作，应要求被审计企业成立固定资产盘查小组。审计人员应参加盘查工作，以便提高盘查工作质量，取得固定资产管理的第一手资料。盘查时，将固定资产清单与固定资产实物进行核对，看其是否相符。在核对时，要注意固定资产编号并鉴定其新旧程度，防止用旧设备替换新设备。对于破损或提前报废的固定资产，应查明破损或提前报废原因。如果是人为因素造成的，则应确定过失人员。对于盘亏的固定资产，应由实物保管人写出详细的书面报告，经核实后，再进行处理。对于被盗窃的固定资产，应查明情况，确定作案人员，对情节严重的应依法处理。

固定资产的盘盈盘亏处理分为两个步骤：第一步，将财产、物资的盘盈、盘亏和损失，填制记账凭证，登记入账，使各项固定资产账存数与实存数完全一致；第二步，根据按规定程序报经批准的处理办法，填制记账凭证，登记入账。

9.1.3 固定资产增加的审计

施工企业固定资产的增加主要有基本建设完工交付使用的固定资产，购入、调入、拨入的固定资产，技术改造中增值的固定资产，以前漏记或盘盈入账的固定资产等。

固定资产增加的审计，主要审查其基本建设和设备购置计划的执行情况，有无计划外的项目，固定资产增加的合理性、合法性和核算资料的正确性。在审计中，一般要着重审查以下几方面。

1. 购建固定资产的审计

施工企业新建厂房、办公楼、职工宿舍及其他工程项目,都要按照规定的基本建设程序建设。应审查有无经过批准的基本建设计划,验收交接的固定资产是否附有已批准的工程竣工决算,是否按照竣工决算所列工程价款入账,有无将不应列入固定资产价值的费用开支列入固定资产价值内,有无擅自开展计划外项目、任意兴建楼堂馆所,等等。如果发现有违反国家规定的情况,应立即反映给有关部门。对于购入的固定资产,应检查其是否有验收凭证,是否按购入时的原价入账,当时发生的运输费和安装费用是否计入原价之内。

2. 改建、扩建固定资产价值的审计

根据施工生产的需要,企业对原有固定资产进行改建或扩建。改建、扩建工程完成后,发生的全部支出减去变价收入的差额,即新增加的固定资产价值。

审计时,应注意检查改建、扩建固定资产价值的计算是否正确,有无将生产用工、用料计入改建、扩建工程成本,或者把应计入改建、扩建工程的工、料、费计入生产成本。

3. 自制设备和用自筹资金兴建的零星土建项目的审计

对于自建、自造的固定资产,应检查其是否按实际成本入账,成本计算是否真实,是否存在与生产业务用工不实、用料不清、费用不分的混乱现象。此外,对于购买本企业产品作为固定资产的,应按销售价格入账,不得按实际成本或削价列支。

4. 无偿调入固定资产的审计

无偿调入固定资产的审计,一般应审查调拨手续是否完备,是否经过批准;审查双方调拨与验收单所列项目和数量是否相符,特别要注意调入设备的随机备品、备件是否齐全;审查无偿调入固定资产的原价,其原价一般是指调出单位提供的账面原价,原价减去已提折旧后的固定资产净值即企业增加的固定基金。对于调入的需要安装的设备,应将账面原价扣除调出单位的安装成本,加上调入后新发生的安装成本,即固定资产原价。

审计时,应检查有无将无偿调入固定资产的包装费、运杂费计入固定资产价值或挤入工程成本。

5. 有偿调入固定资产的审计

有偿调入固定资产的审计，主要是审查有偿调入固定资产的原价是否正确。按规定，有偿调入固定资产的原价包括现行全新设备的调拨价格，加上实际发生的包装费、运杂费和安装成本。

审查时，要注意审查调拨价格是否合理，有偿调入固定资产价值的计算是否正确。不得将包装费、运杂费和安装成本挤入工程成本。此外，还要查清有偿调入固定资产的原因是否正常，有无倒买倒卖的不法行为。

6. 固定资金来源的审计

施工企业固定资产的资金来源，主要有基本建设拨款、基本建设贷款、专用借款和专用拨款等。企业不论用哪种方式增加固定资产，都要注意审查其资金来源是否正当，不得截留利税和其他应上缴国家财政的款项，而且要按照基本建设程序办事，不得乱搞基本建设。

9.1.4 固定资产减少的审计

施工企业固定资产减少的情况，主要有：由于磨损不能使用或按规定予以淘汰而报废清理；由于各种因素造成盘亏、毁损和非常损失，经有关部门批准，将固定资产有偿或无偿调出等。固定资产减少的审计，一般应从以下几方面进行。

1. 固定资产报废清理的审计

对于报废清理的固定资产，首先要查明报废清理的手续是否完备，是否经过技术鉴定证明不能继续使用，是否按规定报经有关部门批准。对由于技术进步需要提前报废的固定资产，应检查其经济上是否合算，技术上是否先进。对丧失生产能力的固定资产，应注意其附属设备和附件的处理情况，如果附属设备和附件已作价出售，应检查其是否按质论价进行处理；有无将完好的附属设备、部件、零件当作废料处理，防止随意转让或盗卖资财，还要注意变价收入是否已收到并入账。

2. 对于自然灾害、意外事故或被盗固定资产损失的审计

对于自然灾害、意外事故或被盗固定资产损失的审计，主要是要查明发生事故的性质、原因、责任人和处理情况，有无批准核销的文件，有无因个人过失造成

的损失而不追究个人责任的情况,对被盗或被破坏的固定资产是否立案处理,要防止被盗窃的或被破坏的固定资产被当作盘亏处理。

3. 有偿调出固定资产的审计

施工企业的固定资产如多余或不需要时,要积极处理,使得物尽其用,充分发挥现有固定资产的效能。有偿调出固定资产的审计,主要审查固定资产调拨单上的各项内容是否填写齐全,有无上级主管部门或企业领导批准的调拨文件;审查调出固定资产的价格是否合理,是否根据按质论价的原则结算价款,有无作价过低或故意大削价的情况;要特别注意检查那种名为"支援"、实为盗卖国家财产的违法行为;此外,还要审查所得价款是否全部入账,有无转入职工福利基金,或者转入"小金库",如有这些情况,应查清事实,严肃处理。

4. 无偿调出固定资产的审计

无偿调出固定资产的审计,要审查调拨手续是否齐全,有无上级主管部门批准的调拨文件;查清无偿调拨的原因,调给什么单位,以防止不正之风,注意那种名为"赠送",实为内外勾结、盗窃国家财产的违法活动。

9.1.5 固定资产折旧的审计

建筑业是我国国民经济的支柱之一,施工企业随着国民经济的发展,固定资产越来越多,所提固定资产折旧数额也越来越大。固定资产折旧计算正确与否,与工程成本的高低和利润的多少有密切的联系,影响到工程成本和利润的正确性。此外,合理地提取折旧基金,才能够保证固定资产的不断更新。因此,固定资产折旧的审计,主要是对固定资产折旧率和折旧额的审计。

1. 折旧率的审计

企业采用的折旧率,按规定有个别折旧率和分类折旧率两种。审计时,应审查其折旧率是否合理,是否符合上级的要求,有无擅自提高或降低折旧率的情况。在正常情况下,折旧率一经确定,不得随便变更;如有变更,应查明原因。

2. 折旧额的审计

(1)审查固定资产折旧额的计算是否正确。审计人员可以对各部门"固定资产折旧计算表"进行抽查,复核有关项目的折旧额的计算,看是否计算正确。

(2)审查企业对于已提足折旧但还可以使用的固定资产,是否仍然提取折旧。按规定,采用个别折旧率或分类折旧率的企业,对于已提足折旧但还可以使用的固定资产,不再提取折旧。如果仍继续提取折旧,则违反了财经制度的规定,应立即停止计提,并将多提部分冲减。

(3)由于社会技术进步必须被先进设备替换的落后设备,以及能源消耗高按国家规定应淘汰的设备,应检查其是否补提足额。

(4)检查未使用、不需用的固定资产以及连续停工一个月以上的设备是否仍计提折旧。如果仍计提折旧,应立即纠正,以免提多折旧和增加工程成本。

9.1.6　固定资产大修理的审计

固定资产大修理,是指为了恢复固定资产的使用效能和延长固定资产的使用时间,对固定资产进行全面的修理。其特点是修理间隔时间长、支出费用大、修理范围广。为了正确地计算工程成本,企业要划清大修理与中小修理的界限。

固定资产大修理的审计,一般应从以下几方面进行。

1. 大修理提存率的审计

大修理提存率,一般由财政部门和企业主管部门核定,由企业计提大修理费。提存率是否恰当,影响到固定资产使用价值的恢复程度和预计使用年限。为此,要根据使用情况正确确定固定资产大修理提存率。审计时,应审查大修理费用几年来的使用情况;大修理工程是否按大修理计划执行,是否如期动工,如期完工,质量如何;大修理费能否满足工程的需要,有无过多或过少的现象。

2. 大修理费用支出的审计

大修理费用支出的审计,主要是审查其是否确属大修理的范围。一方面要划清大修理支出和更新改造支出的界限,要把属于固定资产更新改造、增加固定资产零件或附属设备价值较大的,划为更新改造基金负担;另一方面,还要划清大修理与中小修理的界限,不能把大修理费用列入中小修理费用,也不能把中小修理费用列入大修理费用,否则,将造成大修理费用超支或者增加工程成本。

3. 进行大修理,拆除固定资产所得零件、部件处理的审计

企业进行固定资产大修理,可能有大量的零件、部件被替换下来。对于这些物资,应检查其去向,是否已登记入账或作价处理。如去向不明,应查清楚,正确处理。

9.1.7 固定资金利用效果的审计

反映固定资金利用的经济效果指标,主要有固定资金产值率和固定资金利润率。审计的目的在于充分挖掘企业现有固定资产的潜力,不断加强固定资产管理,提高固定资产的经济效益,使企业用较少的固定资产投资,完成较多的施工生产任务。下面分别说明固定资金产值率和固定资金利润率的审计。

1. 固定资金产值率的审计

固定资金产值率,是企业在一定时期内固定资金平均占用额同所完成的建筑安装工作量的比例关系。即将企业占用固定资金的数额同完成的工作量联系起来考察固定资金的利用效果。

固定资金产值率的审计,主要检查产值率的计算是否正确,即检查固定资金平均占用额是否根据各月份固定资金期初、期末余额计算,建筑安装工作量是否与有关统计报表相符。如果该企业除了施工经营外,还有其他产值,可以利用生产总值(企业总产值)指标,计算出固定资金产值率。固定资金产值率审查无误后,可将实际的固定资金产值率与计划指标进行比较,与去年同期或与国内外同行进行比较,从而揭示固定资产使用中存在的问题,并提出有效措施,改进管理工作,提高固定资金产值率。

2. 固定资金利润率的审计

固定资金利润率,就是企业在一定时期内固定资金的平均总值同所实现利润总额的比例关系。

固定资金利润率的审计,首先审查固定资金平均总值和利润总额是否准确,固定资金利润率是否计算正确;然后,将实际固定资金利润率与计划指标进行比较,与去年同期或与国内外同行进行比较,以了解固定资金利用效果。

9.2 流动资金审计

9.2.1 流动资金审计的意义

施工企业的流动资金,是指用于材料储备、支付职工工资和其他生产费用所垫支的资金。

流动资金的实物形态主要是劳动对象。劳动对象从物质形态上看，参与一次施工生产过程后，就被全部消耗，形成建筑产品这种新的使用价值；从价值形态上看，参与一次施工生产过程后便把全部价值一次转移到建筑产品的成本中，随着建筑产品销售而从收入中得到全部补偿。垫支于工资方面的资金，是劳动者在施工生产过程中新创造价值的一部分，它与购买劳动对象的资金是不同的。但从价值周转方式上看，工资也是先以货币形式垫支，一次投入施工生产过程，并在建筑产品销售后，一次全部收回，再重新用于支付工资。所以，用于支付工资的资金也是流动资金的一部分。施工企业还要支付其他一些费用，如用在应收工程款方面的资金，用于办公费、差旅费等支出的资金等，其周转方式也是一次支出和从工程产品实现的价值中收回，因而也属于流动资金。

施工企业流动资金，一般包括储备资金、生产资金、成品资金、货币资金和结算资金等。

施工企业流动资金按形成来源，可分为自有流动资金和非自有流动资金。

自有流动资金是指归企业支配、长期周转使用的流动资金，包括以下内容。

(1)国家流动资金。国家流动资金亦称国家流动基金，是由国家财政预算拨给，以及由企业内部留利基金中的生产发展基金转为流动资金，供国营企业长期周转使用的基金。国家对国营企业的流动资金是通过国家财政拨款和银行贷款两条资金渠道供应的，称为双口供应方式。由国家财政拨给的这部分流动资金，叫作国家流动资金。

(2)企业流动资金。即企业每年从生产发展基金中按规定的比例逐年补充的流动资金。

(3)基建部门移交给企业的流动资金(指低值易耗品)和按规定调整库存材料物资调拨价格的溢价。

非自有流动资金是指企业临时从其他单位取得的资金，如流动资金借款、预收备料款、预收工程款、经有权机关批准发行的债券等。

流动资金审计的目的，在于监督企业合理取得流动资金，并加强流动资金的控制和管理，节约和有效地使用资金，提高流动资金的使用效果。

流动资金审计的内容，主要包括：流动资金增减变化的审计，流动资金借款的审计，流动资金定额及其执行情况的审计，流动资金利用效果的审计，货币资金的审计和结算资金的审计，等等。

9.2.2 流动资金增减变化的审计

流动资金增减变化的审计,一般从以下几方面进行:
(1)审查从固定资产转为低值易耗品而增加的流动资金是否符合规定。
(2)审查有无挪用流动资金进行自筹基本建设或购置固定资产。
(3)审查有无挪用流动资金支付各种摊派款项,或找借口抽调、转移流动资金。

9.2.3 流动资金借款的审计

施工企业为了保证流动资金,储备施工生产需要的材料,垫支施工生产过程中发生的各项资金耗费等情况造成的资金占用,按规定可向银行借款。流动资金借款的基本特点:借有条件,还有期限,按时付息,专款专用。审计的目的在于查明企业流动资金借款是否符合规定条件、是否按规定用途使用、是否如期还本付息等,促使企业进一步树立节约和有效使用资金的观念,做到投入少、产出多,加速资金周转,提高企业经营管理水平。

流动资金借款,是指企业向建设银行借入的各种流动资金款项,如正常的周转流动资金借款、尚未结算的在建工程借款及超计划借款等。

流动资金借款的审计,一般应从以下几方面进行。

1. 流动资金借款数额的审计

按规定,施工企业在年度开始前30天,应根据施工生产的需要和加速资金周转的原则,在挖掘充分利用资金潜力的基础上,分正常周转、工程结算、土地开发及商品房三种情况,向经办行编报流动资金年度贷款计划,经过经办行及上级行审核批准后,年度计划贷款额即施工企业流动资金贷款的控制指标。审计的方法就是检查企业的正常周转流动资金借款是否在核准的贷款指标之内。如果贷款额在贷款指标内,说明流动资金借款是合理的。如果施工企业因施工任务增加等,需要增加流动资金借款,可以向建设银行申请计划外流动资金借款,但银行对计划外流动资金借款应加收利息。

2. 流动资金借款使用情况的审计

施工企业年度贷款核定后,应与经办行签订借款合同,明确双方的权责和义务,列明借款的种类、用途、数额和利率。审计时,主要根据流动资金借款的用途来检查企业实际支用借款情况。在正常情况下,企业一般都会按规定用途使用借款,即购买各种材料、作为未完施工的占用款等。如果企业违反借款合同,随意乱挪乱用所借资金,银行应及时制止。按规定,若发现借款企业有下列情况之一者,银行应立即停止贷款,或收回部分甚至全部贷款,并对有关的挪用贷款加收罚息:①挪用贷款资金;②购储非施工生产需用的物资;③盲目储备,不积极处理积压物资;④违反结算纪律;⑤经营管理不善,损失浪费严重。企业对应当归还的贷款,拖延不还,经催收仍不偿还时,银行可以直接从企业的存款户中扣收。

3. 流动资金借款利息计交的审计

施工企业所借流动资金款项,应按期计交利息,不得拖欠。流动资金借款利息应按规定利率计算,不能多计或少计。审计时,可以检查利率是否符合规定,利息的计算是否正确。

4. 工程结算借款的审计

施工企业采用工程竣工办理工程结算的办法时,施工企业所需工程垫支款可以向建设银行贷款,借款利息由建设单位一次支付、包干使用。

工程结算借款的审计,一般应从以下几方面进行。

(1)工程结算借款数额的审计。主要审查被审计企业所借款项不能超过在建工程款(即依据在建工程需要占用的资金核定贷款定额),防止"多借多用"。如有不合理的超额借款,企业应退还建设银行。

(2)工程结算借款利息的审计。工程结算借款利息,一般由建设单位一次支付、包干使用。如果施工企业无故拖延工期,所支付的工程结算借款利息,应由企业自有资金列支。审计时,可以检查施工企业所收取的借款利息是否计算正确,防止"多收多占"。

(3)工程结算借款归还本息的审计。在工程竣工时,施工企业应将所借工程结算借款及其利息,一次全数归还银行,不得拖欠。

9.2.4 货币资金的审计

1. 库存现金的审计

(1)库存现金实存数的查点。

库存现金实存数的查点,就是对现金进行清查盘点。查点一般应按以下步骤进行。

①做好查点准备工作。对库存现金的查点，一般不事前通知，要具有突查性，以防出纳员临时凑数、弥补漏洞。为此，审计人员要认真组织、做好查点的准备工作，确定参加盘点库存现金的人员，选择适当时机，要严守秘密，不得泄露查点时间。除了突查库存现金外，也可以进行常规检查。常规检查应当选择现金收支业务比较少、有关人员比较方便的时间，以减少对正常工作的影响，不要选择现金收支业务量较大的时间（如发放工资日）等进行查点。

②确定现金账面结存数。在进行现金查点之前，首先要计算和确定现金的账面余额，作为查点现金的依据。为了正确地计算现金账面余额，可根据现金日记账的账面余额和未登记入账的收、付款凭证编制库存现金余额表。

③库存现金的查点。查点现金时，审计人员、企业出纳人员和会计主管人员应同时在场。如出纳人员因病或因公缺席，应由企业领导指定专人参加，涉及刑事案件时，还要有公安人员和有关人员参加。在查点现金时，可暂停办公，一切无关人员不得进入出纳办公室内，以利于查点工作的进行。查点库存现金实有数，首先要观察保险柜的封条有无异常现象，如有异常现象，应查明原因及其后果。查点现金，一般先由出纳员查点，查点完后，写明现金的实存数额；然后由审计人员复核。对于有封签的现金，要打开点数，以免出现短少现金的现象。如果审计人员与出纳人员所点数额相同，现金即归还出纳员保管，库存现金的查点工作即告结束。如果审计人员与出纳人员所点数额不同，应由会计主管重点。如仍不相同，还要由其他人员清点，直至点清为止。查点时，除了查点现金外，还要对保险柜内所有单据、字条及其他物品进行审查。非正式的现金支出凭证、白条等，都不能抵作现金。保险柜内不得存放私人现金和其他物品。

④检查控制措施。在查点库存现金的同时，应对现金管理的控制措施进行检查。如出纳办公室是否安装防盗门，窗户有无铁栏保护，保险柜是否安全可靠，出纳台柜是否与其他业务台柜分隔；出纳人员到银行送取现金采取什么安全措施；等等。如发现有漏洞，应采取措施，加强现金的管理。

(2)现金收入业务的审计。

企业的现金收入一般包括销售给不能办理转账结算的集体或个人的产品销售收入，不足转账起点的小额销售收入，小额材料、废料销售收入、收回未领的职工工资，职工交回的多余差旅费，以及其他零星的现金收入，等等。现金收入业务的审计，主要是对现金收款原始凭证进行审查。

现金收款原始凭证有自制的和外来的两种。前者如销售发票、现金收据等；

后者如发货票,汽车、火车票据,银行收款通知单,等等。下面分别说明其审计内容。

自制现金收款原始凭证的审计,一般包括且不限于以下内容。

①检查收据存根号码的连续性,有无缺页,未使用过的收据是否妥善保管,收据的页数与号码是否相符,领用时有无领用手续。

②检查作废的收据是否盖有"作废"的戳记,并粘贴在收据存根上。

③检查存根上的号码是否与账上一致。

④检查收据的填写是否齐全、正确,包括收据的抬头、日期、摘要、金额等。

⑤检查有无涂改收据的现象。

⑥检查复写内容、金额是否一致。

外来现金收款原始凭证的审计,一般包括以下内容。

①检查收据的抬头与本单位的名称是否相符。

②检查收据的摘要内容与本单位的业务是否有关。

③检查收据的金额是否正确。

④检查有无涂改收据的现象。

除了上述审核外,还要注意以下内容。

①检查有无现金与原始凭证一起被贪污的情况。要注意审查过去或现在应当发生而又没有发生的业务,必要时要到可能向被审计企业支付现金的企业进行调查,以确定有无贪污、舞弊现象。

②检查有无将出售的废品、次品、残料收入转入"小金库"或职工福利基金的情况。

③检查有无漏收、少收的情况。

(3)现金支出业务的审计。

施工企业一般都有大量的现金支出业务,需要认真进行审计。企业现金的支出,应根据国家现金管理的规定办理。按规定,只有在以下情况下才能使用现金:支付职工工资、奖金、津贴、福利补助;支付差旅费、市内交通费;支付抚恤金、退职金、退休金、丧葬补助费;不足转账支票金额起点(100元)的零星开支;向个人购买农副产品等。现金支出业务的审计,主要是对现金付款原始凭证进行审查。

现金付款原始凭证,按其来源不同,可分为自制现金付款原始凭证和外来现金付款原始凭证两种。下面分别说明其审计内容。

自制现金付款原始凭证的审计,一般包括以下内容。

①有关工资支出的审计,应审查对工资基金制度的遵守情况,有无自行招工,发放工资是否超过工资基金限额,以及工资是否按规定时间发放;对于补助工资支出的审计,应审查是否按规定的发放范围和开支标准发放;对于职工福利费支出的审计,要审查是否按规定的发放范围、标准和职工实际情况发放,困难补助是否合理、合法。

②对差旅费和市内交通费的审查。主要检查报销凭证是否真实可靠,有无白条,有无超过开支标准,以及是否经领导批准。

③对退职金、退休金、抚恤金和丧葬费的审查,主要检查各项支出是否符合制度规定,有无擅自提高标准,以及有无经有关部门批准和本人签收。

④对白条的审查。在一般情况下不应该有白条,但在特殊情况下的小额支出,经领导批准后也可以支付。如果发现白条较多,审计人员应注意查询,弄清原因和性质。如果原因是乱发奖金、津贴,私分公款等违反财经纪律的行为,必须立即停止支付,严肃处理。

外来现金付款原始凭证的审计,一般包括以下内容。

①对外来现金付款原始凭证基本要素完整性的审查。主要审查原始凭证的填制是否符合规定的要求。如各项单据的名称、格式是否具备付款凭证的要求,有无编号、日期,公章是否清楚、真实,发票上有无税务局专章及"收讫"戳记,等等。

②对外来现金付款原始凭证内容真实性的审查。这项审查是实质性的审查,必须认真,以防发生舞弊。审查的内容一般包括付款原始凭证所开列的单位名称是否与被审计企业的名称相符,所购物品是否经过质量和数量验收,材料物资单价是否合理合法,材料物资数量和单价的乘积是否正确,原始凭证有无涂改、刮、擦、挖补的痕迹,有无伪造原始凭证的现象,等等。

③对外来现金付款原始凭证经济业务合法性的审查。审查的内容一般包括原始凭证所开列的支付现金数额是否符合现金管理的要求,各项经济事项是否违反财经法纪,所购物品是否为企业所需,有无贪污舞弊的现象,原始凭证的填制单位是否真实,等等。

(4)原始凭证与记账凭证的核对。

在审查现金收、付款原始凭证之后,还要将原始凭证与记账凭证进行核对,以检查记账凭证所反映的内容是否准确可靠。核对时,一般应注意以下几点。

①记账凭证是否附有现金收、付款原始凭证,原始凭证的张数与记账凭证注明的张数是否相符。

②现金收、付款原始凭证的金额与记账凭证的金额是否相符。

③记账凭证记录的经济内容是否与所附现金收、付款原始凭证内容一致。

④现金收、付款原始凭证所反映的经济业务性质与记账凭证所列会计科目的性质是否一致,有无弄虚作假、张冠李戴的不法行为。

(5)记账凭证与现金日记账的核对。

为了保证账簿记录的正确性,监督现金的收支,在对现金收、付款记账凭证与所附原始凭证进行核对以后,还要对现金收、付款记账凭证与现金日记账进行核对。核对时,一般应注意以下几点。

①一般应逐笔核对,特别要注意有无少记现金收入的情况。

②检查现金日记账是否按日结账;结存额是否正确;有无漏记、少记结存额,弄乱账目,作弊的情况。

③检查现金的每天结存额是否正常,有无坐支现金的现象。

2. 银行存款的审计

(1)核实银行存款的实有额。

核实银行存款的实有额,一般从以下几方面进行。

①将资产负债表中银行存款项目所列金额,与银行存款总分类账户的余额进行核对,检查余额是否一致。

②将银行存款日记账余额与银行存款总分类账户的余额进行核对,检查余额是否一致。

③将银行存款日记账余额与银行对账单进行核对,检查二者是否相符。如不相符,则可能存在未达账项。未达账项,是指企业与银行双方收付款项的入账时间不同,一方已经登记入账,而另一方因为没有接到收付款凭证尚未入账的账项。

为了查明银行存款余额是否正确,应根据双方账面余额和发生差异的原因进行调整,编制银行存款余额调节表。经过调整后,企业与银行的存款余额应当相符。如不相符,则说明企业或银行的账目有错误,应进一步进行检查,并调整账目。

在查明余额相等的基础上,还有必要将对账单与银行存款日记账逐笔核对。因为有时银行对账单上有一收一付(收、付金额相等)记录,而银行存款日记账上并无相应的收、付记录。这样,余额虽然相等,但可能出现问题。问题的出现可能由于出借银行账户,捞取"好处"费;也可能由于其他非法活动或营私舞弊。应注意审核、深入追查。

审计人员除了核实银行存款实有额外,还要进一步检查以下内容:银行存款结存数额是否正常,如果经常出现大量或极少存款的现象,应查明原因;银行存款有无不合理使用情况;银行存款与专项存款是否分户储存、分别核算,不能合二而一。

(2)银行存款收、付业务的审查。

对银行收入业务的审查,一般从以下几方面进行。

①检查银行存款收入的原始凭证、记账凭证是否符合财经制度的规定。

②检查银行存款日记账所记收入款项的金额、内容是否与记账凭证、原始凭证所记金额及内容一致。

③检查企业收入的现金是否全部及时送存银行,有无坐支现金的现象。

④检查有无违章预收款项。

对银行存款支出业务的审查,一般从以下几方面进行。

①检查购买材料和物品的支票存根的所有项目是否填列齐全,其金额、用途与有关发票、收料单、验收单是否相符。

②检查支票上所填写的用途是否与所记会计科目相对应,以防弄虚作假、逃避银行监督。

③检查从银行存款中提取的备用金是否超过规定限额。

④检查有无开出空头支票或远期支票。

⑤检查作废支票是否粘贴在存根上,有无注明作废原因和加盖"作废"戳记。

3. 银行转账结算的审计

施工企业在施工生产经营过程中,经常与外单位发生大量的结算业务。按规定,这些结算业务绝大部分都应采用非现金结算方式。按照结算双方所在地区的不同,非现金结算业务可分为异地结算业务和同城结算业务两类。下面分别说明这两类结算业务的审计。

(1)异地结算业务的审计。

异地结算,是指收、付款单位不在同一地区的结算,如银行汇票、商业汇票(也可以同城使用)、汇兑和托收承付结算等。

①银行汇票结算业务的审计。银行汇票是汇款人(企业单位、个体经济户或个人)将需要使用的款项,先交存当地银行,由银行签发给汇款人持往异地办理转账结算或支取现金的票据。银行汇票适用范围广泛,企业单位、个体经济户和

个人向异地支付各种款项时都可以使用。这种汇票,票随人到,有利于单位和个人的急需用款和及时采购行为。对银行汇票,主要审查汇票的日期、金额是否填写正确,是否在付款期内(一个月),印章与压数机压印的金额是否清晰;验证购货企业采购人员的证明或证件。审查无误后,销货企业才能到开户行办理转账手续。对于未在银行开立账户的收款人,要验证本人身份证件或兑付地有关单位足以证实收款人身份的证明,在银行汇票背面盖章或签字,注明证件名称、号码及发证机关,才能办理支取手续。

②商业汇票结算业务的审计。商业汇票是由销货企业签发,也可由购货企业签发,并由购货企业或其开户银行承兑,于到期日向销货企业支付款项的票据。商业汇票既可用于同城结算,又可用于异地结算。商业汇票按其承兑人的不同,分为商业承兑汇票和银行承兑汇票两种。对商业承兑汇票,主要检查其承兑期限是否适当,按规定最长不得超过9个月;检查购货企业是否在商业承兑汇票到期前,将票款足额交存开户银行,以保证到期日银行能将款项划转给销货企业。如果到期日购货企业账户不足支付,开户银行可将商业承兑汇票退给销货企业,由其自行处理,但对购货企业应处以一定金额的罚款。对于银行承兑汇票,除了检查其承兑期限是否符合规定(不超过9个月)外,还要检查购货企业在银行承兑汇票到期前,是否及时足额地将票款交存其开户银行,以保证银行可以及时将款项划转给销货企业。

③汇兑结算业务的审计。汇兑结算方式,是付款单位委托开户银行将款项汇给外地收款单位或个人的一种结算方式。它适用于企业需要向外地支付款项以采购材料或结清交易尾欠等款项的结算。对汇兑结算业务,主要审查汇出款项是否合理合法,有无挪用现金的情况;审查发货单中开出的材料名称、规格、数量、单价、金额与账面记录是否相符;如有可供个人生活使用的商品(如录音机、录像机、电扇等),应检查其是否入库或者投入使用等。

④托收承付结算业务的审计。托收承付结算,是收款单位根据经济合同,委托银行向外地的付款单位收取货款,付款单位根据经济合同,核对单、证或验货后,向银行承认付款的一种结算方式。它适用于国营企业、事业、机关、学校等单位之间的商品交易,以及由于商品交易而产生的劳务供应的款项结算。托收承付结算,既涉及收款单位,又涉及付款单位。因此,对托收承付结算业务,应分别对收款和付款单位进行审计。对收款单位的审计,主要审查购销双方是否订有经济合同;是否按合同规定发运商品;发出商品后,企业是否及时到银行办理托收手续和取得结算贷款;办理托收手续后,有无及时收到付款单位的回单;如长

时间没有收到回单,是否及时向银行查询或向付款单位查问原因;如果原因是付款单位拒付,有无与对方联系协商解决。对付款单位的审计,主要检查是否及时承付;有无拒付情况,拒付理由是否充分;对拒收的商品是否妥善保管,有无动用商品的情况。

(2)同城结算业务的审计。

同城结算,是收、付款单位在同一城镇的结算,如银行本票、支票结算等。

①银行本票结算业务的审计。银行本票是购货企业将款项交存银行,由银行签发给企业凭以办理转账或支取现金的票据。银行本票分为不定额和定额两种。定额银行本票面额有500元、1000元、5000元和1万元,付款期都是1个月。银行本票适用于同城范围的商品交易、劳务供应和其他款项的结算。单位、个体经济户和个人的商品交易和劳务供应都可以使用银行本票。银行本票由银行签发,保证兑付,信誉很高,并允许背书转让,使用方便。

银行本票结算业务的审计,主要是收款单位应检查收款人或被背书人是否为本票收款人,背书是否连续;银行本票是否在付款期内,签发的内容是否符合规定,印章是否清晰;不定额银行本票是否有压数机压印的金额,背面是否加盖有预留银行印章;付款期是否即将届满,不得逾期,否则银行不予受理;银行本票是否安全保存,谨防丢失。按规定,银行本票是见票即付的,所以银行不予挂失,应特别注意票据的安全保存。

②支票结算业务的审计。支票是银行的存款单位签发给收款单位办理结算或委托开户银行将款项支付给收款人的票据。支票分为现金支票和转账支票两种。持现金支票可以向银行提取现金,也可以存入银行转账;持转账支票只能转账,不能提取现金。支票适用于同城购销单位的商品交易和劳务供应的结算。审计人员对支票的审查,一般要注意以下事项:支票上必须写明收款单位的全称、款项用途和金额(支票金额起点为100元);支票号码必须按顺序,作废支票必须与存根一起保存,不得撕毁;不得有空头支票或远期支票;采购人员一般不得随身携带空白支票,如确实须携带空白支票,须经单位领导人和会计主管人员同意,并在支票上写明收款单位的全称、签发日期,特别要写明支票的用途和限额,以防滥用存款和签发空头支票;支票上加盖的印章,必须与银行预留的印章相同,不得随意更换印章;支票丢失,应立即向银行办理挂失手续;等等。

9.3 工程成本审计

9.3.1 工程成本审计的意义

施工企业在一定时期内进行建筑安装工程施工所发生的各种耗费,这些耗费的货币表现叫作生产费用。将这些生产费用按一定的建筑安装工程对象进行归集,就构成了该建筑安装工程成本。因此,工程成本就是施工企业为完成一定数量的建筑安装工程所发生的生产费用的总和,是反映企业施工经营活动成果的一项综合性经济指标。施工企业工程质量的好坏,劳动生产率的高低,材料和能源消耗的多少,施工机械利用的好坏,资金占用是否合理,经营管理是否良好,等等,都在成本这个指标上得到反映。要了解企业工程成本情况和经济效益情况,促使企业改善经营管理,提高经济效益,就要对工程成本进行审计。成本审计可以检查各项施工生产费用支出是否符合国家有关成本开支范围、费用开支标准的规定,生产费用的分配和归集是否合理,工程成本是否真实、准确,成本管理和控制制度是否健全,各单位的成本责任是否明确,各项定额管理制度、原始记录制度、材料管理、工资管理、费用管理等制度是否完整,成本控制、考核是否认真执行,有无铺张浪费、挥霍国家资财、乱挤成本、成本不实的情况。简而言之,成本审计可以促进企业增产节约,增收节支。要坚决反对铺张浪费,反对贪污盗窃,反对营私舞弊,反对不讲经济效益、损害国家和企业利益的行为。成本审计对于揭发弊端、维护财经纪律、厉行节约、减少浪费、降低成本,具有重大的作用。

9.3.2 工程实际成本的审计

工程成本审计,关键是对工程实际成本的审计,检查各成本项目的内容是否符合国家财经制度的规定,以及生产费用的分配和归集是否合理。

建筑安装工程成本项目,包括人工费、材料费、机械使用费、其他直接费和间接费用五项。对工程成本项目的审计,主要根据国家规定的成本开支范围和费用开支标准。凡应当计入工程成本的费用,应如数计入,不得少计或漏计,凡应属基本建设、专项工程支出的开支,不得乱挤工程成本,要划清各个成本计算期之间的费用界限,不得乱搞"预提"和"待摊",或将费用截留计入未完施工成本,任意调节未完施工成本和已完工程成本。一切生产费用必须根据原始记录和有关其他资料如实计算，得出正确的工程实际成本，不得以估计成本、预算成本或计划成本代替实际成本。

下面分别说明各项成本项目的审计。

1. 人工费的审计

人工费，是指直接从事工程施工的建筑安装工人和在施工现场运料配料等辅助工人的工资、工资性质的津贴、工资附加费、劳动保护费等。人工费的审计主要从以下几方面进行。

（1）划清人工费界限。

施工企业支付给职工的工资，有的应计入工程成本中的"人工费"成本项目中，如建筑安装工人的工资、工资性质的津贴和工资附加费等。审计人工费时，首先要审查人工费的内容是否符合国家的规定。按规定，人工费包括以下内容。

①生产工人的工资、工资性质的津贴（包括副食品补贴、煤粮差价补贴等）。

②生产工人辅助工资，指开会和执行必要的社会义务时间的工资，职工学习、培训期间的工资，调动工作期间的工资和探亲假期的工资，因气候影响停工的工资，女工哺乳时间的工资，由行政直接支付的病（六个月以内）、产、婚、丧假期的工资，徒工服装补助费，等等。

③生产工人工资附加费，指按国家规定计算的支付生产工人的职工福利基金和工会经费。

④生产工人劳动保护费，指按国家有关部门规定标准发放的劳动保护用品的购置费、修理费，保健费，以及防暑降温费等。

审计时，审计人员可以对工资计算表等资料进行审核，检查企业是否严格按照国家规定办事，凡是不符合规定计入人工费的项目，应指出，让企业调整账目，并追究当事人的责任。对于资金和各项津贴、补贴，要特别注意检查，逐项审查其是否合规、合法，防止乱立名目滥发奖金、津贴和补贴。

（2）人工费分配的审计。

施工企业主要实行计件工资，少数采用计时工资，个别实行百元产值工资含量包干办法。

实行计件工资的人工费，可以根据工程任务单直接按成本核算对象计算工人工资。对计件工资分配的审计，主要检查工程任务单所列实际完成工程量及计件单价是否正确，以及归集在受益对象上有无差错。

实行计时工资制的人工费,应根据工时记录登记的实际用工总额和本月的计时工资总额,计算出每工日平均工资,按各成本核算对象的用工数分配,计入各成本核算对象的人工费成本项目。对计时工资分配的审计,主要是检查生产工人工资分配表的编制是否正确,即核实其每工日的平均工资额的计算是否正确,各项工程的实际用工数的计算是否符合实际情况,防止有些工程多计用工数,而另一些工程少计用工数,任意调节成本。

对实行百元产值工资含量包干办法的企业,应检查企业实际发放的工资、津贴和奖金是否控制在按核定的百元产值工资含量系数所提取的工资总额之内,不得超支。年终如有结余,可留给企业,"以丰补歉",跨年使用。

2. 材料费的审计

材料费,是指施工过程中耗用的构成工程实体的材料、构配件、零件、半成品的费用和有助于工程形成的其他材料费用,以及周转材料的摊销及租赁费用。

在工程实际成本中,材料费占60%~70%。因此,做好材料费的审计工作,对于降低工程成本和增加国家财政收入具有重要的意义。

材料费的审计主要从以下几方面进行。

(1)划清材料费界限。

材料费的审计,首先要检查材料费的内容是否符合规定。按规定,材料费包括:①主要材料费;②外购结构件费;③其他材料费;④周转材料摊销额;⑤各种现场性的零星材料加工,铁活加工,废旧材料加工改制等所发生的人工费用和其他有关费用;⑥就地取材发生的人工、机械、运输费用;⑦土石方工程所需要的爆破材料费用;⑧材料节约奖等。

审计时,审计人员可以根据材料费分配表所汇集的各项工程用料数量,抽查各种领料凭证所反映的材料用途是否属实,必须严格划清建筑安装工程用料、专项工程用料、临时设施用料,以及其他非工程用料。在实际工作中,有些企业将修建或维修临时设施的用料、大修理工程耗用的材料费用计入工程材料费,人为地增加工程成本,这是违反成本开支范围规定的行为,应予以纠正,冲减原有工程成本。

(2)工程用料的审计。

在划清工程用料与非工程用料之后,要进一步核实工程的用料数量和金额是否正确。审计时,一般可以根据领料单、定额领料单、材料费分配表等进行抽查,核实领料数量、单价和金额是否计算正确,有无少计或多计。要特别注意月终有无办理退料手续,以及有无弄虚作假的情况。有些施工单位管理比较混乱,领、退材料手续不健全,甚至工程竣工时也不进行盘点。这不仅会增加工程成本,而且也为贪污盗窃和"小金库"打开方便之门。为此,应建议被审计企业采取有效措施,建立和健全材料管理制度,严格控制材料领、退和核算,提高材料管理水平。

(3)材料费用分配的审计。

对于材料费用,一般可以根据领料单、定额领料单编制材料费用分配表,计入各项工程成本。对于集中配料或统一下料的油漆、玻璃、木材等材料,月末应由施工队组根据用料情况,结合材料消耗定额,编制集中配料分配表,确定各工程成本核算对象所负担的费用。对于砂石、白灰等大堆材料,一般采用月末盘点、倒扣计算材料消耗量的方法,编制大堆材料耗用分配表。对于在用的周转材料,应按企业规定的摊销方法和标准计提摊销额。

材料费用分配的审计,主要是根据上述各种材料不同的情况,审查企业采用的材料费用分配方法是否恰当。凡是可以根据领料凭证直接计入工程成本的材料费用,就应采用直接计入的方法;凡是不能直接计入工程成本的材料费用,就应采用分配的方法,但分配方法要合理、科学,以便正确计算工程成本。审计时,要注意有无弄虚作假、随意调节材料成本的情况。

(4)机械使用费的审计。

机械使用费,是指在施工过程中,使用各种施工机械所发生的费用。它包括使用施工机械所发生的机械使用费和租用外单位施工机械的租赁费,以及施工机械安装、拆卸和进出场费。随着我国施工机械化的日益提高,机械使用费在工程成本中所占比重将越来越大。因此,加强施工机械使用费的审计,对于提高施工机械利用率,减少机械使用费的支出,降低工程成本,提高企业的经济效益具有重要的意义。

机械使用费的审计,主要是划清机械使用费与非机械使用费的界限。按规定,机械使用费主要包括:①支付的机械租赁台班费、停歇费;②自有施工机械发生的折旧费、大修理和维修工料费、机上人员工资及奖金、燃料费和辅助材料费;③大型施工机械进出场费;④清运渣土发生的各种机械使用费等。

审计时,应检查有无将非机械使用费的项目列入机械使用费,如有,应予以剔除。对于支付的机械租赁台班费,应审查机械租赁费结算账单,核对使用台班数与机械使用统计报表是否相符,并检查台班单价是否合理、合规,防止多付价款。对于停歇费应仔细检查,查明施工机械停歇原因及经济责任。

(5)其他直接费的审计。

其他直接费,是指施工现场直接发生的各种费用开支,它包括:①冬雨季施工增加费;②夜间施工增加费;③流动施工津贴;④材料二次搬运费;⑤生产工具用具使用费;⑥检验试验费;⑦工程定位复测、工程结算、场地清理费用等。

其他直接费的内容很多,审计时,要注意其内容是否符合规定,与预算成本项目的核算内容是否一致;由于施工现场狭窄而发生的二次搬运费,其运距和运费计算是否符合地方运输部门的规定;有无将应列入人工费、材料费项目的费用在其他直接费项目内列支,或者把应列入其他直接费项目的费用在人工费、材料费等项目内列支。

(6)间接费用的审计。

间接费用,是指施工单位组织和管理工程施工所发生的各项管理费用。间接费用支出的数额很大,仅次于材料费、人工费。因此,加强间接费用的审计,对降低工程成本,提高经济效益,具有十分重要的意义。间接费用的内容很多,一般应按照国家规定的间接费用预算定额和会计制度所规定的费用项目进行汇集,不得任意增列项目。按规定,间接费用包括:①工作人员工资;②工作人员工资附加费;③办公费;④差旅交通费;⑤固定资产使用费;⑥行政工具用具使用费;⑦工作人员劳动保护费;⑧其他费用等。

间接费用的审计,主要包括以下两方面。

①间接费用项目的审计。间接费用项目很多,现择要说明其审计内容如下。

a.工作人员工资的审计。工作人员工资,是指工程处、工区、施工队的政工、行政、经济、技术、试验、警卫、消防、炊事、勤杂人员和汽车司机等的工资、工资性津贴、补贴等。这里要注意两点:一是检查有无不应包括在本项目内的工资支出,如有材料管理人员的工资也在本项目列支,应予以纠正,把它划分出来;二是检查有无将医务福利人员、六个月以上病假人员、专项工程人员的工资在间接费用内列支,这些支出应由职工福利费或劳动保险费开支,不应挤入工程成本。

b.办公费的审计。办公费,是指行政管理办公用的文具、纸张、账表、印刷、邮电、书报、会议、水电、烧水和集体取暖(包括现场临时宿舍取暖)用煤等费用。对于这些费用,一要检查是否节约开支,二要检查是否真实可靠,着重检查各项费用的发票、收据的日期和单位名称,经济内容和单价等是否真实、合理、合规,防止私人购用的物品和水电费单据由公家报销。

c.差旅交通费的审计。差旅交通费是指职工因公出差,调动工作(包括家属的差旅费、住勤补助费、市内交通费和误餐补助费,职工探亲路费,劳动力招募费、职工离退休、退职一次性路费、工伤人员就医路费、工地转移费以及行政管理部门使用的交通工具的油料费、燃料费、养路费、车船使用税等）。这项费用项目很多,审计时,应注意审查以下几点:第一,出差的必要性,出差人数是否过多;第二,有无合法的报销凭证;第三,交通工具费、出差补助费、未买卧铺补助费、旅馆费是否符合开支标准;第四,出差地点与报销凭证是否相符,防止借出差之名游山玩水,多报差旅费和补助;第五,行政交通车辆的汽车用量是否正常,要仔细检查,严防开私车、走漏或盗卖汽油。

d. 行政工具用具使用费的审计。行政工具用具使用费,是指行政管理部门使用的,不属于固定资产的工具、器具、家具、交通工具、检验用具、试验用具、测绘用具、消防用具等的购置、摊销和维修费。审计时,主要审查各项费用开支是否符合规定的开支范围,购置、摊销、维修是否按规定办理,领用和保管制度是否健全,有无多发、重领等现象。

e. 工作人员劳动保护费的审计。工作人员劳动保护费,是指按国家规定标准发放给工作人员的劳动保护用品的购置费和保健费、防暑降温费等。审计时,着重审查各项劳动保护费是否符合规定,有无扩大范围和超标准的情况,有无借发劳保用品为名乱发高档西装或其他实物。

②间接费用分配的审计。主要审查分配的范围是否符合规定,分配的方法是否合理。审计时,一般应从如下几方面进行。

a. 审查间接费用分配的范围是否符合规定。间接费用一般应按其受益对象进行分配:各项工程的工程成本应负担施工管理费用;辅助生产部门对外单位、本企业基本建设部门、专项工程和福利事业单位提供劳务时,应负担管理费用。间接费用应按照前述分配范围采取一定的分配方法进行分配,企业不得随意多摊或少摊。总的原则是凡是应当负担管理费用的不能摊派,该摊必摊,不该摊则不摊。

b. 审查间接费用的分配方法有无经常变动的现象。间接费用应采取合理的分配方法进行分配。具体方法一般有实际分配率法和计划分配率法两种。前者又可细分为按完成工作量比例分配法、按工程直接成本比例分配法和按工程人工费比例分配法三种。审计时,要了解企业的间接费用采用哪种方法进行分配,看其分配方法是否合理。分配方法确定以后,一般不能经常变更,如变更不止,应查明原因。

c. 审查间接费用转入成本。间接费用一般应全部分配完毕,不能随意待摊。如果采用计划分配率法分配,月终、季终可能有余额,但年终时不应留余额,应全部转入工程成本,不留"尾巴",防止人为地调节成本。

9.3.3 未完施工实际成本的审计

未完施工,是指已经施工但尚未完成预算定额规定的全部工程内容和工序的分部分项工程。未完施工实际成本审计的目的在于确定已完工程实际成本的准确程度。已完工程实际成本,按照下列公式计算:

已完工程实际成本=月初未完施工成本+本月生产费用-月末未完施工成本

从上式可以看出,在生产费用审计的基础上,月末未完施工成本,直接影响已完工程实际成本。因此,对月末未完施工成本计算的审查,是工程成本审计的重点。月末未完施工成本的计算方法,一般有以下两种。

1. 估量法

估量法,又称约当产量法,是按预算单价计算未完施工成本的方法。根据施工现场盘点月末未完施工实物量,估算月末未完施工折合已完工程数量,再乘以预算单价,即月末未完施工成本,计算公式如下:

月末未完施工成本(建筑工程)=月末未完施工折合已完工程数量×
分部分项工程的预算单价

月末未完施工成本(安装工程)=月末未完施工折合已完工程数量×
安装工程的预算单价

按规定,月末未完施工成本一般不负担间接费用。如果期末未完施工成本数额较大,并且期初、期末的数量相差很大,则应分摊间接费用。

2. 实算法

实算法,即按实际计算未完施工实际成本,计算公式如下:

月末未完施工实际成本=月末未完施工折合已完工程数量×(本月实际发生的生产费用+月末未完施工实际成本)/(本月已完工程数量+月末未完施工折合已完工程数量)

未完施工实际成本的审计,首先要审查企业采用哪一种方法来计算未完施工实际成本,有无经常变更计算方法的现象。一般来说,企业可以采用上述方法的任何一种,但方法一经确定后,不能随便变换,以利于成本的考核和分析。其次,要审查未完施工盘点单所列分部分项工程工序完成程度是否估计准确,折合分部分项工程量是否计算正确。最后,要审查有无故意多计、少计或不计未完施工成本的情况,提防把未完施工成本作为调节工程成本的手段。

9.3.4 工程预算成本的审计

工程预算成本,是指根据报告期已完分部分项工程量、工程预算单价和施工管理费定额计算的工程成本。工程预算成本是衡量与考核企业降低成本的尺度,也是计算工程造价的基础。审查工程预算成本,对于加强企业管理、提高经济效益、增加财政收入具有重要意义。

工程预算成本的审计,一般应从以下几方面进行。

1. 已完分部分项工程量和预算单价的审计

每月末,施工单位应根据盘点的已完分部分项工程数量、预算单价和各项取费标准编制已完工程结算表。审计时,应检查该表的工程数量计算是否正确,其正确与否直接关系到工程预算成本和工程造价的高低。为此,应将分部分项工程统计旬报与已完工程结算表进行核对,看有无统计错误。工程数量检查完毕后,再检查各分部分项工程的预算单价,察看单价有无抄错、套错。然后检查计算结果是否正确。

2. 间接费用预算成本的审计

间接费用预算成本的审计,一般从两方面进行。一是审查施工管理费的计算基数是否符合规定。按规定,间接费用的计算基础是直接费用或工人基本工资。土木建筑工程、金属结构和钢筋混凝土构件、吊装工程、机械施工的大规模土石方工程以及市政工程等,均按预算直接费用计取间接费用。管道、机械及电气设备安装工程等,则按预算人工费计取间接费用。审计时,主要审查不同工程类型间接费用的计算基础,不得错用。二是审查间接费用的取费标准是否符合本地区的规定,不得任意多计多收。

3. 成本项目预算成本的审计

施工企业工程成本的成本项目预算成本,一般采用固定比例法来计算。企业事先根据历史资料计算各成本项目的固定比例,然后,每月(或季)以此比例分别乘以单位工程的预算成本,即可求得该单位工程各成本项目的预算成本。在这种情况下,应检查各成本项目的比例是否固定不变。一般来说,比例一经确定,不再变动。如果每年都进行调整,则不利于成本的分析和考核,使成本失去可比性。

9.3.5 竣工成本决算的审计

竣工成本决算,是计算单位工程从开工至竣工为止的全部的预算成本和实际成本,确定整个建筑安装产品的预算造价,作为工程价款最终结算和全面考核工程成本的依据。

竣工成本决算的审计,除了前述工程实际成本和预算成本的审计外,还要注意以下内容。

1. 工程竣工决算书的审计

工程竣工决算书,是指反映竣工工程实际成本、预算成本以及成本降低情况的决算报告。用以确定该项竣工工程的全部预算成本和预算总价值,以便与建设单位进行工程价款的最终结算,全面考核工程成本的降低情况。

工程竣工决算书是根据工程预算书和增减账等资料来编制的。审计时,要特别注意对增减账的审核,检查所有增减项目是否已与建设单位进行洽商确认。如某些增减项目未经建设单位签章认可,应建议补办洽商手续,妥善解决。

2. 竣工剩余材料的审计

工程竣工以后,应对剩余材料进行盘点,办理退库手续。审计时,应注意检查是否已经办理剩余材料退料手续,退料数额是否真实、准确,有无"以大化小"情况,以及有无冲减工程成本,防止剩余材料被挪作他用或转入"小金库"。如发现有不正常情况,应查明原因、严肃处理。

3. 工程成本完整性的审计

审计时,应检查各项费用是否及时完整地记入成本账卡,既要防止多记、重记、乱记,又要避免少记、漏记,保证竣工工程的实际成本计算准确、完整。

4. 竣工成本决算表的审计

施工单位在工程竣工后,要按规定编制竣工成本决算表,以此作为分析、考核竣工成本的主要依据。

竣工成本决算表的基本内容包括竣工工程量、预算成本、实际成本、成本降低(或超支)额、成本降低(或超支)率等,另外,还专设工、料、机械用量分析部分,分设预算用量、定额用量、实际用量、节约(或超支)额、节约(或超支)率等专栏。审计时,应着重审查竣工成本决算表的编制是否真实、准确,有无违反财经制度的规定。

一般应注意审查以下几方面:①审查实际成本各项目的数额,是否与工程成本卡的最后一行自开工起实际成本累计发生数相符;②审查预算成本各项目的数额,是否与预算员提供的竣工工程分项预算成本数额相符;③审查工、料、机械的用量分析,是否与该工程的用工台账、用料台账与使用机械台账等记录的内容相符。

9.4 利润审计

9.4.1 利润审计的意义

施工企业的利润,是企业职工为社会创造的一部分剩余产品的货币表现,体现施工经营活动的最终财务成果,是国家和企业积累的主要来源。所以,利润审计具有十分重要的意义。

施工企业的利润包括:工程结算利润、产品销售利润、作业销售利润、材料销售利润、对外承包工程利润、多种经营利润、其他销售利润、联合承包节省投资分成收入、提前竣工投产利润分成收入、营业外收入净额、含量工资包干节余等。

利润审计的目的,在于审查企业利润的计算是否真实、准确,检查税金是否按规定缴纳,留存的利润是否计算正确,有无多留、少交、截留和欠交等情况。

9.4.2 工程结算利润的审计

工程结算利润,是指施工企业向建设单位办理工程结算所实现的利润。它包括计划利润和降低成本额两部分。审计时,应注意计划利润的计算是否正确。按规定,计划利润是按照国家规定的计划利润率乘以已完工程预算成本计算出来的。工程预算成本包括直接费用和间接费用,它是计算计划利润的基础,应该力求准确,不得掺入其他费用和其他独立费用。另外,还要注意一点,实行独立经济核算的国有施工企业,所有承包工程均可按规定收取计划利润。属于企业主管部门领导,实行独立经济核算的构件厂、木材厂、机修厂、运输队等企业,如它们的产品或劳务价格按照预算定额、取费标准确定,且未包括计划利润,可以收取计划利润。对于不实行独立核算,不按预算造价结算的内包单位,不计取计划利润。因此,在审计时,要根据具体情况确定利润额是否准确、合理。

此外,还要审查工程结算收入是否真实、准确,有无少计工程结算收入,或以计划成本、定额成本、估计成本代替实际成本,人为地提高成本,以压低和瞒报利润的情况。

9.4.3 销售利润及其他利润的审计

为了加快改革开放的步伐,促进经济发展,施工企业除了完成和超额完成施工任务外,还可以兴办附属工业企业以增加盈利。对于各种销售利润和其他利润,也要注意审查,防止发生截留利润或偷税漏税等违纪事项。

1. 销售利润及其他利润的内容

销售利润及其他利润,一般包括以下内容。

(1)产品销售利润。

产品销售利润,是指施工企业内部独立核算的附属工业企业和内部独立核算的辅助生产部门,对外销售自制工业产品所获得的利润。

(2)作业销售利润。

作业销售利润,是指附属企业出租施工机械或提供机械运输作业所获得的利润。

(3)材料销售利润。

材料销售利润,是指企业内部独立核算的材料供应部门和非独立核算的单位(包括施工单位、车间、材料供应部门等)对外单位和本企业内部其他独立核算单位销售材料所实现的利润。

(4)对外承包工程利润。

对外承包工程利润,是指企业分包对外承包企业的国外工程、国内外资工程和提供劳务所获得的利润。

(5)多种经营利润。

多种经营利润,是指企业所属单位从事多种经营业务(如商店、伙食、旅社等)所获得的利润。

(6)其他销售利润。

其他销售利润,是指企业除工程结算利润、产品销售利润、作业销售利润、材料销售利润、对外承包工程利润和多种经营利润以外的其他利润。如非独立核

算的辅助生产部门对外加工修理和供应劳务所获得的利润等。

(7)联合承包节省投资分成收入。

联合承包节省投资分成收入,是指企业按国家有关规定,与发包单位、设计单位联合承包建设项目,从节约的投资中所得的分成收入。

(8)提前竣工投产利润分成收入。

提前竣工投产利润分成收入,是指企业按国家有关规定承包的建设项目,比合同工期提前竣工投产,经主管部门批准,从提前投产利润中所得的分成收入。

企业各种销售利润及其他利润的多少,与销售收入、销售成本、销售税金有密切的关系。为此,必须对销售收入、销售成本、销售税金等进行审计,以确定被审计企业的销售利润及其他利润是否存在问题。下面分别说明销售收入与销售成本的审计。

2. 销售收入的审计

销售收入的审计,一般应从以下几方面进行。

①审查各项销售收入是否合理、合法和正确。审查时,可从查账入手,查看销售产品、材料的单价是否正确,有无随意提价的现象;要注意审查有没有将残次品、边角余料不列入销售的情况,防止虚减销售金额的现象。

②审查企业有无直接从车间提取产品削价处理,产成品既不入库进账,销售所得也不记入销售账户,而将所得收入作为乱发奖金、补贴的资金来源。

③审查有无将产品、材料进行以物易物,不做销售处理的情况。如有这种情况,一要查清物资的去路,二要加以纠正以增加企业的销售额,三要补缴税款。

④审查附属企业对企业基本建设、更新创造、大修理工程提供的产品、材料,是否按照销售价格处理,有无任意削价或者免费处理的现象。

⑤审查包装物出租收入有无漏记入账。

销售收入的审计,一般可以检查销售凭证,查阅销售、现金、银行存款、产成品、库存材料等总分类账及其明细账。必要时,还要进行调查研究,查清情况,防止弄虚作假、隐匿销售收入,以维护国家财经纪律。

3. 销售成本的审计

对销售成本的审计,主要审查销售成本是否真实、正确,有无多计或错计,虚增销售成本的现象。一般应从以下几方面进行审计。

(1)销售收入与销售成本是否配比的审查。

审计人员应根据销售收入与销售成本口径一致的原则,注意抽查计算收入的品种、规格与计算成本的品种、规格是否一致,防止"张冠李戴"、从中舞弊。有些企业为了调节当期利润,计算销售收入的产品数量大于计算销售成本的产品数量,虚增当期利润;或相反,计算销售成本的产品数量大于计算销售收入的产品数量,少计当期利润,将利润保留到下一个月或下年度去出现。这都违反了收入与相应的成本配比的原则,应予以追究。

(2)销售成本计算方法的审查。

会计制度规定,计算发出和销售的产品实际成本,可以用移动平均法、加权平均法和先进先出法。根据会计核算原则,不论采用哪一种方法,一经采用,前后各期应保持一致,不能随意变更,人为地调整销售成本。

(3)销售费的审查。

首先,审查销售费及其所包括的内容是否合理、合规。非销售费用不能乱挤销售费。其次,审查销售费用的分配。凡能直接计入产品销售的,应直接计入;无法直接计入的,可按销售收入的金额进行分配,要注意分配方法是否合理。此外,还要对销售费用中的广告费、宣传费等项目认真审查,查看是否有不合理的佣金、回扣等开支被列入销售费用。

除了对销售利润进行审计外,还可以对联合承包节省投资分成收入和提前竣工投产利润分成收入进行审计。主要审查分成收入是否合理、合规,既不能多分,也不能少分,要符合有关规定。

9.4.4 营业外收入和支出的审计

1. 营业外收入的审计

营业外收入,是指企业不属于业务经营的各种收入。如收回调入职工欠款、确实无法支付的应付款、教育费附加返还款等。营业外收入是企业收入的组成部分,对企业实现的利润总额有着一定的影响,因此,也要注意营业外收入的审计。主要审查有关营业外收入是否按规定如数入账,有无漏账或挪作他用;审查有无规定范围以外的收入项目,特别要注意有无将属于销售业务的收入列为营业外收入以减少缴纳的税款的现象。

2. 营业外支出的审计

营业外支出,是指企业不属于业务经营各种支出。如自办技工学校经费、职工子弟学校经费、流动资产非常损失、新产品试制失败损失、治理"三废"支出、转出调出职工欠款、编外人员生活费、落实政策人员补发工资和生活困难补助费等。审计时,着重检查有无任意增设营业外支出项目、扩大开支范围的现象。对于各项营业外支出,应仔细检查,看是否合理、合规、节约使用,支出的计算是否正确、真实等。有些企业为了完成成本计划,将应在成本中列支的费用列入营业外支出;也有些企业将应由专项工程支出的款项列入营业外支出,挤占利润。对这些问题,都应该逐项查清。对于一些非常性支出项目,如非常损失项目,要查阅上级批文,必要时核实情况,看有无谎报损失,将尚可使用的财产物资转移他处,等等。

9.4.5 利润分配的审计

施工企业实现的利润,按规定应在国家与企业之间进行分配。按现行制度规定,施工企业当年实现的利润,首先要归还经批准的基本建设借款和专项借款,再加上从联营单位分得的利润(主要是联营单位"先分后税"的利润),减去分给联营单位的利润,然后按规定的所得税率缴纳所得税,税后利润全部归企业支配。

利润分配的审计,应以国家有关政策和规定为依据,审查是否遵守法规,执行分配原则。首先,应审查应税所得额的计算是否正确。应税所得额的计算公式如下:

应税所得额 = 利润总额 + 从联营单位分得的利润 − 分给联营单位的利润 −
　　　　　 归还基建借款的利润 − 归还专项借款的利润 −
　　　　　 弥补以前年度亏损的利润

按规定,归还基建借款和专项借款的利润,可以免缴所得税,在计算应税所得额时予以扣除。审查时,应逐项检查核对,看其是否符合规定。对于归还基建借款和专项借款,主要审查借款项目投产后新增利润的计算是否正确。首先要检查借款项目是否确已投产;其次,要检查借款的利润是否属于借款项目投产后的新增利润;最后,检查借款项目投产后的新增利润是否超过归还借款的利润。如果归还借款的利润超过了借款项目投产后新增的利润,说明企业占用了原有利润,从而减少了应纳税款,这是违纪行为,应予纠正。

对于弥补以前年度亏损的利润,注意主要审查以前年度亏损是否已由财政拨款弥补,并核实亏损额。

对于从联营单位分得或分给联营单位的利润,主要检查其计算是否正确,是否符合联营协议、合同的规定。要特别注意被审计企业有无隐匿或少列从联营单位分得利润的不法行为。

施工企业留利审计,应注意审查各项基金的分配比例是否符合规定。企业留利应主要用于生产发展,不得擅自提高企业留利中职工福利费的比例。

9.5 纳 税 审 计

随着我国改革开放步伐的加快,我国税收制度已改革成为多税种、多环节征收的复税制。国有施工企业经济活动的各个环节,基本上都有纳税的内容。为了使企业能够正确履行纳税义务、维护国家利益,要根据国家税收政策和税法的规定,对企业的各种税款进行审计。

9.5.1 增值税的审计

增值税审计的主要依据是《增值税暂行条例》和《税收征管法》。增值税审计特别强调增值税专用发票的管理,包括:①领用管理;②防伪税控系统发票开具、认证;③落实异常发票协查制度;④强化"四小票"(运输发票、农副产品收购凭证、海关进口增值税专用缴款书即海关完税凭证、废旧物资发票)管理。

1. 对一般纳税人的审计

首先是一般纳税人登记的审计,包括审查登记手续是否完备、申请登记是否符合条件、年销售额超过规定标准的纳税人是否按规定办理登记、选择登记一般纳税人是否符合条件、是否转向小规模纳税人。其次是征税范围的审计,包括审查征税范围的基本条件,对视同销售货物、服务、无形资产或者不动产的审计,以及对混合销售税务处理的审计。最后是计税方法的审计,包括审查选择简易计税方法的应税行为是否符合国家的规定,是否按规定办理计税方法的备案手续,简易计税方法的变更情况,建筑行业的计税方法是否符合规定。

2. 销项税额的审计

(1)销项税额确认和及时核算的前提。

一般纳税人的销项税额和小规模纳税人应纳税额的计算,首先必须遵循税

法规定的纳税义务发生时间。税法规定的纳税义务发生时间,实际就是要求纳税人履行增值税确认、计量、核算等职责和任务的具体日期。

(2)销项税额的结构。

按照增值税计税依据的要素结构,销项税额可确定由外销货物或应税劳务收入应计税额、价外费用应计税额和混合销售收入计税额三部分组成。

(3)审查重点。

审查重点如下:纳税人推迟义务发生的时间;少报或者不报销售额;账面隐匿销售额;虚构销售退回业务;收取的价外费用不计入销售额;通过关联交易转移计税价格;坐支销售货款;用材料抵收入;以旧换新和还本销售的问题;机构间移送货物;出售出借包装物;销售残次品、废品、材料、边角废料不入账或者冲减材料、成本费用等;以货物对外投资不计为收入;账外经营等。

(4)审计内容。

审计内容包括:一般销售方式下销售额的审查;折扣方式下销售额的审查;以旧换新方式下销售额的审计;以物易物方式下销售额的审查;还本方式下销售额的审查;包装物的审查;销售自己使用过的固定资产的审查;视同销售行为的销售额的审查;销售收入确认时间的审查;开具的增值税专用发票的审查。

3. 进项税额的审计

一是进项税额扣除范围的审计,包括:①从销售方取得的增值税专用发票上注明税额的审计;②购销货物运输费进项税额的审计;③购进免税农产品进项税额的审计;④进口货物进项税额的审计;⑤外购废旧物资进项税额的审计;⑥进货退回或折让进项税额的审计。

二是不得抵扣进项税额及转出的审计。

三是销售返还进项税额转出的审计。

四是进项税额抵扣时间的审计。

进项税额即用于应税产品的购进项目所负担的增值税额,是一般纳税人企业为采购材料产品和机器设备等固定资产而实际已经支付(或被供应商转嫁)的,按我国税法规定允许从当期销项税额中抵扣的增值税额。

增值税进项税额是指一般纳税人购进货物或者接受应税劳务所支付或者负担的增值税额。审计时应注意增值税纳税人不仅可能通过隐瞒或少报销售额的方式偷漏税款,而且还可能通过虚报进项税额的方式偷漏税款。

一般纳税人抵扣进项税额应该取得规定的合法有效凭证,具体指进口货物

第9章 企业财务审计

由海关填开的海关进口货物增值税缴款书、国内采购货物由供应商填开的增值税专用发货票、获得农产品采购资质的纳税人向农业生产者开具的农副产品收购专用发票、应税商品产品运输方开具的运输业专用发票(含铁路、航空等部门开具的货物托运发票)等。符合抵扣进项税额条件的纳税人,须将上述扣税凭证在规定限期内报主管税务机关认证,否则不能抵扣;超过规定限期,税务机关一律不予认证。如果发生了进货退出,应到当地税务机关开具进货退出及索取着让证明单作为销货方申请开具增值税红字发票的依据,企业取得红字发票后应冲减原进项税额,否则系统将发出偷税警报;商业企业收到厂方的返利收入,应按照适用税率计算增值税额,全额扣减当期进项税额;确定征收增值税的混合销售业务和兼营非应税劳务,所发生的购进项目如果取得了增值税专用发票,其进项税额可申报抵扣。

直接用于生产经营的有关购入,其进项税额可以抵扣;而用于非生产经营的有关购入不得抵扣。一般纳税人发生用于免税项目和非应税项目以及用于基本建设、集体福利、消费等方面货物购进费用,其进项税额不得抵扣,已经抵扣的,应将所扣的增值税额转出到相关用途的成本费用之中。企业购进的材料和机器设备等发生非正常损失的,应将实际损失购进项目所包含的增值税额转出。如果有非正常损失的在产品和产成品,也应将其实际消耗的外购货物所包含的进项增值税转出。

增值税进项税抵扣主体及范围的审查包括抵扣主体资格的审查,抵扣主体的特殊规定的审查,进项税抵扣范围的审查。审查一般纳税人是否取得如下相关合法的凭证:供应商开具的通过金税认证的增值税发票(包括发票联、抵扣联);运费发票;海关增值税完税凭证(只有一联);农产品收购凭证(指经税务机关批准使用的收购凭证)。

增值税进项税抵扣税率的审查,包括基本税率的审查,低税率的审查,征收率的审查。

凭票抵扣进项税的审查,包括以下内容。

(1)票据合法性、真实性的审查。

①审查有无未取得法定凭证而进行抵扣的情况。

②审查有无以错误法定凭证而进行抵扣的情况,有无涂改、数字计算是否正确、有无错用税率、上下联的内容和金额是否一致等。凡是以上要素有误的专用发票不得抵扣,购进单位与付款单位不一致的也不得抵扣。

③审查有无代开、虚开专用发票的情况。

④审查有关科目的借方发生额,确认采购业务的事项是否属实。

⑤审查接受投资或接受捐赠是否提供有关合同或证明材料。

⑥审查专用发票是否按规定时限开具。

(2)固定资产抵扣进项税的审查。

①审查抵扣资格和范围。

②审查抵扣条件和税率。

(3)用于免税项目和非应税项目进项税额的稽查。

①对用于免税项目或非应税项目的进项税额申报扣税问题的稽查。

②对非正常损失毁损货物的进项税额申报扣税问题的稽查。

③对用于集体福利、个人消费的外购货物申报扣税问题的稽查。

④对已从销货方收回的增值税申报扣税问题的稽查。

(4)海关完税凭证的增值税进项税抵扣的稽查。

①完税凭证本身的审查。

②逻辑稽查。首先,审核合同编号。其次,审核当事人提供的代理进口单位的税务登记证件。最后,审核当事人提交的代理进口协议、合同及报关单。

③业务稽查。检查经营进口业务的单位,看进口货物的有关手续凭证是否齐全,货物交易、收付款情况是否真实,从会计账簿上看进口货物的收、发、存以及销售和收付款是否有明确的会计记录。

(5)依票据计算抵扣进项税的稽查。

①农产品收购凭证的稽查。

②运费发票的稽查。

③收购废旧物资的稽查。

(6)增值税进项税抵扣时间的审查。

①依据:准予扣除的进项税额、不得抵扣的进项税额、抵扣时限的相关规定(增值税专用发票180天,海关进口增值税专用缴款书180天),已经抵扣税额的处理的相关规定。

②重点:购进环节,在建工程,返利和折让,受让应税劳务进项税额,一般纳税人资格认定前的进项税额。

③内容:对购进环节的审计,对存货保管使用环节的审查(应该做进项税转出而没有转出),对在建工程的审查(应该做进项税转出而没有转出),对返利和折让的审查等。

4.应纳增值税额的审计

一是增值税应交税金明细账的审计。二是增值税审计后的调账方法的审计。

5. 预缴税款的审计和小规模纳税人应纳税额的审计

对预缴税款,一是应纳税额的审计;二是纳税内容与方法的审计,包括预缴税款的审计和预缴税款抵减的审计。

对小规模纳税人应纳税额,一是应税销售额的审计,二是应税销售额扣除的审计,三是应纳税额的审计。

6. 增值税应纳税额的审计

一是增值税应交税费明细账的审计。二是增值税一般纳税人纳税申报表的审计。

7. 出口货物退免抵税的审计

一是核对纳税人出口货物是否符合退免抵税基本政策的规定。二是审查出口货物是否符合退免抵税的适用范围。三是审查出口货物使用的退税率是否正确。四是检查出口货物退税额的计算是否正确。五是检查出口退免抵税的其他处理方法是否正确。

8. 行业增值税审计和特殊资产出售转让审计

一是营改增后交通运输业增值税的审计。二是建筑业增值税的审计。三是金融保险业增值税的审计。四是通信、文化体育、娱乐业的审计。五是服务业的审计。六是销售不动产(包括房地产、非房地产)的增值税审计。七是转让无形资产的增值税审计。

9. 税收优惠的审计

(1)审计依据:一般减免、特殊减免、应税服务使用增值税零税率和免税政策的规定。

(2)审查的内容:对于私自把应税项目改为减免税项目的审查;对于擅自更改免税期间的销售收入和进销税额从而骗取优惠的审查;对于制造虚假资料(残疾人、职工花名册),骗取享受优惠资格的审查。

9.5.2 消费税的审计

消费税的审计依据主要是《消费税暂行条例》和《税收征管法》。常见的问题包括从事应税消费品生产经营的纳税人未办理税务登记、税种登记手续,或虽然办理登记手续却未申报纳税,受托加工应税消费品未按规定履行代收代缴义务。

审计时,要界定纳税人的身份,检查纳税人是否属于漏征漏管户。对照现行政策,查看审查对象有无法定代扣代缴义务;对于有法定扣缴义务的,应让其提供扣缴义务登记手续,以界定其身份。检查审查对象有无履行扣缴义务。查阅委托加工合同,结合受托加工账目,核实在境内受托加工应税消费品的单位和个人在交货时是否按照规定代收代缴了消费品。

1. 生产销售环节应纳消费税的审计

一是征税范围的审计,共计 15 种应税消费品。二是一般情况下计税依据(税基)的审计。如销售自产应税消费品价外费用、包装物计税、关联企业转让定价的审计,残次应税消费品、应税消费品的以货易货、以货抵债、投资入股等的审计。三是连同包装物销售计税依据的审计。四是自产自用应税消费品计税依据的审计。五是生产领用外购已经纳税消费品抵扣消费税额的审计。

2. 委托加工环节应纳消费税的审计

一是委托加工应税消费品征税范围的审计。二是代收代缴消费税主体的审计。三是计税价格及应纳税额计算的审计。四是委托加工收回的应税消费品已纳税款扣除的审计。另外,还有受托方的审计、委托方的审计、视同销售应税消费品的审计、金银首饰的审计、已纳消费税扣除的审计、适用税目税率和纳税环节的审计。

对受托方的检查。一是审查委托加工合同、受托加工来料登记簿及有关材料明细账,查明材料来源及用途。二是审查原材料明细账的贷方发生额,其他业务收入贷方发生额及有关会计凭证,查明企业对外销售原材料的去向,同时检查主营业务收入、加工劳务收入明细账的贷方及有关会计凭证。查明企业为谁加工产品,如果销售材料的对象与委托加工的对象一致,则说明委托加工业务是虚假的。三是检查应收账款账户的借方与银行存款账户的贷方,查明有无以委托方的名义购进原材料进行加工,检查代收代缴消费税的计税依据。对于受托方有同类消费品销售价格的,则按受托方同类消费品的售价计税,但要注意检查售价高低不同时,是否按加权平均单价计算纳税。对销售价格明显偏低又无正当理由,以及没有同类消费品销售价格的,检查是否按组成计税价格计算纳税。此外,还应检查其他业务收入、营业外收入及结算往来类明细账贷方发生额,注意企业有无隐匿加工费收入未申报缴纳增值税的问题。

对委托方的检查。一是检查委托加工的应税消费品是否已纳税,计算是否正确。二是对用委托加工收回的已税消费品连续生产应税消费品的,检查抵扣已纳消费税的范围及计算是否正确。在范围方面,特别要注意已委托加工已税酒和酒精再生产的酒是否也抵扣了受托方代收代缴的消费税;已委托加工收回的已税珠宝、玉石生产的改在零售环节征收消费税的金银首饰,在计税时是否也扣除了委托加工收回的珠宝玉石的已纳消费税税款。在计算方面,要注意准予扣除委托加工收回的应税消费品的已纳消费税,是否按当期生产领用数量计算,计算是否正确。三是对直接出售委托加工应税消费品的,检查有无重复计算缴纳消费税的问题。

3. 进口环节应纳消费税的审计

一是进口货物应税范围的审计。二是进口货物应缴纳消费税税额计算的审计。三是税率和组成计税价格的审计。

4. 零售环节应纳消费税的审计

一是以旧换新、翻新改制应纳消费税的审计。二是带料加工业务的审计。三是馈赠、赞助、集资、广告、样本、职工福利、奖励等行为的审计。四是成套金银首饰销售行为的审计。五是旅游企业零售金银首饰应纳消费税的审计等。

消费税零售环节,应加强基础税源管理和重点税源管理。按照不同税目对应税品进行税源登记,做好源头管理;对化妆品、化工产品等应税品,可通过专业机构进行鉴证并做出专业产品说明,分类管理,登记税源;加强对消费税重点税源企业的登记、管理与跟踪。

9.5.3　城市维护建设税的审计

城市维护建设税是指国家对缴纳增值税、消费税的单位和个人,就其缴纳的"两税"的税额为计税依据而征收的一种税。它是在两大流转税(增值税、消费税)的基础上征收的一种附加税。审计依据是《城市维护建设税法》。

1. 纳税义务人与征税范围的审计

义务人是负有缴纳增值税、消费税义务的单位和个人,包括国有企业、集体企业、私营企业、股份制企业、其他企业和行政单位、事业单位、军事单位、社会团体、其他单位,以及个体工商户及其他个人。

2. 税率、计税依据和应纳税额计算的审计

一是税率的审计,常见的税率有 7%、5% 和 1%。二是计税依据的审计:是否在两大流转税的基础上计征。三是应纳税额计算的审计,要避免实际征收中的计算错误。

对纳税人的稽查,常见的问题是缴纳了增值税和消费税,却不缴纳城市维护建设税。对计税依据的稽查,常见的问题是缴纳了增值税和消费税,而未据以缴纳城市维护建设税;税务机关补查城市维护建设税,而没有调增城市维护建设税;出口货物按规定退还增值税、消费税以及增值税实行先征后退方式免税的,其退税额、免税额没有调减城市维护建设税。

3. 对税收优惠和征收管理的审计

符合法律规定,可以获得城市维护建设税减免的,纳税人必须在规定的环节、地点、期限,申报和缴纳城市维护建设税。

9.5.4 教育费附加的审计

1. 教育费附加征收管理

教育费附加以各单位和个人实际缴纳的增值税、消费税的税额为计征依据,附加率为 3%,分别与增值税、消费税同时缴纳。对生产卷烟或烟叶的单位,减半征收。

按照改革后的税收管理规定,教育费附加由国家税务总局和地方税务局负责征收。国家税务总局系统征收的按铁道、各银行总行、保险总公司增值税附征的教育费附加,作为中央预算固定收入;国家税务总局系统征收的按增值税、消费税附征的教育费附加和地方税务局征收的按增值税附征的教育费附加,作为地方预算固定收入。

2. 教育费附加审计内容

(1)检查教育费附加的计税依据,即纳税人增值、消费税是否正确、完整,有无遗漏税种,有无漏记、转移收入的现象。

(2)检查补缴增值税、消费税时,有无漏补教育费附加的现象。检查代征代

扣代缴增值税、营业税、消费税时,是否同时向纳税人代征代扣代缴了教育费附加。

(3)检查适用税率是否正确,是否按 3% 的税率征收,有无人为提高或降低附加率的问题。

(4)由于教育费附加是作为流转税类的附加而存在的,审计时应与增值税、消费税的审计结合进行。应将主营业务税金及附加、其他业务支出和应交税金账户下设的应交增值税(已交税金)、应交消费税明细账与应交税金-应交教育费附加明细账进行核对,确定增值税、消费税的发生额是否与计算和缴纳教育费附加的计税依据一致,并按企业所适用的税率,计算复核企业本期实际应缴的教育费附加是否已足额缴纳。

9.5.5 房产税的审计

房产税,是指对城市、县城、建制镇和工矿区的房产征收的一种地方税。征收房产税的意义,在于充分发挥税收的经济杠杆作用,加强房产管理,调节收入,促进合理建房、合理用房和完善税制。

房产税的审计,一般从以下几方面进行。

1. 房产税征收范围的审计

为了适应城乡发展的情况和城镇建设的需要。国家规定,房产税在城市、县城、建制镇和工矿区征收。城市是指经国务院批准设立的市,征收范围是市区、郊区和市辖县县城,而农村不包括在内。县城是指未设立建制镇的县人民政府所在地。建制镇是指经省、自治区、直辖市人民政府批准设立的镇,征收范围是镇人民政府所在地,而不包括所辖的行政村。工矿区是指工商业比较发达,人口比较集中,符合国务院规定的建制镇标准,但尚未设立镇建制的大中型工矿企业所在地,征收房产税的工矿区须经省、自治区、直辖市人民政府批准。

审计时,应检查各征收范围的具体房产是否符合规定。征收地区范围内所有的房产,除另有规定免税者外,均应依法缴纳房产税。不在征收地区范围之内的房产,则不纳房产税。

2. 计税依据的审计

房产税一般以房产余值为计税依据,即房产原值一次减除房屋自然损耗后的余值。税法规定可以一次减除房屋原值的 10%～30% 的自然损耗价值。具体减除幅度由省、自治区、直辖市人民政府根据当地具体情况确定。对于没有房产原值的,由房产所在地税务机关参考同类房屋核定其房产原值,作为计算房产余值的依据。对于出租的,则以房屋租金收入为房产税的计税依据。

审计时,主要检查房屋自然损耗的计算是否符合规定,防止过多减除以减少计税基础;以租金收入计征的,计税依据是否为实际租金收入额,变相收取的租金是否计算税款。

3. 对减免房产税是否符合国家规定的审计

对各种减免房产税事项,应认真审查,检查是否符合税法规定,是否有偷漏税款及对免税房产照常征税的现象。

9.5.6 车船使用税的审计

车船使用税,是指在我国境内拥有并且使用车船的单位和个人,按照车船种类、数量、吨位等实行定额征收的一种地方税。征收车船使用税的目的在于增加财政收入,积累建设资金,加强对车船的管理,提高车船使用效益,控制盲目购置车船。因此,要认真做好车船使用税的审计。

车船使用税的审计,一般应从以下几方面进行。

1. 审查车船使用税的计算是否正确

按规定,车船使用税以车船的辆数或吨位数为计税标准。

车辆除载货汽车按净吨位计征以外,都按辆计征。机动船按净吨位计征;非机动船按载重吨位计征。

车船使用税按年征收、分期缴纳,其应纳税额的计算方法如下。

(1)船舶应纳车船使用税的计算。

采用固定税额,全国一律适用,根据船舶计税标准不同,其计税公式分别如下:

$$机动船年应纳税额 = 机动船的净吨位 \times 适用的年税额$$

$$非机动船年应纳税额 = 非机动船的载重吨位 \times 适用的年税额$$

$$拖轮年应纳税额 = 拖轮的马力数 \times \frac{1}{2} 净吨位 \times 适用的年税额$$

$$拖轮所拖的非机动船年应纳税额 = 非机动船的载重吨位 \times 适用的年税额$$

（2）车辆应纳车船使用税的计算。

采取幅度税额,由省、自治区、直辖市人民政府在规定的幅度税额内,确定本地区适用的固定税额。因此,在计算车辆应纳车船使用税时,应按各地区规定的固定税额计算。车辆计税公式如下：

载货汽车年应纳税额＝载重汽车净吨位×适用的年税额

机动车挂车年应纳税额＝挂车净吨位×(载货汽车净吨位年税额×70％)

审计时,应检查应税车船的计税依据是否符合《车船税法》的规定,有无将机动船和非机动船都按净吨位或载重吨位计税的问题,有无将机动船按载重吨位计税而非机动船按净吨位计税的问题,有无将客货车按净吨位计税的问题,有无将客车按净吨位计税而货车按辆计税的问题等。

除了审查计税标准以外,还要审查各种车船的适用税额是否符合车船税税目税额表的规定,防止少缴税款的行为。

2. 审查减免车船税是否符合国家的规定

每个企业都应该依据税法规定,向税务机关计缴车船使用税。对于具有特定用途的专门车船,可以减免税款。如由国家财政部门拨付事业经费的单位自有的车船,可以免缴车船使用税。审计时,如发现应缴纳车船使用税的车船按免税处理,则应补缴税款,不得偷漏税款。

9.5.7　城镇土地使用税的审计

城镇土地使用税,简称土地使用税,是对拥有土地使用权的单位和个人征收的一种税。土地使用税以城市、县城、建制镇和工矿区范围内的土地为征税对象,以纳税人实际占用的土地面积为计税依据,按照规定的税额计算征收。征收土地使用税,对合理利用城镇土地,调节土地级差收入,提高土地使用效益,加强土地管理都具有重要意义。

土地使用税的审计,一般从以下两方面进行。

其一,审查土地使用税的计算是否正确。

其二,如有免税土地,应审查其是否符合免税条件。

审计时,应检查纳税人实际占用的土地面积是否正确。《城镇土地使用税暂行条例》规定,实际占用的土地面积是指由省级人民政府确定的单位组织测定的土地面积。对于尚未组织测定的,应以纳税人持有的政府部门核发的土地使用证书确认的土地使用面积为准。尚未核发土地使用证书的,由纳税人据实申报土地面积。

除了审查土地使用面积外,还要审查适用税额是否正确,应注意其是否符合所在地的税额幅度并由当地政府确定,如不符合,应查明原因。

9.5.8 所得税的审计

所得税,是对企业或个人的生产经营所得和其他所得征收的一种税。根据规定,凡有盈利的企业或个人均应缴纳所得税。大中型施工企业按规定的固定税率缴纳,小型施工企业按八级超额累进税率缴纳。对于税后利润低于合理留利的,经过批准,在一定期限内,可适当减征所得税。

对所得税的审计,主要审查所得税的计算是否正确。施工企业缴纳的所得税,并不是按企业的利润总额计征的。按照税法规定,企业的应纳税所得额,还应包括从联营单位分得的利润。此外,国家为了发挥税收经济杠杆作用,对某些项目还采取一些优惠政策,来鼓励某些方面的发展,也就是说在上缴所得税前可以对利润总额扣除一些项目(如归还基建借款的利润、归还专项借款的利润,以及国务院和财政部规定企业留用的单项留利等)。

审计时,要着重检查应纳税所得额、应纳所得税税额的计算是否正确,防止少计、漏计。此外,还要审查缴纳所得税是否及时、足额,不得故意拖欠税款,影响国家财政收入。

9.5.9 奖金税的审计

奖金税,是指对国营企业、集体企业和事业单位发放的奖金超过国家规定限额部分征收的一种税。奖金税的审计,一般从以下几方面进行。

1. 实发奖金总额的审计

奖金税是按纳税单位年度实发的奖金总额超过国家规定的免税限额部分计征的。因此,正确核实实发奖金总额,是正确计算奖金税的重要条件。实发奖金总额,应包括从职工奖励基金中发放的各种奖金、从其他资金来源渠道发放的各种奖金,以及超过国家统一规定标准发放的各种奖金性质的工资、浮动工资、津贴、补贴和实物奖励等。对于各级主管部门、外单位和企业附属单位给予企业的各种奖金、津贴、补贴、实物奖励等,企业发给本单位职工的,应并入实发奖金总额。对于免费发放的各种实物,应折价计入实发奖金总额。审计时,主要审查企业有无少计、漏计实发工资总额的情况,如有少计、漏计的,应调整更正。

2. 计税标准工资的审计

奖金税是按企业应纳税奖金总额相当于企业的标准工资月数,确定征免界限的。因此,在确定了应纳税奖金总额后,还必须正确核实标准工资数额。

企业的月标准工资总额,是以企业为单位,按照国家统一规定准许计入成本的工资等级、工资标准计算的。计税的月标准工资总额,是以企业为单位,扣除免税人员的月标准工资总额后的月标准工资总额。

审计时,应注意计税的标准工资必须以出勤职工为对象,不得将编外及六个月以上病假人员生活费也计入。

3. 年平均计税职工人数的审计

计税的职工人数是否正确,直接影响应纳税职工人均月标准工资的准确性,从而影响奖金计算的准确性。

年平均计税职工人数,是以企业为单位,扣除免税人员人数之后的年平均职工人数。审计时,要注意检查以下内容。

①扣除的免税人员人数,要符合国家规定,不能自行扩大扣除范围,把不应该免税的人员计入免税人员人数中。

②除了正式职工(包括合同工)之外,学徒工、经县级以上劳动部门批准招用的临时工、计划外用工以及聘用的离退休人员,也应计算在计税的职工人数中,发放给这些人员的各种奖金,也应计入计税的奖金总额之中。

③由于奖金税是按年计征的,计税的职工人数应按年平均职工人数计算,不能以某个月或年末实际职工人数计算。

4. 适用税率和减免税的审计

计算奖金税,是根据纳税年度内实发应纳税奖金总额相当于标准工资的月数来选用适用税率的。例如,某企业纳税年度内实发的应纳税奖金总额相当于五个月标准工资,在计算奖金时,就应选用20%的税率。审计时,要注意企业所选用的税率是否正确,不能少算。

关于施工企业奖金税的减税、免税,国家有明文规定。审计时应依税法规定审查其减免税是否合规。按规定,施工企业减免税的范围主要如下。

①建筑工人(指建筑行业以及其他行业专业建筑队伍中,在施工现场从事建

筑安装和直接为施工过程服务的工人)和油田建设施工队伍工人的奖金免征奖金税。

②按照国家规定颁发的创造发明奖、合理化建议奖和技术改进奖、自然科学奖免征奖金税。

③经批准试行的特定燃料、原材料节约奖免征奖金税。

④企业从职工福利基金中按规定发放的计划生育奖,不征奖金税。

⑤各级政府通过财政拨款发给企业的一次性奖金,不征奖金税。

⑥边远地区按国家规定,按标准工资加发的一定比例的地区性津贴,不征奖金税。

⑦按《专利法》及其实施细则规定,专利权的持有单位发给发明人或设计人员的奖金和报酬,不征奖金税。

⑧企业发给职工的加班工资,经当地劳动部门或经劳动部门授权的主管部门核批,并经税务部门核定后,不征奖金税。

⑨企业发放的劳动竞赛奖,不超过职工标准工资总额1％的,不征收奖金税。

9.5.10 能源交通重点建设基金的审计

能源交通重点建设基金,是国家从预算外资金,城镇集体企业缴纳所得税后的利润,城乡集体企业、个体工商户缴纳所得税后的利润中征集的,用于国家能源开发和交通建设的专项基金。国家建立能源交通重点建设基金,可以集中必要的资金用于能源交通的重点建设,加快能源的开发和利用、交通运输的建设和发展,有利于国家加强对预算外资金的管理,提高建设资金的社会综合经济效益。

按规定,凡是有预算外资金的单位,都是能源交通重点建设基金的缴纳单位,都应当按照规定缴纳能源交通重点建设基金,包括国营企业、事业单位、机关团体、部队和地方政府、城镇集体企事业单位、主管部门所属的集体企业以及其他预算外企业等。国有施工企业也是能源交通重点建设基金的缴纳单位,企业提取的各项专项基金,应按当年提取的数额扣除上缴财政和主管部门后的数额计征。

能源交通重点建设基金的征收,除城乡集体企业和个体工商户按缴纳所得税后利润的7％计征外,其他按照规定,一律以15％的征集率计征。

能源交通重点建设基金的审计,主要审查能源交通重点建设基金的计算是

否正确,计算公式为:

$$应纳能源交通重点建设基金额＝应纳基金基数×征集率$$

征集率由税法规定,固定不变。所以,审计时,主要注意应纳基金基数是否正确。可以查阅企业的其他应交款账户及有关明细账户记录,核实应纳基金基数是否正确,有无少计或漏计的问题。应指出,根据制度规定,能源交通重点建设基金按月或按季缴纳,按年结算,多交部分可以退回,也可以抵顶下年度应缴纳的基金数额,少交的要及时补交。年终时,可以计算全年应纳基金总额。其计算公式如下:

$$全年应纳基金总额＝全年征集额×征集率$$

将全年应纳基金总额与全年已纳基金额进行比较,即可确定其少交或多交,并据此办理补交或退库手续,其计算公式如下:

$$年终结算应补的能源交通重点建设基金数额＝全年应纳基金总额－\\全年已纳基金额$$

$$年终结算应退的能源交通重点建设基金数额＝全年已纳基金额－\\全年应纳基金总额$$

9.6 其他费用审计

9.6.1 职工福利费的审计

职工福利费,是企业按照国家规定比例从工程(产品)成本和企业留利中提取的一项有专门用途的费用。职工福利费主要包括职工医药费、生活困难补助费和其他福利费。它对于提高职工健康水平,提高职工生活水平,提高福利水平有着重大意义。企业要认真管好用好职工福利费,要量入为出、定收定支、节约使用,防止滥用和浪费。审计时,应从以下几方面进行。

1.职工福利费提取的审计

职工福利费的来源,主要有两个:一个是每月按照工资总额的14%从工程(产品)成本中提取的,另一个是从税后留利中按规定比例留用的。审计时,要注意审查工资总额组成内容是否符合国家的规定,要注意检查企业是否将不该计入工资总额的支出也计入其中,以虚增工资总额、多提职工福利费,同时还要检查企业是否有任意提高提取标准的行为,除了国家另有规定外,企业不得自行提高提取标准。要注意检查企业从税后留利中计提职工福利费是否合规、正确,有无故意多计、多提职工福利费的情况。

2. 职工福利费使用的审计

职工福利费的使用范围:①职工及其供养直系亲属的医药费、医务人员工资、医务经费、职工因公负伤就医路费等;②职工生活困难补助;③职工浴室、理发室、托儿所、幼儿园人员工资,上述福利设施的各种支出与收入相抵销后的差额,以及食堂炊事用具的购置和修理费用等;④集体福利设施支出;⑤按照国家规定由职工福利费开支的其他支出等。

审计时,一般应从以下几方面进行。

(1)审查职工福利费的使用范围是否符合规定,有无超标准开支,有无巧立名目、变相乱发津贴或平均分配的情况。

(2)审查企业是否合理节约地使用职工福利费。职工福利费的使用,关系到职工的生活福利,务必注意量入为出、节约使用,反对铺张浪费,应认真管好用好职工福利费,使职工普遍感到满意。要审查有无以权谋私、私分福利费的问题,防止职工福利费只发给少数人。

(3)审查职工生活困难补助费的开支情况:检查困难补助占整个职工福利费的比例是否适当;检查困难补助的名单有无向群众公布,群众有何意见;检查困难补助费的签收情况。

(4)审查职工福利费是否有挤入工程(产品)成本的情况。

3. 医药费支出的审计

医药费一般占整个职工福利费的一半。在实际支用中,医药费的开支很大,入不敷出的现象比较普遍。为此,应注意审查其开支情况。审计时,应注意以下几点。

(1)审查医生所开处方的药量是否合适,有无浪费现象。

(2)审查有无任意使用名贵药品,增加药费开支。

(3)审查各种医药费报销凭证的日期、抬头、金额、公章是否齐全和正确,领导人有无审批,有无涂改情况。

(4)审查有无多报、错报医药费情况,有无非职工直系亲属报销医药费情况,有无其他企业职工看病也在本企业报销的情况。

(5) 审查有无"以医谋私"、医疗作风不正的情况。

9.6.2 临时设施包干费的审计

临时设施包干费，是指施工企业按规定向建设单位收取的、专门用于搭设临时设施或补偿临时设施使用费的一项特种费用。企业收取的包干费，应合理安排、专款专用、包干使用，超支不再收取。

审计时，应从以下几方面进行。

1. 临时设施包干费收取的审计

按规定，城市或近郊的建设工程，施工企业可以按照规定的取费标准，向建设单位收取临时设施包干费。审查时，可以查阅有关文件、合同和账目，看收取的临时设施包干费是否符合规定。一般不得超过取费标准收包干费。

2. 临时设施包干费使用的审计

临时设施包干费使用的审计，主要审查其是否专款专用，是否包干使用。按规定，临时设施包干费主要用于临时设施搭设及修理、拆除、清理等支出。临时设施一般包括临时搭建的职工宿舍、食堂、浴室、医务室、理发室、托儿所等临时性生活福利设施，现场临时办公室、作业棚、材料库、机具棚、临时铁路专用线、轻便铁道、道路、围墙、临时给水、排水、供电、供热等管线，现场预制构件、加工材料所占用的临时建筑物，现场临时厕所、休息棚、茶炉棚、化灰池、储水池、沥青锅灶等。审计时，要注意列支内容是否在以上范围内，否则，不能列支。还要检查企业临时设施包干费的使用是否贯彻量入为出、以收抵支、包干使用的原则。施工单位应力求降低临时设施的造价，节约开支。如有节余，可以按照规定程序报经批准，用于兴建固定资产性质的职工宿舍，以改善职工的居住条件。在审计时，如果发现有将临时设施包干费挤入工程成本的现象，应予以纠正。

9.6.3 劳动保险费的审计

劳动保险费，是指施工企业按照国家规定向建设单位收取的用于职工劳动保险的一项特种费用。审计时，应从以下几方面进行。

1. 劳动保险费收取的审计

劳动保险费的收取标准，一般由各地区根据本地区具体情况，经过测算确定。审计时,要查阅该地区关于劳动保险费收取标准的规定,看被审计企业的收取标准是否符合规定。企业不得以任何借口向建设单位多收劳动保险费。如果劳动保险费入不敷出,按规定,年度终了时,可以将超支部分转作营业外支出。

2.劳动保险费使用的审计

劳动保险费,主要用于支付离退休人员离退休费用,退职人员退职金,职工死亡丧葬费、抚恤费,六个月以上病假人员工资和工资附加费等。审计人员应根据《劳动保险条例》及有关规定,审查劳动保险支出是否合理、合规。

参 考 文 献

[1] 陈企盛,王锦蕾.企业财务管理实务[M].北京:中国纺织出版社,2006.

[2] 陈玉菁.小企业财务管理实务[M].上海:立信会计出版社,2005.

[3] 冯俊萍,佘伯明.财务管理实务[M].大连:东北财经大学出版社,2010.

[4] 谷卫,张俊民.财务管理教程[M].上海:立信会计出版社,2006.

[5] 贺志东.建筑施工企业财务管理[M].广州:广东经济出版社,2010.

[6] 黄佑军.财务管理实务[M].北京:人民邮电出版社,2011.

[7] 李柏龄.现代企业财务管理技巧[M].上海:文汇出版社,2000.

[8] 李荣融.企业财务管理信息化指南[M].北京:经济科学出版社,2001.

[9] 李雪松.企业财务管理咨询与诊断[M].北京:中国经济出版社,2003.

[10] 李兆华,张凤元.企业财务审计[M].哈尔滨:哈尔滨工程大学出版社,2015.

[11] 李兆华,孔凡玲.审计学[M].2版.北京:科学出版社,2012.

[12] 刘三昌.企业财务内部审计技术[M].北京:中国经济出版社,2003.

[13] 刘绍敏,王贵春.建筑施工企业财务管理[M].重庆:重庆大学出版社,2015.

[14] 刘文梅,张宝娟.企业内部审计实务[M].北京:电子工业出版社,2012.

[15] 刘治钦,秦富.中小企业财务管理[M].北京:中国农业出版社,2002.

[16] 刘智宏.财务管理实务[M].北京:中国物资出版社,2011.

[17] 马西牛.企业财务审计[M].上海:立信会计出版社,2013.

[18] 任凤辉,张思纯.施工企业财务管理[M].北京:机械工业出版社,2009.

[19] 汤谷良,王化成.企业财务管理学[M].北京:经济科学出版社,2000.

[20] 王会金,王素梅,顾正娣.现代企业财务审计学习指导[M].北京:中国财政经济出版社,2010.

[21] 王会金.企业财务审计[M].北京:中国财政经济出版社,2006.

[22] 夏徐迁,王维.创业企业财务管理[M].北京:中国劳动社会保障出版社,2011.

[23] 许朝阳.股份制企业会计与审计实务[M].北京:机械工业出版社,2000.

[24] 杨淑芝.施工企业财务管理实务[M].北京:中国电力出版社,2013.

[25] 杨争媛.企业审计案例与分析[M].北京:中国市场出版社,2008.

[26] 赵庚学.施工企业财务管理与会计实务[M].北京:中国财政经济出版社,2011.

[27] 赵玉萍.建筑施工企业财务管理[M].北京:机械工业出版社,2014.

[28] 中南财经政法大学会计学院.会计·审计·财务管理前沿问题研究[M].北京:中国财政经济出版社,2005.

[29] 朱永庚,王立林,于文恒,等.财务精确管理[M].天津:天津大学出版社,2009.

[30] 祝锡萍.新编企业财务管理:理论与实务[M].北京:电子工业出版社,2011.

后 记

在现代化建设领域,施工企业有着较高的地位。而施工企业的持续高速发展,与财务管理有着密不可分的联系。因此,施工企业要加强财务部门管理职能,使财务内容贯穿工程项目运行全过程,将企业财务管理目标层层分解并下达至企业内部各部门和员工,了解财务计划执行情况,加强对各工程项目部财务管理的考核,将财务计划执行情况与员工的经济利益挂钩。将财务管理与绩效考核相结合,做好财务管理各项工作,对建筑工程项目方案设计与审核、施工材料的选择、工程质量的监管和竣工结算评估等实施全过程实时监控,确保企业财务信息的真实性和完整性,优化资源配置,保证企业资金链畅通,确保经营活动各环节顺利进行,降低运营成本,提高经营效率,防范财务风险,实现企业经营目标,提升市场竞争力。在处理好财务管理工作的基础上,企业必须要对财务审计给予充分重视,完善相关管理制度,根据企业发展情况扩展财务审计的工作范围,加强监管力度,针对材料价格建立完善的电子档案,以促使财务审计工作的实效性得到充分发挥。